신입사원들의 성공을 위한 실무지침서

국제화시대의 신입사원 능력개발

KITI 한국산업훈련연구소
Korea Industrial Training Institute

머리말

해마다 수많은 인재들이 진리의 상아탑을 뒤로하고 교문을 나선다. 더러는 보다 높은 차원의 학문을 추구하기 위해 계속 학업에 정진하기도 하지만, 대부분의 사람들은 자기 적성에 맞는 일터를 찾아 직장에 들어간다.

그런데 엘리트들이 집단을 이루고 있는 이 직장은 누구든 그 사회에 적응하지 못하는 자는 살아남지 못한다는 적자생존(survival of the fittest)의 싸움터라는 사실을 인지해야 한다.

그래서 그 사회, 그 영역에서 살아남으려면 그 세계가 요구하는 사고방식, 지식, 태도, 습관, 룰 등을 갖추지 않으면 안 된다. 그리고 막연히 남의 뒤를 따라가거나 남에게 의존하는 생활태도는 자신을 낙오자로 만들어 도태의 무덤을 파게 한다. 어디까지나 자신의 삶은 자기 손으로 일구어 나가며 개척하지 않으면 안 된다.

지금 비즈니스맨을 에워싸고 있는 오늘의 환경은 날이 갈수록 빠르게 변해가고 있다. 따라서 비즈니스맨의 직업관이나 가치관도 달라져야 할 뿐만 아니라 이런 시대일수록 자기개발에 대한 관심이 높아야 한다. 왜냐하면 자기개발은 '생존을 위한 힘의 축적'이기 때문이다.

이를 위해서는 ①철저한 가치관의 확립, ②환경 변화에 적응하는 유연성 함양, ③업무의 혁신적 방법론 추구, ④업무에 대응하는 자기개발 향상, ⑤지적(知的) 잠재력 개발 등이 뒷받침되어야 한다.

특히 기업과 운명을 함께하려는 신입사원들은 이와 같은 관점에서 자기개발에 더욱 무게를 두어야 할 것이다.

오늘날 기업이 요구하는 국제화, 세계화의 과제는 바로 여러분 자신의 과제이다. 따라서 여러분의 시대가 요구하는 참신한 패러다임과 짜임새 있는 포맷이 요구된다.

본서는 신입사원이 알아두어야 할 필수 지식들을 폭넓게, 흥미롭게 엮어 하나의 매뉴얼 스타일로 면목을 갖추었다. 또한 연수용으로도 적합하도록 꾸몄으며, 학습성과를 검증하는 문제까지 넣어 자습하는 데 도움이 되도록 꾸몄다.

부디 이 교재가 신입사원 여러분들에게 다소나마 도움이 되었으면 하는 생각 간절하다.

변정철 씀

차 례

■머리말 3

제1부 신입사원의 기본자세

제1장 학교에서 직장으로 / 11
1. 취직 — 인생의 중요한 전환점 ·· 12
2. 학교와 직장의 차이점 ·· 14
3. 적극적인 자아실현 ·· 22

제2장 회사란 무엇인가 / 31
1. 회사와 리스크(risk) ·· 32
2. 회사의 구조 ·· 33
3. 이익이란 무엇인가 ·· 43

제3장 회사가 바라는 것은 무엇인가 / 51
1. 내부 노력이 운명을 좌우한다 ·· 52
2. 불안정에 대한 대비책 ·· 54
3. 등질화에 대한 대응 ·· 57
4. 국제화시대 ·· 59

제4장 일을 올바르게 하는 방법 / 65
1. 정확한 일처리 ·· 66
2. 일의 3단계 ·· 71
3. 직장을 '일을 즐기는 곳'으로 ·· 74

제2부 조직인으로서의 기본자세

제1장 직장과 인간관계 / 83
1. 신입사원이 맨처음 부딪히는 벽은 '인간관계' ········· 84
2. 왜 인간관계가 중요한가 ········· 87
3. 왜 회사에는 조직이 있는가 ········· 90
4. 팀워크에 어떻게 적응해야 하는가 ········· 93

제2장 호감을 사는 응대와 접대 요령 / 101
1. 응대의 기본 — 3가지 포인트 ········· 102
2. 응대 태도 ········· 104
3. 회사를 방문한 손님을 안내할 때 ········· 108
4. 외부 사람과 접촉할 때 ········· 111
5. 사내 직원과 접촉할 때 ········· 113

제3장 평상시 행동에 대한 상식 / 119
1. 출근 · 퇴근 · 지각 · 조퇴 · 휴가 · 결근 등에 대한 상식 ········· 120
2. 자리를 뜰 때의 상식 ········· 122
3. 근무중의 상식 ········· 124
4. 바쁘게 일하는 사람과 함께 일할 때 ········· 126

제4장 일을 원활하게 하는 커뮤니케이션 / 133
1. 커뮤니케이션의 의의와 역할 ········· 134
2. 현장어를 빨리 익혀라 ········· 138
3. 상사나 선배에게 질문이나 대답을 할 때 ········· 140
4. 명령이나 지시를 받을 때 ········· 142
5. 적절한 연락, 보고의 방법 ········· 145
6. 꾸중을 들을 때에는 어떻게 해야 하는가 ········· 149

제5장 회의에 참석할 때의 마음가짐 / 155
1. 직장은 대화가 기본 ········· 156

2. 대화의 준비 ··· 159
3. 참석할 때의 매너 ·· 161
제6장 직장에서의 교제―실수를 사전에 방지하는 법 / 169
1. 싫어하는 사람과의 교제 ·· 170
2. 퇴근 후에 해서는 안 될 일 ··· 172
3. 술자리에서의 예의 ·· 175
4. 여사원과의 교제 요령 ·· 179

제3부 효율적인 사무처리 방법

제1장 일을 파악한다 / 185
1. 업무를 파악한다 ·· 186
2. 일의 구조를 파악한다 ·· 188
3. 사람을 파악한다 ·· 190
4. 일과 관계된 지식을 파악한다 ·· 194
5. 배우려고 노력한다 ·· 198

제2장 계획하는 습관을 지닌다 / 203
1. 하루의 스케줄을 생각한다 ··· 204
2. 앞으로의 일을 계획한다 ··· 206
3. 일의 순서와 시간을 할당한다 ·· 208

제3장 사실을 파악한다 / 215
1. 애매모호한 사실 ·· 216
2. 사실 파악의 방법 ·· 218
3. 일을 정량적으로 분석한다 ··· 220
4. 방법뿐만 아니라 목적과 효과까지도 ································ 223

제4장 문제해결 능력을 기른다 / 227
1. 문제의식을 갖는다 ·· 228
2. 결과를 분석한다 ··· 230
3. 원인을 찾아낸다 ··· 231

제5장 바르고, 빠르고, 값싸게 / 239
1. '바르게' 한다 ··· 240
2. '빠르게' 한다 ··· 242
3. '값싸게' 한다 ··· 248

제6장 성장과 진보에 대한 도전 / 257
1. 능력의 중요성 ··· 258
2. 프로를 지향하는 능력 ·· 260
3. 능력의 함양 ··· 262

부록 1. 비즈니스맨을 위한 예절 입문 / 271
1. 예절의 기본 ··· 273
2. 전화 예절 ·· 278
3. 경조사에 관한 상식 ·· 287

부록 2. 글씨와 숫자 쓰는 요령 / 293
1. 글씨 쓰는 요령 ·· 295
2. 숫자 쓰는 요령 ·· 298
3. 글을 잘 쓰는 법 ·· 303

부록 3. 신입사원의 커뮤니케이션 / 309
1. 화법의 요령과 음성 ··· 311
2. 잘 듣는 요령 ··· 319
3. 직장인의 대화술 ·· 325

■ 학습성과확인테스트 해답편 331

제1부
신입사원의 기본자세

- 제1장 학교에서 직장으로
- 제2장 회사란 무엇인가
- 제3장 회사가 바라는 것은 무엇인가
- 제4장 일을 올바르게 하는 방법

제1장

학교에서 직장으로

 **학습포인트**

　맨처음으로 다루게 되는 것은 학교와 일터가 어떻게 다른가?—그 차이점을 이해하는 것이다. 처음 사회에 발을 내딛는 사람이 사회나 일터의 개념을 알고 있다 해도 구체적으로 경험해 보지 않고서는 그 참뜻을 알 수 없다. 그리고 무의식중에 학창시절의 생각을 하게 마련이다. 먼저 이런 것부터 배워 나가기로 한다.

■이 장의 내용
1. 취직—인생의 중요한 전환점
2. 학교와 직장의 차이점
3. 적극적인 자아실현

1. 취직―인생의 중요한 전환점

인생의 3가지 전환점

사람이 태어나서 죽을 때까지의 인생에는 여러 가지 단계가 있다.

첫번째 단계는 학교에 입학하여 사회에 진출하기까지 기초를 배우는 과정이다. 이것은 국민학교를 비롯하여 중학교, 고등학교, 대학교 등 오랜 세월의 학교교육 기간이다.

두번째 단계는 학교를 졸업한 후 사회에 진출, 기업체나 관공서 등에 취직하여 한 사람의 사회인으로서 떳떳하게 생활해가는 과정이다. 이 과정은 여러 가지 의미에서 학교생활과는 명백히 다른 성질의 것이며, 졸업과 취직은 인생에 있어서 중대한 전환점이라고 하겠다.

세번째 단계는 일터에서 열심히 일하다가 정년을 맞이하여 노후의 인생으로 들어가는 과정이다. 이때가 되면 다시 다른 일터에서 일하는 사람도 있을 것이고, 그대로 노후생활을 보내는 사람도 있는데, 이것이 마지막 단계이다.

이런 과정을 생각해보면, 인생은 유아기, 학교교육기, 사회활동기, 노년기라는 4가지 단계로 나누어서 생각해볼 수 있다. 그렇다면 당신

인생의 4단계

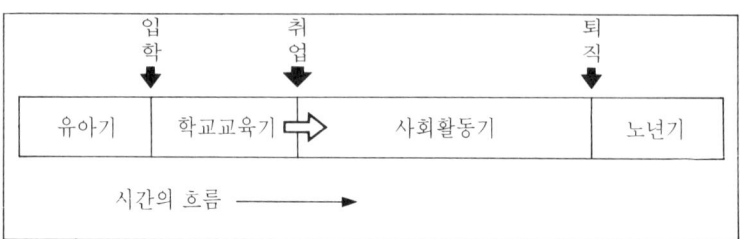

제1부 신입사원의 기본자세 13

사회로의 새출발

은 지금 막 학교교육을 끝내고 사회활동기에 들어서려는 단계에 있음을 알 수 있다.

사회 진출에 대한 마음의 준비

  지금부터 들어서려고 하는 사회활동기 내에도 여러 가지 과정이 있다. 당신은 틀림없이 결혼을 하게 될 것이며, 그렇게 되면 아이를 낳고, 아이를 학교에 보내는 등 변화를 겪을 것이다.

  그러나 이와 같은 단계적인 변화 속에서 학교교육을 마치고 사회에 진출한다는 것은 대단히 큰 변화라고 하겠다. 이 전환기를 전후하여 당신을 에워싸고 있는 환경이 너무나도 급변하기 때문에 이에 대한 마음의 준비가 필요하다.

  학교와 직장은 너무나도 다르다. 그렇기 때문에 어떠한 생각으로 어떻게 노력해야 하며, 어떠한 것에 주의를 해야 할 것인가에 대해 관심을 가져야 한다.

무슨 일이든지 준비가 필요하겠지만, 이와 같은 인생의 전환기에는 특히 만반의 준비가 필요하다. 이것은 비단 취직에만 국한된 문제는 아니다. 결혼할 때에도, 관리자로 임명될 때에도 마찬가지로 자기 자신을 다시 한번 돌이켜보고 새로운 마음가짐으로 정신을 무장시킨 다음 힘차게 전진해 나가야 한다. 따라서 중요한 시점을 맞이하여 다 함께 이 문제에 대해 진지하게 생각해 보도록 하자.

2. 학교와 직장의 차이점

사회적 분업의 원리

직장에 취업하려는 사람에게 가장 중요한 것은 도대체 일터란 무엇인가? 하는 점에 대한 진지한 생각이다. 직장은 단순히 '월급을 주는' 곳이 아니다. 우리들이 일하는 일터에 대해 정의를 내린다면 다음과 같이 말할 수 있다.

사회가 요구하는 기능을 인간 집단을 통해 협력하여 이루어내는 곳.

예를 들어, 제조회사의 경우에는 종업원들이 생활 또는 생산에 필요한 물건을 보다 우수하게, 보다 값싸게 소비자에게 공급하기 위해 일하고 있다. 병원에서 일하는 사람들은 협력하여 환자를 빠른 시일 내에 완치시키기 위해 일하고 있다. 학교에서는…….

옛날에는 인간이 직접 자신의 손으로 먹을 것을 구하고, 입을 것을 만드는 등 자급자족의 생활을 했다. 그러나 좀더 손쉽게 이런 것들을 충족시키기 위해 먹을 것을 마련하거나 입을 것, 만드는 일을 각자의 솜씨에 따라 나누어서 하게 되었다. 즉 수렵용구를 만들 경우 활을 만드는 사람, 화살을 만드는 사람, 활을 조립하는 사람 등으로 나누어져 분업을 하게 되었는데, 그것이 점점 규모화하여 개개의 회사나 병원, 학교 따위의 집단을 구성하게 되었다.

이러한 사회적 분업의 원리는 오늘에 와서도 변함없이 유지되고 있는데, 농사짓는 사람이 없으면 먹을 것을 구할 수가 없고, 의사가 없으면 병을 치료할 수가 없어 죽게 된다.

이처럼 우리들은 모든 일을 분업하여 서로 협력하는 가운데 남을 위해 일하고 있다. 자신이 어떻게 생각하든 관계없이 그 결과가 이와 같은 사회 구조를 만들었다. 그리고 그 노력의 대가로 보수를 받는다.

'자신을 위해서'에서 '남을 위해서'로

사회에 진출한다는 것은 이처럼 남을 위해 일한다는 것을 말한다. 우리들은 지금까지 여러 조직체에서 일하며 역할을 다해온 선배들의 노력에 의해 공부를 하며 성장해 왔는데, 이제부터는 반대로 분업을 통해 남에게 도움을 주는 입장이 되었다는 것을 분명히 이해해둘 필요가 있다.

훌륭한 사회인이 된다는 것은, 자기가 속해 있는 조직의 역할을 올바르게 이해하고 궁극적으로는 남에게 보다 큰 공헌을 하는 사람이 된다는 것을 뜻한다. 개개인이 이렇게 함으로써 살기 좋고 풍요로운 사회가 만들어지는 것이다.

원시사회에서는 자기가 누구를 위해 일하며, 그 대가를 어떤 형태로 받고 있는가를 분명히 알 수 있었다. 활을 만드는 사람은 그 활을 누구에게 주며, 활을 공급받은 사람이 얼마만큼의 수렵 실적을 올리고, 얼마나 기뻐하는지 잘 알 수가 있었다. 그리고 그 대가로 받은 고기가 얼마나 맛이 있었던가도 알 수 있었다.

그러나 현대에서는 자동차 공장에서 일하는 사람이 컨베이어(conveyor) 라인에서 매일 생산되는 자동차 한대 한대가 어떤 사람에게 팔려 나가는지 전혀 알지 못한다. 그 까닭은 근대화되고 대규모

남을 위해 일한다

화된 생산조직으로 인해 옛날처럼 사람과 사람의 연결—누구를 위해 일하고, 자신은 누구의 도움으로 살아가고 있는지 명확히 알지 못하기 때문이다.

그러나 대규모화되고 복잡해졌다 해도 서로의 이익을 위해 일한다고 하는 관계만은 같다고 하겠으며, 만일 누군가가 의무를 다하지 않는다면 곧바로 타인의 불행으로 이어지게 될 것이다. 자기가 도움을 주고자 하는 상대가 추상적이고 불분명한 오늘날에는 더욱 타인을 위해 일하는 마음가짐이 중요하다고 하겠다.

학창시절 우리들은 배움을 통해 자신의 지식을 넓히며, 가치관을 다듬는 데 노력해왔다. 이런 것들은 순전히 자신을 위해 한 일이다. 그러나 이제는 다르다. 지금부터는 남에게 도움을 주는 일을 해야 하는 단계에 들어섰다는 사실을 이해할 필요가 있다.

만일 당신이 어떤 생산업체에 입사했다면 그 회사의 고객, 즉 제품이나 서비스를 구매하는 손님에게 보다 큰 만족을 제공하기 위해 일을 해야 한다는 사실을 잊어서는 안 된다.

그렇기 때문에 일단 회사에 입사하면, 먼저 어떤 사람이 고객이며,

제품이 어떻게 사용되며, 제품이나 서비스에 대해 어떤 마음을 가지고 있어야 하는가를 알지 않으면 안 된다. 그것은 비단 영업 부문에 배치된 사람만이 아니라 사무직이든 생산직이든 똑같다고 하겠다. 왜냐하면 회사에 소속된 모든 사원들은 그들 고객의 덕택으로 보수를 받고 생활하기 때문이다.

그러므로 어디까지나 고객을 위해 일해야 한다. 그리고 그들이 보다 큰 만족을 얻도록 노력해야 한다. 이것이 우리들의 목표임과 동시에 최우선 과제가 되어야 한다.

성과로 평가받는 직장

직장과 학교의 커다란 차이점은 아무리 지식을 많이 갖고 있다 해도 지식만으로는 아무 소용이 없으며 자신의 행동의 결과, 즉 얼마만큼의 성과를 올렸느냐에 따라 평가된다는 사실이다.

예를 들어, 당신이 어떤 회사의 영업부에서 일한다고 하자. 당신이 학창시절에 세일즈나 마케팅 등 영업활동의 최근 이론을 습득하여 그 분야의 지식을 갖고 있다고 하자. 그러나 당신이 실제로 세일즈를 담당했을 때 매출 실적을 올리지 못한다면 당신의 지식은 아무 소용이 없다.

학교라면 지식이 풍부할수록 좋은 점수를 얻으며, 그 나름대로의 평가도 받는다. 그러나 사회에서는 지식만으로는 평가받지 못한다. 즉 그 지식을 활용하여 보다 고객들에게 도움을 주며, 성과를 올림으로써 비로소 좋은 평가을 받게 되는 것이다.

그 이유에 대해서는 새삼 설명할 필요조차 없다. 기업의 경우에는 보다 좋은 상품을 보다 싸게 공급하는 사회적인 책임이 있는데, 이것을 실현하는 데에는 '지식'만으로는 불가능하고, 그 조직에 속해 있는 소속원들의 실질적인 활동을 통해 비로소 가능해지기 때문이다.

18 국제화시대의 신입사원 능력개발

지식도 중요하지만 직장에서는 성과로 평가받는다

물론 지식은 중요하다. 그러나 지식은 목적 달성을 위한 수단에 불과하다. 즉 '지식'의 경우, 학창시절에는 단지 그것을 기억하는 데 중점을 두었지만, 사회에서는 그 지식을 잘 활용하는 데 중점을 두어야 한다.

보수를 받고 책임을 지는 직장

또 하나 직장의 특징은 자신의 자리가 '보수를 받고 일에 책임을 지는 자리'라는 점이다. 학교는 자신이 돈을 내고 무엇인가를 배우는 장소이다. 예를 들어, 서클활동에서 목표로 한 것이 실패로 끝나더라도 그것이 교육의 한 방법이기 때문에 크게 문제시되지는 않는다.

그러나 직장은 그렇지가 않다. 취직은 자신과 회사간의 일종의 고용계약 성격을 띠고 있으므로 보수를 받는 대신 무엇인가 회사에 도움을 주지 않으면 안 된다. 가끔 일터에서 선배사원들이 신입사원에게 "일은 장난이 아니다"라는 충고를 한다. 왜냐하면 신입사원들이 학창시절의 사고방식에서 크게 벗어나지 못하고 일에 대해 책임을 지는 자세가 보이지 않기 때문이다.

물론 일은 장난도 아닐 뿐더러 무엇인가를 배우는 학습도 아니다. 일에는 기한이 있으며, 그 기한 내에 그 일을 끝내지 않으면 안 된다. 또한 기한 내에 끝내야 할 뿐만 아니라 그 일이 목적에 꼭 맞지 않으면 안 된다. 그렇지 않을 경우 '회사의 이익에 연결되지 못함'은 당연하다.

신입사원들은 대개 입사 초기에 교육을 받는다. 이 기간을 학교생활과 직장생활을 이어주는 연결고리라고 할 수 있다.

그리고 이 기간중에 배운 것은 잘 기억하고 있어야 한다. 그러나 학교처럼 '잘못되면 자신에게 손해'라는 선에서 끝나지 않는다.

'일'이란 자신과 회사 사이의 계약 조건이며, 보수를 받고 일에 책임을 지는 것이 직장생활이라고 할 수 있다. 그러나 현실적으로 그것을 자각하게 되는 시기는 입사하여 여러 가지를 체험한 뒤가 아니면 깨닫지 못한다. 빨리 이러한 사실을 체득하는 것이 중요하다.

조직 내에서 일한다

또 하나 직장의 특색은 많은 선배들로부터 충고를 받으며 그들과 협동하여 일을 해야 한다는 사실이다.

학창시절에는 자기와 같은 입장의 학생들과 생활했다. 인생의 선배라곤 오직 선생뿐이었다. 그러나 직장이라는 곳은 동료는 적고 선배들만이 있는 듯한 구성체 안에서 생활을 하게 된다.

이 조직 내에서는 서로 신뢰하고 일에 대해 약속을 지키며, 나아가서는 서로 협력해야 한다. 그렇게 해야만 비로소 일에 재미도 느끼게 된다.

이와 같은 관계가 중요하다는 것은 이미 학창시절에도 경험을 통해 잘 알고 있었을 것이다. 그러나 대부분이 선배이고, 일이라는 책임성으로 연결되어 있다는 대인관계에 비추어볼 때 학교생활과는 또 다른 성격을 지니고 있다. 신입사원들은 그것을 올바르게 인식하고, 서로 신뢰하며 신뢰받는 관계를 만들어 나가지 않으면 안 된다.

이것은 누구나가 다 그렇게 하려고 노력하는 일이므로, 결코 어려운 일이 아니다. 다만 그것을 위해 신뢰를 소중히 여기는 마음가짐과 직장에서의 대인관계에 대한 지식이 필요하다고 하겠다. 이에 대해서는 제2장에서 자세히 배우기로 한다.

참고 협조의식이란?

직장에는 여러 사람들이 모여서 일을 한다. 따라서 조직이 만들어지고, 그 결집력의 강약에 의해 회사의 성쇠가 결정된다. 우리들은 언제나 조직과 함께 살고 있으며, 운명공동체 안에서 일하고 있다. 따라서 협조하면서 성장해야 한다.

① 조직

일정한 목적을 달성하기 위해서는 질서와 함께 모든 것이 유기적으로 연동하여 효율적으로 운영되어야 한다.

② 분업과 협업

조직은 그 목적을 달성하기 위해 합리적인 방법으로 분업하여 일을 한다. 분업이 원활하게 운영되어야만 경영이 성립된다. 당신은 어떤 분야를 담당하고 있는지 생각해볼 필요가 있다.

③ 팀워크

분업(부분)과 협업(전체)의 관계를 언제나 의식하고,
- 지금 하고 있는 일의 목표는 무엇인가?
- 그것을 위해 지금 무엇을 해야 하나?
- 지금 무엇을 하고 있는가?

• 그 일의 결과는 과연 어떻게 나타날 것인가?

등을 생각하면서 맡은 일을 독자적인 힘으로 완수하는 것이 분업 체제의 기본이다. 한 사람 한 사람이 독립적으로 해내야만 팀 전체의 목표가 달성되는 것이다.

④ 팀워크에 대한 올바른 이해

팀워크를 단순히 좋은 협력관계라든가, 화기애애한 분위기로 이해하는 것은 안이한 생각이다. 먼저 자기 일을 될 수 있는 한 빨리 끝내고 여력이 있으면 남을 돕겠다는 사고를 철저하게 가져야 분업에 성공한다.

⑤ 팀워크와 3가지의 역할 인식

팀워크는 전원의 목표 확인과 각자의 역할, 즉 리더십(leadership), 멤버십(membership), 폴로십(followership)의 3가지 역할 인식에 의해 성립된다. 이 3가지의 의미를 생각해보기 바란다.

3. 적극적인 자아실현

적응만이 전부가 아니다

　최근 신입사원에 대해 회사의 인사 업무를 담당하고 있는 간부들은 공통된 생각을 갖고 있다. 그 하나는 신입사원들이 회사에 비교적 빨리 적응한다는 것이다.

　새로운 환경에 빨리 적응한다는 것은 좋은 일이다. 과거에는 회사에 적응하지 못하여 노이로제에 걸리거나 몇 달 다니다 회사를 그만두는 사람도 있었다. 최근에는 이러한 경향이 줄어들고, 자연스럽게 새로운 환경에 익숙해지는 사람이 늘어나고 있다는 현실은 매우 바람직하다고 하겠다.

　물론 적응이 빠르다는 것은 좋은 일이지만, 그것만 가지고서는 안 된다. 신입사원들도 언젠가는 회사를 짊어지고 나갈 입장이 된다는 사실을 잊어서는 안 된다. 그때에는 누구에게도 의지하지 않고, 때로는 주위의 저항을 물리치며 자신이 지향하는 것을 실현해 나가지 않으면 안 될 것이다.

　역사가 말해주듯이 적응력만 갖추고 있어서는 유능한 간부가 되지 못한다. '확고한 소신'을 지닌 사람이 되어야 한다. 그래야만 미래의 세계를 헤치고 나가 부하들을 선도할 수 있다. 아무리 주위와 잘 조화되어도 속이 텅 비어 있으면 안 된다.

　이런 문제에 대해 인사 담당자들이 공통적으로 우려하는 것도 일리가 있다고 생각한다. 선배들의 시절에는 우리나라 산업경제가 아직 취약한 시기여서 그들이 배워야 할 선례 같은 것은 적었다. 그래서 각자의 노력으로 연구하여 과감히 위험을 물리치고 오늘의 기반을

속이 텅 빈 '피망'이어서는 안 된다

구축했다.

그러나 오늘날의 회사는 신입사원의 눈으로 볼 때 완성된 거대한 건축물로 비쳐질 것이다. 조직이나 시스템, 또는 일상적인 활동 규칙 등이 모두 정비되어 있어서 자기들로서는 무조건 따라가기만 하면 된다는 식의 생각은 어느 정도 부득이하다고 할 수 있다.

그렇다고 해서 결코 '자기 생각'이 필요하지 않다는 것이 아니다. 오히려 어느 정도 기존의 질서가 확고한 만큼 혁신에 대한 명확한 자신의 '힘'이 필요하다. 순응이 아니라 선배들이 감탄할 정도의 도전적인 '자기 생각'을 지니고 있어야 한다.

스테레오 타입은 안 된다

또 한 가지 인사 담당자들이 우려하는 것이 있다. 그것은 최근의 신입사원들은 스테레오 타입이 아닌가 하는 점이다.

스테레오 타입이란 출판에 있어서 연판(鉛版) 인쇄를 비유한 것인데, '특징이 없는 평범한 생각'이나 '틀에 박힌 듯한 행동'을 말한

모두가 똑같은 판단을 내리면

다(스테레오 타입과 오디오의 스테레오를 혼동해서는 안 된다).

이런 점은 동료들끼리는 느끼기가 힘들다. 이와 같은 획일적 사고나 생각은 사외(社外)의 제3자가 보기 전에는 간파하기 힘들다.

'유사하더라도 회사에 도움이 되면 좋지 않은가? 오히려 다루기 쉬워서 좋지 않은가?'라는 생각도 할 수 있을 것이다. 그러나 거시적으로 볼 때 이것은 상당히 큰 문제가 된다.

기업 경영의 역사가 주는 교훈에서 비추어볼 때 회사 전체가 똑같은 경향으로 흐르는 것보다는 다른 발상, 다른 사고를 가지고 있는 사람이 많이 모여 있는 것이 안전하다고 말할 수 있다. 그것은 현대 경영의 복잡성과 깊은 관계가 있다. 기업의 진로를 결정하는 데에는 매우 복잡한 판단을 필요로 한다. 그러나 편협된 생각으로 사물을 판단하는 것은 금물이다.

회사를 잘되게 하려는 생각은 누구나가 갖고 있지만, 어떤 문제에 부딪혔을 때 모두가 똑같은 판단을 내린다면 그릇된 방향으로 나갈 위험성이 크다. 마치 작은 배에 탄 사람들이 높은 파도를 만났을 때

한꺼번에 한쪽으로 쏠리는 것과 마찬가지로 전복의 위험을 좌초하게 된다.

서로가 다른 의견을 갖고 있어야만 토의가 활기를 띠게 되고, 각자가 자기의 생각을 고쳐 나갈 수 있다. 따라서 서로 다른 생각을 가진 동료들이 많으면 능력개발에도 도움이 된다. 서로가 좋은 장점을 가지고 있기 때문에 존경과 신뢰가 깊어지고, 어떠한 문제에 부딪히더라도 힘을 합쳐 돌파할 수 있게 된다.

그러므로 주체성을 가지고, 개성이 풍부한 사람이 되어야 한다. 모두 똑같은 형이라면 그토록 많은 사람을 필요로 하지 않는다는 것을 알아두어야 한다.

회사는 자기 손으로 만드는 것

적응력이 높을 뿐만 아니라 명확한 '개성'을 지녀야 한다. 모두가 같은 형이 아니라 각기 다른 개성이나 특징을 갖고, 각자의 힘으로 회사를 발전시키는 동시에 자신도 성장해야 한다. 이것은 매우 중요한 일이다.

어떤 의미에서는 우리나라도 국제사회에서 높은 평가를 받는 시대가 되었으므로 새롭게 사회에 진출한 신입사원이 수동적인 자세로 현실에 적응하려고만 한다면 빨리 그와 같은 경향에서 벗어나야 한다.

앞으로의 기업 경영에는 지금까지 경험하지 못했던 여러 가지 어려움이 기다리고 있다. 경영은 종전보다 더 어려워질 것이므로 지금까지와는 다른 차원의 새로운 사고나 창의력이 필요하게 될 것이다. 동시에 여러 가지 난관을 극복해 나가는 힘찬 실행력도 요구될 것이다.

이와 같은 점에 대해서는 비단 신입사원뿐만이 아니라 선배사원들도 똑같은 생각을 가지고 다소의 불만이 있더라도 용감하게 미래에 도전하는 의지가 필요하다.

기업체는 경영자를 비롯하여 전사원이 자기만족에 빠졌을 때에 시련을 맞게 된다. 당신이 열심히 일하고 있을 때 회사는 반드시 세계로 웅비할 날이 올 것이다.

입사 후 새로운 환경에 빨리 적응한다는 것은 좋은 일이다. 그러나 적응은 그 첫걸음에 불과하며 빨리 경험을 쌓아 선배와 더불어 '미지의 세계에 새로운 회사'를 세우는 데 주축이 되어야 한다. 그리고 그와 같은 것을 목표로 하여 노력하는 자세가 무엇보다도 중요하다.

시대의 변화에 발맞추어 새로운 회사를 만드는 것이 신입사원의 궁극적인 역할이다.

새로운 학습의 시작

새로운 인생의 출발에 즈음하여 또 하나 중요한 것은 입사는 새로운 공부를 시작하는 출발이지, 결코 배움의 생활이 끝난 것이 아니라는 인식이다.

앞으로 배워야 할 일이 너무도 많다. 일에 대한 지식, 대인관계의 지혜, 일을 즐기면서 하는 방법, 일을 개선하거나 개혁해 나가는 노력, 더 나아가서는 사람을 다루는 방법에서부터 각종 의사 결정의 방법에 이르기까지 공부해야 할 과목은 늘어만 간다.

그러나 이러한 공부는 아무도 가르쳐주지 않는다. 공부라고 해서 단순히 머릿속에 흡수하는 지식만이 아니라 앞에서 말했듯이 실행하는 방법, 사람을 다루는 방법이나 문제 해결의 방법을 연구하는 것이 중심이 된다.

'회사에 입사했으니 이제 됐다'라고 생각해서는 안 된다. 대입시험 준비를 정신없이 하다가 일단 대학에 들어가서는 이제 됐다, 이것으로 공부는 끝났다고 생각하는 사람은 없을 것이다. 마찬가지로 회사에 들어왔으니 이젠 안심이다, 이제 일만 하면 되고 공부는 필요없다

취업을 했으니 이제 됐다는 생각은 큰 착각이다

고 생각하면 큰 착각이다.

일한다는 것은 곧 배운다는 뜻이다. 미지의 문제에 부딪힐 때마다 그것을 극복하려는 활동을 되풀이해 온 산업사회에서는 끊임없이 배우고 문제 해결을 위해 공부를 해야 한다. 이를 위해서는 학생시절의 공부와는 다른 방법과 사고가 필요하며, 끈기있게 노력해야만 비로소 보람도 느끼며 풍요롭고 충실한 생활을 영위할 수 있는 것이다.

취직은 새로운 공부의 시작이며, 지금까지 준비해 온 모든 것을 쏟아부어 자신의 길을 개척해 나가는 '인생의 결투장'이다. 마음껏 보람을 느끼고 자랑스러운 인생을 전개해 나갈 수 있도록 모든 전력을 기울여야 한다.

 이 장의 요약

1. 인생을 몇 개의 '단계'로 나눌 수가 있는데, 취직을 하여 사회에 첫발을 내딛는 단계는 여러 가지 관점에서 볼 때 '자기 인생을 좌우하는' 중요한 단계라고 할 수 있다. 이 시점에서 새로운 마음가짐으로 적극적으로 이 전환점을 통과하여 새로운 국면으로 전개해 나가야 한다.

2. 사회에 진출한다는 것은 결국 각자가 분업을 통해 남을 위해 일하는 것을 뜻한다. 지금까지 자신을 위해 공부해온 학창시절에서 남을 위해 일하는 단계로 들어선 것이다.

3. 학창시절에는 대체적으로 지식에 의해 평가되지만, 사회에서 지식은 수단에 불과하고 실행의 결과만으로 평가된다.

4. 사회에 진출한다는 것은 '보수를 받고 책임을 진다'는 것을 의미하며, 일의 책임에 있어서도 학창시절과는 전혀 다른 성질을 지니고 있다.

5. 자신과 같은 또래의 사람들과 생활하던 학교생활에서 이번에는 선배들과 상사들이 있는 조직에서 생활하게 된다. 신뢰하고 신뢰받는 관계를 만들어 나가는 것이 조직생활을 해 나가는 중요한 조건이 된다.

6. 학교에서 회사로 옮겨왔을 때 새로운 환경에 적응하는 것도 중요하지만 더욱 중요한 것은 자주적인 사고와 자주적인 행동을 해야 한다는 것이다. 그래야만 조직에 공헌할 수 있다. 몰개성적인 적응이 되어서는 아무런 의미가 없다. 회사는 궁극적으로는 자신이 만들어 가는 것이다.

7. 회사에 입사한다는 것은 공부의 끝이 아니라 '새로운 공부의 시작'이다. 기업의 환경은 시시각각으로 바뀌어간다. 이에 병행하여 능력도 변화되어야 한다. 새로운 공부를 시작하자.

학습성과확인테스트

다음에 제시하는 문제들은 당신 자신이 이 장의 내용을 잘 이해했는지의 여부를 체크하기 위해서이다.

자신의 실력을 기르기 위해 자발적으로 행동하는 것은 사회에 이제 막 진출하려는 사람에게 특히 중요하다. 각장마다 끝부분에 마련해 두었으니 반드시 체크해보기 바란다.

【Q1-1】

인생의 3단계는 무엇이며, 그와 같은 각기의 단계별로 생각하는 습관이 왜 중요한가를 그 이유를 들어 설명하라.

【Q1-2】

스테레오 타입이란 무엇인가. 그리고 스테레오 타입이 기업에 있어서 바람직하지 못한 이유를 설명하라.

【Q1-3】

다음의 □ 속에 알맞은 말을 써 넣어라.

앞으로는 □□[1]학습의 시대이다. 기업 □□[2]의 □□[3]도 격심하지만, 사원측에서도 끊임없이 □□[4]하고, 어떤 의미에서는 매년 새로운 □□[5]을 길러 나가지 않으면 안 된다. 취직은 새로운 □□[6]의 시작이다.

【Q1-4】

앞에서 말한 최근의 신입사원에 대한 2가지 비판에 대해 당신의 생각을 기술하라.

제2장

회사란 무엇인가

 **학습포인트**

제1장에서는 학교와 직장은 어떻게 다르며 어떠한 마음가짐이 필요한가를 배웠다. 이 장에서는 회사는 어떠한 활동을 하며, 어떤 성질을 갖고 있는가를 공부하기로 한다. 대상을 철저히 파악하는 것이 모든 일의 첫걸음이다.

■이 장의 내용
1. 회사와 리스크(risk)
2. 회사의 구조
3. 이익이란 무엇인가

1. 회사와 리스크(risk)*

도산(倒産)의 비극

여러 가지 경제적·사회적 요인에 의해 기업 경영은 날이 갈수록 어려워지고 있다. 지난날 수많은 기업들이 도산했으며 앞으로도 도산 기업은 계속 늘어날 것이다. 기업이 도산하면 종업원은 직장을 잃게 되는데, 이러한 악순환은 사회적인 비극으로까지 번지게 된다.

제아무리 건실하다고 장담하던 기업도 하루아침에 흔적도 없이 몰락해 버리는 일이 부지기수이다. 그렇게 되면 그 기업의 주식은 휴지조각이 되어버리고, 주주는 큰 손해를 보게 된다. 그리고 경영자는 사회적으로 실패자라는 낙인이 찍히고 중견간부나 종업원들은 큰 시련의 파도에 휩쓸려 엄청난 고통을 당하게 된다. 뿐만 아니라 거래하던 많은 업체들도 큰 피해와 타격을 받게 된다.

회사의 사회적 책임

그런데 당신은 당신이 입사한 회사가 이와같이 도산될 수 있다고 생각하는가? 아니면 우리 회사는 절대로 그런 일이 없을 것이라고 생각하는가?

그러나 지금까지 기업의 역사로 미루어볼 때 어느 회사든지 도산의 가능성은 있다. 여기에는 예외라는 것이 있을 수 없다.

현재 업계에서 톱을 달린다고 해도 마음을 놓을 수가 없다. 얼마 전까지만 해도 많은 계열사를 거느리고 기세가 당당했던 D그룹의 아성

---

* 비즈니스 활동에서의 여러 가지 '위험'을 말한다. '리스크가 있다'라든가 '리스크를 발생시킨다'라는 표현으로 쓰이고 있다. 당신을 사원으로 채용하는 것도 회사로서는 리스크의 하나(?)일지 모른다.

이 하루아침에 무너져버려 세인들을 놀라게 했다. 불황에 허덕이고 있는 업계에서 위태위태한 곡예를 하고 있는 기업들이 너무도 많다는 사실을 부인할 수 없다.

이처럼 산업계의 생리를 모르는 신입사원으로서는 회사는 절대로 침몰하지 않는 거대한 불침함(不沈艦)처럼 보일 것이다. 그러나 현실은 그렇지 못하다. 물론 도산한다고 해서 그 회사가 반드시 이 지상에서 모습을 감추는 것은 아니다. 경영이 난관에 부딪혀 경영진이 일제히 퇴진하고, 새로운 경영자에 의해 기구가 개편되는 동시에 재산매각 등의 대수술에 의해 빈사상태에 빠졌던 기업이 되살아나는 경우도 있으며, 회사의 이름은 사라지더라도 타기업에 흡수되어 명맥을 이어가는 일도 있다.

도산할 기미가 보이면 타사로 재빨리 줄행랑을 치면 되지 않는가 하고 생각할 수도 있다. 그러나 자신이 몸담고 있는 회사가 도산한다는 것은 결코 유쾌한 일이 아니다. 재치있게 다른 곳으로 옮겨간다해도 전에 ○○회사에 몸담고 있었다는 것은 자랑거리가 못 된다.

어쨌든 기업이 난관에 봉착한다는 것은 사회적으로 여러 가지 비극과 부작용을 초래한다.

기업의 사회적 책임은 무엇보다도 망하지 않고 사업을 계속 이어가는 것이며, 그러기 위해서는 많은 노력이 필요하다.

2. 회사의 구조

왜 부도(不渡)가 발생하는가

앞에서 말한 바와 같이 회사가 도산하는 전 단계의 징조는 부도어음이라는 모습으로 나타나는 경우가 많다. 그렇다면 도대체 부도어음이란 무엇이며, 어음이 부도가 되면 왜 기업이나 사람들의 운명이 뒤집히는 걸까?

　기업이 자재나 기계를 구입하거나 공사를 했을 경우 그 대금조로 보통 상대의 메이커나 도매상, 외주 시공업체, 건설업체 등에게 어음을 발행하여 결재를 한다. 대금을 모두 현금으로 지불하면 좋겠지만, 여러 가지 사정 때문에 현금 대신 앞으로 몇 개월 후에 지불하겠다는 일종의 차용증서(어음)를 발행한다. 그러나 이것은 우리들이 흔히 쓰는 차용증서와는 좀 다른 성격과 가치를 지니고 있는 것으로써 '돈'과 같은 효력을 지닌다.

　그래서 받은 사람이 이것을 은행에 가지고 가면 그것을 담보로 하여 자금을 빌려주거나 어음할인이라는 관행에 따라 그것이 현금으로 바뀌어지는데 어음상에 명시된 지급 시기까지(이 기간을 사이트라고 한다)의 이자를 은행이 선공제하고 현금을 내준다. 그리하여 어음을 가진 사람은 이것을 자신의 사업 자금으로 쓰게 된다.

　한편 은행은 지급 기한이 올 때까지 그 어음을 가지고 있다가 기한이 되면 어음을 발행한 회사의 구좌에서 그 금액을 인출한다. 이것을 흔히 어음이 떨어진다고 한다.

　그런데 어음을 발행할 당시에는 그럴 생각이 아니었으나 판매한 제품 대금의 회수가 나빠져서 입금액이 없거나 예정이 빗나가 예금 구좌에 남아 있는 금액이 돌아온 어음 금액보다 적을 때에는 결재를 못하게 되는 사태가 발생하게 된다. 이것을 부도라고 한다. 은행에서는 이럴 경우 어음에 부도라는 표시를 한다.

　대체로 부도가 나기 전에는 몇 개월 전에 발행한 많은 어음들이 매일 은행에 돌아오게 되는데, 그날그날 예금 구좌에 남아 있는 예금잔고가 줄어들어 언젠가는 부도가 나버린다.

　그렇게 되면 그 다음부터 돌아오는 어음은 돈의 뒷받침이 없어 글자 그대로 '공어음'이 되는 것이다. 이 지경이 되면 그때까지 발행된 모든 어음은 부도로 처리된다. 그래서 여러 사람 손에 들어가 있던 어음은 부도 사태가 발생하고, 지불 정지가 되면 그때부터 모든 어음은 환금이 되지 못한다.

은행은 그와 같은 부도에 말려들어 자기 은행이 관리하고 있는 예금에 구멍이 나는 것을 두려워한다. 그래서 전국의 모든 지점에 통지를 하게 되고, 그전에 발행된 회사의 어음을 가지고 있었던 사람들은 일제히 큰 타격을 받게 된다. 더군다나 그 사람들은 받았던 어음을 감안하고 발행했던 자기 어음을 결재하지 못하게 되어 부도는 연쇄적으로 확대되어 간다.

생산활동의 이모저모

부도는 예금 잔고가 없을 때에 생긴다. 아무리 돈에 쫓긴다고는 하지만 경영의 전문가인 사장이 있고, 경리 담당자가 있는데 어떻게 부도가 발생하게 되는 것일까?

이러한 의문을 풀기 위해서는 회사의 자금 운용면에서 그 실상을 이해하지 않으면 안 된다. 그것은 경리쪽에서만 정신을 차리면 되는 간단한 문제가 아니다.

한마디로 기업은 물건을 만들어 파는 제조회사도 있으며, 판매만을 전문으로 하는 회사도 있다. 또한 물건뿐만 아니라 무형의 서비스를 파는 은행이나 보험, 운송업 등의 서비스회사도 있는데 여기에서는 형태적으로 가장 복잡한 생산회사의 케이스를 들어 설명하기로 한다. 이것만 이해하면 다른 형태의 것도 대체적으로 알 수 있게 된다.

기업활동을 단지 '물건을 만들어 파는 것'이라고 생각하면 간단하지만 실제로 그 내용은 매우 복잡하다.

문제를 알기 쉽게 설명하기 위해 단순한 케이스를 예로 들어 이야

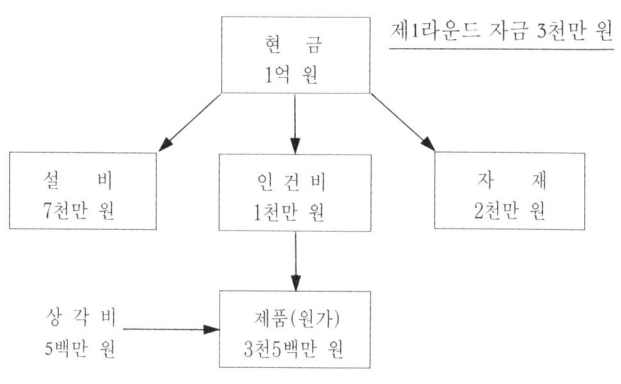

기업의 생산활동 〈예1〉

기하기로 한다. 여기에 자본금을 1억 원으로 하여 설립한 회사가 있다. 제품을 생산하기 위해서는 기계 설비가 필요하다. 이 중에서 7천만 원이 설비 비용으로, 그리고 원재료비로 2천만 원, 인건비가 1천만 원 소요되었다고 하자.

이렇게 해서 생산된 제품에 돈이 얼마가 들어갔는가 하면 자재비와 인건비를 합친 3천만 원이 소요되었다. 그런데 제품이 5천만 원 어치 팔렸다면 2천만 원을 벌어들였다는 계산이 되는데, 설비 시설은 언젠가는 낡아져서 새로 대체하지 않으면 안 된다.

이 경우 7년에 걸쳐 그것을 새것으로 교체할 자금을 준비해 나간다고 한다면 시설비가 7천만 원이기 때문에 1년에 1천만 원씩, 다시 말해 반년에 5백만 원이라는 돈을 사용할 수 없게 된다는 셈이다. 이것이 즉 상각비(償却費)이다. 이것은 제품을 생산하는 데 필요한 비용이기 때문에 자재비, 인건비, 상각비를 합치면 3천5백만 원이 이 물건의 원가이며, 이것을 5천만 원 어치 팔았기 때문에 정미(正味)이익은 1천5백만 원이 된다.

이익의 처분

　회사에서는 반년마다(또는 일 년마다) 결산을 하고 주주에게 배당을 실시하는 동시에 세금을 내지 않으면 안 된다. 자본금 1억 원의 회사가 반년에 1천5백만 원의 이익을 냈으므로 일 년이면 3천만 원이 되는 셈이고, 자본금 1억 원에 대해 연 3%의 배당을 할 수 있는 것 같이 보이지만, 사실 그렇지도 않다.

　국가에 납부할 세금(법인세)이나 지방세 등을 합쳐서 최소한 절반 이상은 확실히 세금으로 빼앗기게 된다. 따라서 회사로서는 우선 1천5백만 원의 이익에서 세금으로 낼 몫을 뺀 나머지 돈을 정미이익으로 간주하고 그 중에서 배당을 고려해야 된다.

　세금을 50%로 본다면 실질적인 이익은 750만 원밖에 안 된다. 있는 대로 다 털어놓는다고 한다면 1억 원의 자본금에 대해 반년에 750만 원이 되는 셈이니 연간으로 따지면 1천5백만 원, 연 15%의 배당이라는 계산이 나온다. 그러나 현실은 그렇지 못하다. 저금 같은 것은 생각할 여유도 없다. 어쨌든 물건에서 돈으로, 돈에서 물건으로 잘 회전되기만 하면 된다는 식이 되어서는 바람만 불어도 회사는 쓰러지고 만다. 얼마라도 반드시 저축을 해야 된다.

　그렇다고 해서 배당이 너무 적으면 주주들은 증자(增資)에도 응해주지 않아 자금이 필요할 때에 곤란을 겪기 때문에 배당도 어떻게 해서든 만족하게 주지 않으면 안 된다. 절반 정도는 저축을 했으면 좋겠지만, 주주에게도 보답을 해야 된다는 견지에서 연 10%, 반년에 5만 원을 배당금으로 돌렸다고 하자.

　그렇게 되면 1천5백만 원의 이익에서 750만 원이 세금, 5백만 원이 배당으로 나가므로 결국 내부에 유보되는 것은 고작 250만 원이 된다. 생각보다 남지 않는다는 계산이다.

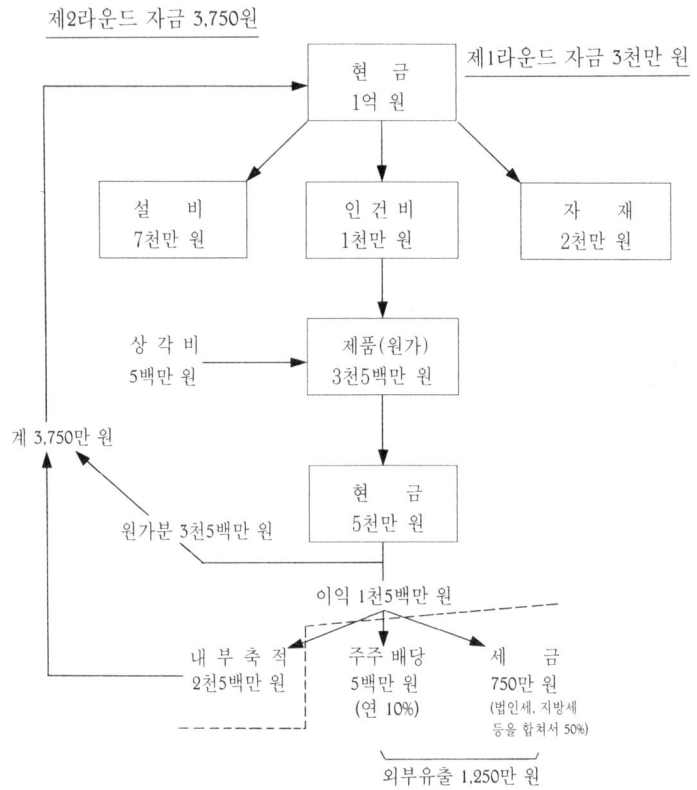

기업의 생산활동 〈예2〉

어쨌든 이와같이 회사가 얻은 이익의 행방을 결정하는 것을 이익처분이라고 말하며, 세금이나 배당금처럼 회사 외부로 흘러나가는 것을 외부유출이라 하는데, 회사의 신뢰도를 높이려고 무리한 배당을 계속하면 기업은 빈혈로 죽게 될 것이며 상각을 제대로 하지 않고 이익을 많이 계상(計上)한다면 자동적으로 회사는 쇠약해진다.

자본의 축적

제1라운드가 끝난 다음에는 매출액 5천만 원의 제품 대금에서 세금

750만 원, 배당금 5백만 원, 합계 1,250만 원의 외부유출을 뺀 3,750만 원의 자금으로 다음의 제2라운드로 넘어가게 된다. 이렇게 해서 끊임없이 회사 안에서 형태를 바꾸어 순환하는 자금을 운전 자금이라고 한다. 그리고 설비 자금처럼 오랫동안 모습을 바꾸지 않고 회사 내부에서 움직이지 않는 상태를 '자금이 고정된다'고 말한다.

원칙적으로 회사 전체의 자본량이 항상 회사 내에 유보되어 있으면 이익이 늘거나 회사 외부에서 수혈을 하지 않는 한 일정하기 때문에 무리하게 설비에 돈을 들여 순환혈액을 고정시켜 버리면 빈혈을 일으키기 쉽다. 운전 자금과 설비 자금과의 관계는 부도와 연관되어 있다.

제1라운드에서는 운전 자금이 자재 2천만 원, 인건비 1천만 원, 합계 3천만 원이었다. 그것이 제2라운드에 와서는 3,750만 원으로 750만 원이 늘어나고 있다. 이 750만 원이 어디서 온 것인가 하면, 이익처분 때에 내부에 유보한 250만 원과 실제로 돈은 나가지 않았지만 나간 것으로 간주하여 계산한 설비비의 상각 대금 5백만 원의 합계액이다. 이것이 자본의 축적분이다.

이와 같은 축적은 회사가 경영 악화나 자금 압박 등에 대비한 비축도 된다. 이것은 아이들을 진학시킨다든지, 결혼을 시킨다든지, 집을 지을 때에 사용하는 비용이 된다는 측면에서 가정의 저축과 같은 성질의 것이다.

예기치 못한 문제가 발생했을 때 1년 정도는 놀고 먹을 수 있는 여유있는 회사도 있지만, 반대로 저축액이 한푼도 없어 경제 위기를 당했을 때 바로 손을 드는 회사도 있다. 따라서 저축이 적은 회사일수록 비극에 대한 저항력이 약하다는 것은 말할 나위도 없다.

기업은 우선 존속하지 않으면 안 된다. 그러기 위해서는 안전성을 높이기 위해 어떠한 형태로든 자본의 축적이 필요하다.

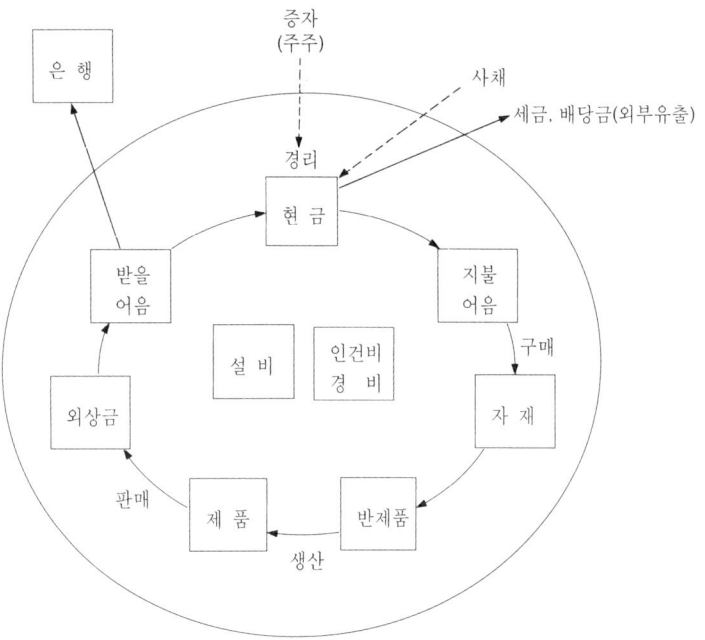

회사의 순환기 계통

회사라는 인체적 구조

회사의 구조적 생태는 마치 인간의 신체와도 같다.

운전 자금은 혈액에 해당된다. 심장이라고 할 수 있는 경리 부문을 거쳐 지불어음의 지불에 충당되고 그 지불어음은 자재가 되고, 자재는 공장에 들어가 반제품(半製品)이 된다. 이와 같은 반제품이 사람과 설비의 힘으로 완제품이 되어 쏟아져 나와 외상 매출금이 되어서 체류(滯留)한다. 그리고 그 중에서 받을 어음이 현금의 형태로 회수되어 현금화된 뒤 다시 심장으로 돌아온다.

그러나 회사의 순환기 계통은 그렇게 간단치만은 않다. 회사는 정기적으로 예금이나 배당금 등을 외부에 방출한다. 수혈의 파이프라인으로 은행이 있고, 이것이 심장수술 때에 사용되는 인공심장과도 같이 언제나 회사의 혈관에 연결되어 있다.

그리고 외부로부터의 자금 파이프라인으로서는 사채(社債) 발행에 의한 수혈, 주주로부터의 증자금 등에 의한 루트도 갖고 있다. 그리고 이와 같은 파이프라인은 경기가 좋고 나쁨, 배당의 많고 적음, 금융 상황의 변화 등에 따라서 순조로운 경우도 있지만 갑자기 상황이 나빠져 자금이 압박받는 경우도 발생한다.

그리고 운전 자금으로서 순환되지 못하는 설비 자금이라는 것도 있다. 새로운 설비는 오랜 기간을 두고 조금씩 조금씩 자금을 늘려 나가야 된다는 기능을 지니고 있으므로, 무턱대고 자금을 고정시켜 버리면 급성빈혈증에 걸리게 되고, 경기가 나빠졌을 때에는 생사의 기로에까지 서게 된다.

그렇다고 해서 이에 대한 지출을 너무 인색하게 하면 치열한 합리화 경쟁에서 패배하게 된다. 구식 설비여서 자사의 코스트가 올라가지 않는다 해도 타사가 새로운 설비로 합리화를 추진하기 때문에 경쟁하기 힘들게 되고 환류(還流)하는 혈액량이 적어져 역시 빈혈을 일으키게 된다.

수익력과 안정성

회사도 자금의 흐름에서 본다면 대개 이와 비슷하다고 하겠다.

이상과 같은 점을 통해 다음과 같은 결론을 내릴 수 있다. 그 첫째는 자재나 반제품, 제품이나 외상금 등의 형태를 지니고 있는 운전 자금을 될 수 있는 한 잠재우지 않도록 하는 것이다. 이런 자금을 많이 잠재우면 결국 자금이 부족해져서 위험에 처하거나 부채가 늘어나 금리 부담이 커진다. 뿐만 아니라 이러한 스톡 현상이 적으면 적을수록 리스크도 적어진다. 외상 금액도 많아지면 그만큼 대도율(貸倒率)도 높아지며 제품의 정체가 늘어나 오래 잠자고 있으면 그 사이에 소비자의 요구가 달라져서 팔리지 않는 수도 있기 때문이다.

그렇다고는 하지만 너무 지나치게 운전 자금이 적으면 다른 문제가 발생한다. 자재 구입이나 스톡은 적을수록 좋지만 너무 적어 현장의 요구가 있을 때에 타이밍을 맞추지 못하면 생산 가동을 중단하게 된다.

둘째로, 회사는 이익을 올리지 못하면 안 된다는 사실이다.

이익은 조혈제와도 같은 것이어서 운전 자금이 잘 순환되고 있는 동안에는 혈액량도 늘리고 전체의 안전성도 높다. 또한 이익률은 그 회사가 얼마만큼 효율적으로 경영을 하고 있는가에 대한 종합적인 지표이기도 하다. 언제나 보다 적은 인원과 보다 적은 경비로 보다 높은 고객만족을 얻도록 노력할 필요가 있다.

이익이 많으면 장래를 위해 여러 가지 시책을 마련할 수도 있고 판매가격을 낮추어서 고객에게 더 큰 만족을 줄 수도 있다. 뿐만 아니라 종업원들의 급료를 올릴 수 있는 재원이 되기도 한다.

이익을 올리는 힘을 수익력이라고 한다. 수익이 높아지면 경영의 안전성이 올라가고 안전성이 올라가면 수익력도 더욱 높아지게 된다.

수익력과 안전성, 이 둘은 경영의 두 바퀴와 같은 것으로서 회사의 모든 것은 결과적으로 이 두 바퀴를 원활하게 굴러가는 방향으로 힘써야 할 것이다.

3. 이익이란 무엇인가

혁신을 위한 준비금

경영을 계속해 나가기 위해서는 먼저 이익을 올리지 않으면 안 된다. 어쨌든 적자로 자신의 혈액을 계속 외부로 방출해 버리면 자금부족으로 빚을 지게 된다. 그렇게 되면 금리는 늘어나고 적자가 누적되어 자금 압박에 박차를 가하게 되어 더욱더 부채는 커진다. 이러한 악순환이 거듭되면 결국은 은행마저도 손을 떼게 된다.

그렇다면 단지 흑자만 발생하면 경영이 지속될 수 있느냐 하면 그렇지도 않다. 예를 들어, 영화산업의 경우 최전성기에는 극장문이 미어지도록 많은 관객을 영화관으로 끌어들였지만, 최근에는 관객 수가 격감되고 있다. 이것은 한마디로 영화에 대한 매력이 감퇴되었다는 것을 뜻한다.

그렇기 때문에 영화제작사는 영화에 대한 사고방식이나 소재, 제작방법 등을 혁신하지 않으면 살아남을 수 없다는 결론이 된다. 우리나라의 경우, 혁신에 눈을 뜨지 못해 문을 닫는 제작사가 부지기수였다.

회사에서 하는 일에는 정도의 차는 있으나 해마다 낡고 진부화되어 가는 것들이 있어서 언젠가는 고객의 불만을 사게 될 것이다. 그러므로 회사는 항상 새로운 생각을 가지고 새로운 사업을 전개함으로써 고객에게 만족을 주지 않으면 안 된다. 어쨌든 회사는 유망한 사업을 개발하여 사업의 다각화를 도모해야 한다. 즉 사업이란 끊임없이 혁신하지 않으면 존속하기 힘든 성질을 지니고 있다.

그런데 사업의 혁신이나 다각화는 맨주먹으로는 할 수 없다. 말할 것도 없이 거액의 돈이 든다. 이런 돈은 아무도 거저 주지 않으므로

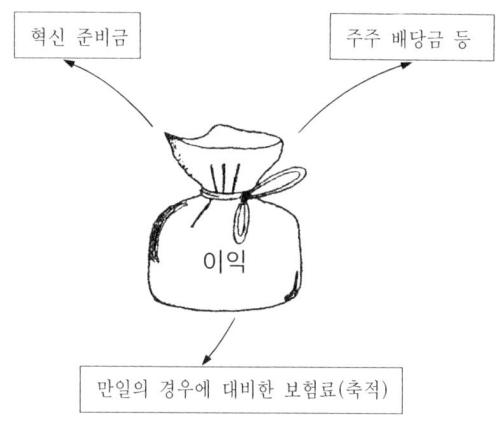

이익의 3가지 기능

경상(經常)적인 사업에서 해마다 적립해두지 않으면 안 된다. 그러자면 이익을 올려 장래를 위해 준비를 하는 수밖에 없다.

그런 뜻에서 이익은 장래의 발전을 위한 준비 자금이라는 의미를 지니고 있다. 이익이란 막연히 남아도는 돈이 아니라 미래 사업에 대한 준비금이라고도 할 수 있다.

이익의 3가지 기능

기업 경영에는 리스크가 따르게 마련인데 갑자기 매출이 격감하거나 통화 가치가 변동되거나 불의의 사고로 인해 재산상의 손해를 입는 일이 흔히 발생한다.

이렇듯 앞으로 어떠한 일이 일어날지 예측할 수 없는 것이 기업 경영의 현실이다. 이런 것에 대비하기 위해서는 평소 충분한 이익을 올려 축적을 해두어 어떠한 일이 일어나더라도 조금도 흔들리지 않는 체제를 만들어놓는 것이 중요하다.

리스크에 대한 대비가 없으면 어떠한 문제가 발생할 경우 자금난에 봉착하거나 배당을 할 수 없게 된다. 그렇기 때문에 '위험에 대비한 보험'이 필요하다. 그런 뜻에서도 축적이 필요하다.

현대의 기업들은 고전적인 의미에서의 이익만을 추구하는 일은 적어졌으며, 이익을 보다 널리 분산시켜 주식 배당금을 분배하는 한편, 사업 자금의 준비, 리스크에 대한 보험금 확보 등 지혜로운 경영을 하고 있다. 그러기 위해서는 더 많은 이익을 올리지 않으면 안 된다. 그리고 이 3가지의 목적을 모두 이룰 수 있는 이익액이 되지 않으면 안 된다.

어떻게 해야 이익이 생기는가

이익을 올리는 노력은 경영자나 간부들에게만 국한된 것이 아니다. 그 노력은 전 종업원이 다함께 해야 한다. 왜냐하면 이익이 오르면 결국 전원에게 혜택이 돌아가기 때문이다.

이익을 올리는 원리는 결코 어렵지 않다. 한마디로 말해서, 수입을 최대한으로 올리도록 노력하고 코스트를 될 수 있는 한 낮추도록 노력하면 되는 것이다.

매출을 늘리려면 고객에게 어필할 수 있는 좋은 제품이나 서비스를 개발하여 제공하지 않으면 안 된다. 그리고 보다 안정된 고객을 확보하는 한편, 치열한 경쟁 속에서 매출 신장이 확보되는 판매 전략이 절대적으로 필요하다.

같은 일이라도 될 수 있는 한 생략화, 간소화하고 적은 인원으로 능률적으로 일할 수 있도록 철저한 소수정예주의를 채택해야만 한다. 불필요한 경비는 될 수 있는 대로 절약해서 여기에서 생겨난 재원을 장래를 위해 필요한 곳에 집중적으로 투자하지 않으면 안 된다.

외상금이나 반제품, 또는 원자재 등의 스톡은 될 수 있는 대로 줄이

이익을 올리는 노력은 전사원이 함께 해야 한다

도록 노력하고 부채도 될 수 있는 대로 줄여서 금리 부담을 줄여야 한다. 건물이나 설비의 이용 효율을 높이고, 건설이나 시설 설계에 대해서는 특별한 연구가 필요하다.

참고 문제의식이란?

①문제란 경영상 해결하지 않으면 안 될 일들을 말한다.
  예) 공해문제, 자원 부족, 불필요한 회의, 만성적인 적자 부문, 거래처로부터의 클레임 등.
②문제에는 다음과 같은 성질이 있다.
  • 해답이 여러 가지로 나올 수 있다.
  • 해결이 일반적으로 어렵다.
  • 담당자에 따라 해결 방법에 차이가 있다.
  • 문제라고 느끼지 못하는 사람도 있다.
③문제의식이란 높은 이상을 가지고 해결해야 할 것을 명확히 찾

아내어 발전, 향상시키려는 욕구를 말한다. 문제의식의 강도는 향상 욕구의 강도와 비례하고, 불평불만의 강도와는 반비례한다.
④ 문제의식으로는 "이렇게 하면 어떨까?" 하는 자신의 생각이 뒷받침되어야 한다. 문제의식을 강하게 하려면 다음 사항에 대해서 그 이유를 생각해 보아야 한다.

- 이토록 시간이 소요되는 까닭은 무엇 때문일까?
- 이토록 신경을 써야 하는 까닭은 무엇 때문일까?
- 이토록 비용이 드는 까닭은 무엇 때문일까?
- 이토록 납기가 늦어지는 까닭은 무엇 때문일까?

 **이 장의 요약**

1. 회사라고 하는 것은 얼핏 보기에는 거대하고 견고한 구축물처럼 보이지만 자칫 잘못하면 쉽게 무너져 버리기도 하는 존재이다. 따라서 회사의 가장 기본이 되는 사회적 책임은 기업을 오래오래 존속시켜야 한다는 것이다.

2. 회사는 자재를 사입하여 생산하고 판매하여 대금을 회수하고 다시 그 돈으로 자재를 구입하는 순환활동을 통해 경제활동을 영위하고 있다. 그러자면 경영의 안전성이 필요한데, 그러기 위해서는 자재, 반제품, 제품, 매출금 등의 스톡을 적정 수준으로 억제해야 한다.

3. 이익은 순환혈액을 늘리는 작용에 의해서 자본 축적을 늘리며 안전성을 높인다. 수익력과 안전성, 이 둘은 회사 경제활동의 기본적인 '니즈(need)'이다.

4. 회사는 혁신을 지속적으로 추구해 나가지 않으면 안 되는데, 그러기 위해서는 신사업 준비금이 필요하다. 또한 동시에 장래에 일어날지도 모르는 리스크에 대비하는 보험이 필요하다. 신사업 준비, 리스크에 대한 준비, 주주들의 배당금 확보 등 이 3가지가 이익의 기능이며, 기업에 있어서는 필수적이다.

5. 이익을 올리는 것은 경영자나 간부만의 일이 아니다. 전사원의 노력에 의해 이루어 나가야 한다. 그 방법을 강구하고 실질적으로 회사에 공헌할 수 있는 존재가 되어야 한다.

학습성과확인테스트

【Q 2-1】
자재나 반제품, 그리고 제품이나 외상금 등의 스톡이 지나치게 늘어나는 것은 좋지 않다고 하는데 무엇 때문인가?

【Q 2-2】
이익의 3가지 기능을 설명하라.

제3장

회사가 바라는 것은 무엇인가

 학습포인트

　회사가 필요로 하는 기본 사항을 이해하고 익힌 다음, 회사가 요구하는 것이 무엇인가 생각한다.
　세계 경제는 끊임없이 변화해가고, 회사는 항상 새로운 문제에 부딪히게 된다. 따라서 회사는 그것을 극복해 나가려고 노력한다. 회사의 운명을 개척해 나가는 중핵적인 존재는 회사의 경영자나 간부들이라고 하겠지만, 사원도 함께 참여하는 자발적인 힘이 되어야만 이상적이라고 하겠다. 다음은 회사가 꼭 필요하다고 생각되는 것인데 새로운 출발을 함에 있어서 이것만은 반드시 염두에 두어야 한다.

　■이 장의 내용
　1. 내부 노력이 운명을 좌우한다
　2. 불안정에 대한 대비책
　3. 등질화에 대한 대응
　4. 국제화시대

1. 내부 노력이 운명을 좌우한다

수지의 불균형

한국의 기업들은 이제 세계시장을 향해 진출하고 있다. 그러나 회사의 내부를 살펴보면 그것은 결코 쉬운 일이 아니다. 세계화는 모든 사람들의 열성적인 노력에 의해 이루어지는 성과라는 것을 알게 될 것이다.

지난날의 고도성장시대와는 달리 오늘날의 경영활동으로는 수입(매출)을 늘려 나간다는 것이 그리 쉽지 않다. 우리나라는 물론 세계적인 시각에서 보더라도 기업간의 경쟁이 매우 치열하기 때문에 매출을 신장시킨다는 것은 대단히 힘들다. 게다가 인건비는 매년 오른다. 에너지의 코스트도 올라간다. 에너지 코스트가 올라가면 결국 원재료의 값도 오르게 된다.

따라서 수입은 뜻대로 올라가지 않고 그 성장선은 옆으로만 뻗어가게 마련이다. 반대로 코스트는 염치도 없이 계속 올라가 그대로 내버려두면 수지차액인 이익은 해마다 내려갈 것이다. 이 문제는 참으로 심각하다고 하겠다.

방법의 혁신

수입과 지출의 불균형을 그대로 내버려두면 이익은 점점 떨어진다. 어쨌든 이익을 올려놓지 않으면 안 된다. 그렇다면 수입을 어떻게 늘릴 것이며, 코스트를 어떻게 떨어뜨릴 것인가. 이것이 중대한 과제가 된다. 뿐만 아니라 일시적인 이익이 아니라 지속적으로 이익을 올려야만 한다는 데 큰 어려움이 있다.

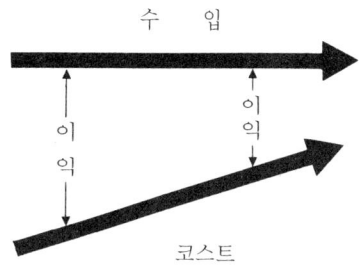

수지의 불균형

　이익을 지속적으로 올리기 위해서는 '이익을 창출해내는 혁신적인 방법'을 강구하지 않으면 안 된다. 우선 판매 방법을 혁신하여 좀더 많이 팔리도록 해야 한다. 그리고 보다 적은 코스트로 생산할 수 있도록 방법을 개선해야 한다. 예를 들어, 석유값은 오르더라도 성(省)에너지 대책을 강구하여 유류(油類)의 소비량을 줄일 수 있는 방향으로 바꾼다.
　또한 좀더 적은 인원으로 동일한 생산을 이루어낼 수 있는 새로운 방법이 연구되어야 한다. 이러한 노력에 의해 내부에서 이익을 창출해내지 않으면 안 된다. 실지로 모든 회사들이 이런 노력으로 이익 확보에 힘을 기울이고 있다.
　예전에는 원재료비가 올라 이익이 감소되면 부득이한 일이라고 생각해 버리고 말았다. 그러나 이제는 다르다. 불리한 조건에 봉착하면 그것을 극복하려고 연구한다. 문제를 극복하려는 적극적인 사고방식이다. 과거와 똑같은 방법으로는 아무리 열심히 일해도 인건비나 원재료비가 해마다 올라가기 때문에 결정적으로 이익이 줄어들고 만다. 그러므로 효율적인 방법을 연구하여 생산성이 오르는 방향으로 노력할 필요가 있다. 그리고 그것은 얼마든지 가능한 일이다.
　신입사원인 경우, 방법을 바꾸려고 해도 구체적인 이미지가 떠오르지 않겠지만, 그것에 대한 가능성만은 믿고 있어야 한다. 따라서 일하는 방법을 항상 연구하여 지속적으로 혁신해 가는 마음가짐으로 일해야 한다.

자기만족은 최대의 적

이와 같은 회사 내부에서의 생산성 향상 노력을 '내부 노력'이라고 말하는데, 이것은 현재 어느 회사에서나 열심히 추진하고 있다. 그러나 연구 과제를 찾아내지 못할 때에는 궁지에 몰리게 된다.

생산성 향상을 위해 노력하는 데 있어서 가장 중요한 것은 이것으로 충분하다, 이 이상은 도저히 할 수 없다고 생각해서는 안 된다는 점이다. 열심히 노력하여 성과가 오르면 자만심이 생기게 마련이다. 그러나 세상에는 자신의 회사보다 더 높은 차원의 노력을 기울이고 있는 회사가 많으므로 자기만족에 빠지면 결국 패하고 만다.

신입사원들은 먼저 지금까지 선배가 밟아온 업무 과정을 배우고 습득한 다음, 자기 자신이 그것을 개선해 나가는 전열(戰列)에 참여하도록 한다.

2. 불안정에 대한 대비책

불확실한 시대

1990년대는 지난 시대에 비해 회사를 에워싸고 있는 여러 가지 여건과 환경 조건이 불안해지고, 어느날 갑자기 예상치 못했던 돌발 사태가 발생하여 회사가 위험한 상태에 빠질 가능성이 높다는 데에 특징이 있다.

기업 경영에는 리스크가 있게 마련이지만 그 폭이 커지고, 동시에 예상하기도 힘들어졌다. 이미 기업들은 지난날 석유파동이라는 엄청

불확실한 시대

난 경험을 겪었으며, 그 밖에도 시장개방이라는 시련을 겪고 있는 중이지만 앞으로는 더욱더 예측할 수 없는 일들이 속출하게 될 것이다.

해외에서 일어난 정치적, 경제적인 변동에 의해 수출이 지장을 받을지도 모른다. 또 천재지변으로 기반이 무너지거나 새로운 법적 규제 조치에 묶여 회사의 진로를 과감하게 바꾸어야 될지도 모른다.

그러나 어떤 일이 발생하든지 회사가 안정 속에서 경영을 계속할 수 있도록 하지 않으면 안 된다. 하지만 이와 같은 일이 쉬운 것은 아니다. 그렇다면 무슨 일이 일어날지 예측할 수 없는 이 시대에 과연 어떻게 대처해야 하는가.

손익분기점을 낮춘다

이와 같은 불확실한 시대에 우선 필요한 것은 손익분기점을 낮추는 노력이다. 손익분기점이란 매출액 선과 비용 선의 교차점(交叉點)을 말하는데 매출이 그 이하로 내려가면 이익이 적자로 전락하는 매출액의 데드 포인트를 말한다.

예를 들어, 하나의 상품을 만드는 회사가 있는데 월 매출액이 1억 원이고 공장은 풀가동되고 있다고 하자. 물론 이익은 충분히 발생하고 있다. 그런데 경기가 나빠져서 매출액이 8, 9천만 원대로 떨어졌다면 당연히 이익도 줄어든다. 그런데 매출액이 7천5백만 원이 되면 이익은 제로가 된다고 하자. 이럴 경우 이 회사의 손익분기점은 월 7천5백만 원이 된다. 손익분기점은 공장의 조업률로 표현되기도 하며(공장이 가동중인 경우) 단순히 분기점이라고도 한다.

이 손익분기점은 설사 같은 상품이나 서비스를 생산하더라도 회사마다 코스트의 구조가 다르기 때문에 같은 업종이라도 A사는 90%, B사는 80%, C사는 70%라는 식으로 차이가 있는 것이 보통이다. 따라서 불황으로 매출이 80%로 떨어졌다면 A사는 적자, B사는 이익 제로, C사는 그런대로 이익을 내고 있는 상태가 된다. 때문에 분기점은 될 수 있는 한 낮추지 않으면 안 된다. 이렇게 손익분기점이 낮은 회사로 만들려면 여러 가지 노력이 필요하다.

철저한 기본 훈련

미래가 불확실하다고는 하지만 어느 정도 예상할 수 있는 부분도 있다. 예를 들어, 정세가 불안한 해외 지역에 수출을 할 때에는 사태가 악화되기 전에 그것을 예견하여 손해를 최소한으로 막기 위한 대책을 강구해야 한다. 불행하게도 우려했던 것이 현실로 나타났을 때에는 그것을 어떻게 수습할 것인가 하는 것도 미리 마련해둘 필요가 있다. 이것을 긴급사태 대응계획이라고 하며, 실제로 이런 계획을 갖고 있는 회사가 늘고 있다.

그러나 어떠한 사태가 일어날 것인가를 사전에 예측하고 계획하는 것은 거의 불가능하므로 예상하지 못했던 일이 일어났을 때에는 얼마만큼 전사원이 잘 대처할 수 있는가가 중요하다. 그러기 위해서는 전사원의 '기본 훈련'이 중요하다.

장기나 바둑에서도 정석을 완전히 익힌 사람은 상대가 어떻게 나오더라도 적절히 대응할 수 있다. 그만큼 기본이 중요한 것이다.

3. 등질화에 대한 대응

모두가 똑같아졌다

등질화라는 것은 자사가 만든 상품과 동업 경쟁사들이 만든 상품이 모두 비슷하여 고객들이 뚜렷한 차이점을 식별해낼 수 없는 것을 말한다. 예를 들어, 1980년대의 가전제품은 세탁기는 A사, 냉장고는 B사 식으로 회사마다 특징이 있어 제품 그 자체의 질이나 수준은 메이커마다 차이가 있었다.

그러나 오늘날에는 뚜렷한 차이를 찾아볼 수 없어 소비자들은 냉장고 하면 어느 회사의 제품이든 모두 똑같이 취급해 버린다. 자동차든 가전제품이든 이처럼 동일화의 현상을 나타내고 있어 상품의 디자인이나 특징 등은 그야말로 도토리 키재기 식이 되었다.

개성을 어떻게 나타낼 것인가

하나하나의 회사가 자사의 장점을 살려 각자 특징 있는 상품을 만들어 고객의 다양한 욕구에 부응하는 것은 매우 좋은 일이다. 그러나 모든 회사들이 똑같은 제품만을 만든다면 아무런 의미가 없다. 더군다나 각기 분산되어 같은 제품을 만들면 값만 오르므로 차라리 합병해서 일원화하는 것이 소비자에게 유리할지도 모른다.

동일한 제품으로 경쟁을 하게 되면 아무래도 값으로만 경쟁을 하기 때문에 수익률은 떨어진다. 진정한 경쟁은 그렇게 해서는 안 된다. 어

등질화에 대한 대응

쨌든 '등질화'는 기업의 골치아픈 문제로 등장했다.

개성도 없고 창의력도 없는 회사는 사회로부터 그 존재 가치를 의심받지 않을 수 없다. 그런 뜻에서 앞으로 주요 과제 중의 하나는 경쟁사가 갖지 못하는 개성을 만들며, 생존의식을 굳게 가지고 수익률을 높여 나가는 데에 있다고 하겠다. 그리고 회사 경영의 포인트는 바로 다음과 같다.

개발을 강화한다

무엇보다도 제품의 연구 개발에 힘을 기울여 이제까지 존재하지 않았던 것을 창조해내고 사회적으로도 해결하지 못한 '니즈'에 부응하도록 노력해야 한다. 똑같은 상품이라면 새로운 기술을 개발하여 싼 값에 공급할 수 있도록 하는 가격혁명을 실현해야 할 것이다.

상품 그 자체뿐만이 아니라 제조 방법이나 설비에도 '개발 능력'이 중시되고 있다. 지금까지 기업들은 설비는 설비 전문 메이커에게 전적으로 의뢰했었는데, 최근에는 자사의 설비는 자사 스스로가 연구하여 보다 싼 값으로 기계를 직접 제작하는 경향이 늘고 있다.

판매나 애프터서비스의 방법 또한 더욱더 연구, 개발해야 할 대상이다. 자동차 판매의 경우, 예전에는 세일즈맨이 수요자를 찾아다니는 방문판매가 주류를 이루었지만, 최근에는 반대로 수요자가 직접 내점(來店)하도록 여러 가지 판촉을 강구하여 내점한 고객에게 판매하는 '카운터 세일즈'가 늘어나고 있다. 치열한 경쟁에서 살아남으려면 이러한 혁신은 어떤 업계에서도 빼놓을 수 없는 조건이 된다.

4. 국제화시대

해외투자 단계

국제화, 특히 수출 단계에서 해외투자 단계로의 이행이 우리나라 제조업의 주요 과제로 등장했다. 국제화라는 입장에서 성장 단계를 추적해보면 4단계로 나누어서 생각해볼 수 있다.

1단계는 국내기업 단계이다. 국내에서 생산하여 국내에서만 판매한다. 2단계는 수출 단계이다. 외국인들을 대상으로 판매하는 것인데 공장은 물론 국내에 있다. 다음 3단계는 해외투자 단계로, 공장을 해외에 건설하거나 현지 공장을 사서 가동시키는 것이다. 마지막 4단계는 다국적 단계이다. 해외 생산기지가 늘어나 국내 매출은 일부에 지나지 않고 세계를 상대로 발전하는 단계이다.

우리나라는 1970년대에 들어서면서 종합상사라는 기업들이 수출하는 데 큰 공헌을 했다. 그러나 관세장벽, 고물가, 고임금 등 악조건의 대두로 수출 신장도 매우 어려운 처지에 놓이게 되었다. 하지만 우수한 한국인들은 세계시장을 무대로 눈부신 활동을 계속했으며, 특히 세계화를 계기로 해외투자의 계기를 맞이하게 되었다.

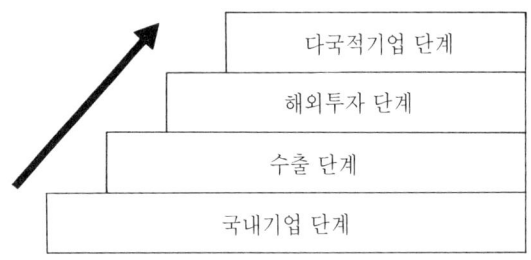

국제화의 4단계

최근 이와 같은 경향이 늘어나고 있는 것은 고무적인 일이라고 하겠다. 따라서 모든 비즈니스맨들은 이제 세계인으로서 손색이 없는 자질을 갖추도록 노력해야 할 새로운 과제를 안게 되었다.

고령화 문제와 능력개발

우리나라도 점차 평균수명이 늘어나면서 기업 내의 연령 구조가 고령화되어 경영에 많은 문제점을 제기하고 있다.

고령층에 대한 임금은 해마다 높아지기만 하는데, 이들의 생산성은 높은 임금에 비례하지 못한다. 그렇기 때문에 회사에서는 인건비 부담이 늘어난다. 또 고령화로 인해 사내 전반의 바이털리티가 떨어져 과거와 같이 과감하게 리스크에 도전하려는 기백이 감퇴되어 가는 경향이 있다.

물론 고령이라고 해서 누구나가 다 그렇다는 것은 아니다. 보다 새로운 훈련에 의해 보완될 수 있는 부분도 많이 있지만, 이것은 앞으로 기업이 극복해야 할 중요한 문제 중의 하나라고 할 수 있다.

그러나 연공서열을 중심으로 한 급여제도가 능력주의를 바탕으로 새로운 제도로 개선되어 나가고, 정년도 점진적으로 연장되어 가고 있다. 한편 일부 기업에서는 명예퇴직제를 도입하여 시행하는 곳도 있다. 어쨌든 고령층에 대한 능력개발이 교육 부문의 주요 과제로 등

늘어나기만 하는 중고령층의 직원

장했다.

앞으로의 회사 경영은 종래에는 볼 수 없었던 어려운 환경에 처할 것임에 틀림없다. 여기에서 가장 근본적인 과제는 '전사원의 능력개발을 어떤 방법으로 해 나갈 것인가' 하는 문제이다. 회사란 결국 사람들의 집단이며 그 종합적인 역량 여하에 따라 기업이 잘되기도 하고 못 되기도 한다.

신입사원들은 이 점을 충분히 이해하고 입사를 새로운 공부의 출발점으로 삼아 대성하도록 노력해야 할 것이다.

참고 머스로의 욕구 5단계

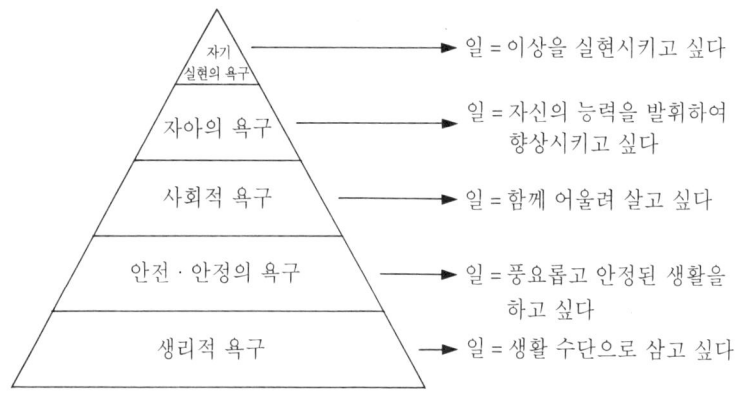

제1부 신입사원의 기본자세 63

 이 장의 요약

1. 회사의 첫번째 과제는 매출을 늘리는 동시에 코스트를 떨어뜨리는 내부 노력을 더욱 강화시켜 나가야 한다는 것이다. 그러기 위해서는 자기만족에 빠지는 것을 경계하고, 종래에 하던 방법을 보다 생산성이 높은 방법으로 개선해 나가는 노력을 지속적으로 해 나갈 필요가 있다.

2. 두번째 과제는 불안한 외부 환경에 어떻게 대응해 나갈 것인가 하는 점이다. 그러기 위해서는 우선 손익분기점을 낮추어 매출 격감에 대비해야 하며, 기본 훈련을 쌓아 어떠한 사태에도 대응할 수 있는 내부 체제를 확립하는 일이다.

3. 등질화에 대응하여 제품이나 서비스에 대한 지속적인 연구와 설비 개발 및 판매나 서비스 방법의 개발이 중요하다. 여러 가지 의미에서 개성 있는 기업체를 창조하는 데 전 종업원이 힘을 기울여야 한다.

4. 수출 단계에서 해외투자 단계로의 전진은 제조업체 모두의 과제이다. 한편 기업에서는 고령화에 대한 대책을 모색하고 있다. 그리고 기업의 마지막 과제는 전사원의 능력을 어떻게 개발해 나가느냐 하는 것이다.

학습성과확인테스트

【Q 3-1】
앞으로의 경영은 '내부 노력'이 중요하다고 한다. 왜 그런지 설명하라.

【Q 3-2】
무슨 일이 일어날지 모르는 불확실한 시대에는 경영상 어떤 점에 특히 유의해야 하는가?

【Q 3-3】
손익분기점에 대해 간단히 설명하라.

제4장

일을 올바르게 하는 방법

 학습포인트

앞장에서 앞으로 제기될 회사의 여러 가지 과제에 대해 연구해 보았는데 이제부터는 구체적으로 당신이 일을 할 때 어떠한 자세로 임해야 하는지 살펴보겠다.

출발하기 앞서 전에 유의해야 할 점이 여러 가지 있지만, 조직 안에서의 대인관계는 제2부로 미루고 여기에서는 그 밖의 문제를 중심으로 살펴보기로 한다. 계속해서 열심히 학습하기 바란다.

■이 장의 내용
 1. 정확한 일처리
 2. 일의 3단계
 3. 직장을 '일을 즐기는 곳'으로

1. 정확한 일처리

일처리를 정확히

회사는 '자칫하면 도산하기 쉬운 곳'이며, 이익이 필요한 곳인 동시에 앞에서 말한 것처럼 분업하여 서로가 남을 위해 일하는 집단이다. 따라서 한 개인이 실수를 했을 때는 그것이 결과적으로 남에게 피해가 됨은 물론, 경우에 따라서는 사회적인 비극으로까지 확대되기도 한다.

요즘 사회에서는 '잘못된 일'이 자주 일어나고 있다. 비행기가 추락하거나 큰 교량이 무너져내려 많은 사람이 목숨을 잃는다. 또 버스와 열차가 충돌하여 어처구니없게 죽는 사람도 많다. 이런 것들을 예로 들자면 한이 없다. 사회는 매일 이러한 사건으로 떠들썩하다.

우리들은 이런 대형사고를 접하면서 화를 내기도 하는데, 이러한 일들이 생기는 까닭은 우리들과 똑같은 입장의 직장인들이 무엇인가 일을 잘못했기 때문일 것이다.

일이란 무엇보다도 처음부터 정확하게 처리해야 하며 가급적 실수를 저지르지 말아야 한다.

남을 위해 일한다는 사람이 실수를 저질러 남에게 피해를 주거나 부상을 입히고, 때에 따라서는 생명까지도 잃게 만든다면 이것은 보통 문제가 아니다.

일을 할 때 긴장을 풀거나 주의력이 산만해지면 안 된다. 자신이 탄 비행기가 추락하기를 바라거나, 출근시간에 다리가 무너져 강물에 수장되기를 원하는 사람은 없다. 자신이 그렇게 되기를 바라지 않는다면 먼저·자기 자신부터 책임감을 가지고 일을 해야 한다. 그것이 일

실수는 되도록 하지 말아야 한다

을 해 나가는 첫번째 과제이다.

기본을 정확히

모든 일에 있어서 마음가짐 하나만 가지고는 사고를 미연에 방지할 수 없다. 어느 누가 실수를 저지르고 싶어서 저지른단 말인가! 마음은 그렇지 않지만 하찮은 실수가 엄청난 결과를 가져온다.

정확하게 일을 매듭지으려면 무엇보다도 일의 기본을 확실하게 배우고, 그대로 이행하는 것이다. 대부분의 회사들은 해야 할 일에 대해 어떤 순서로 어떤 점에 주의를 하고, 무엇을 확인해야 하는가를 자세히 기록한 매뉴얼(manual ; 표준 업무 지침서)를 준비해두고 있다.

그런 것이 없다 해도 신입사원이 처음 일을 시작할 때는 선배들이 우선 가르쳐주고 자신이 일을 해보인 뒤 당신에게 일을 시켜보고 시정을 해주는 경우가 많다. 따라서 당신은 그러한 업무를 확실히 배우고 기본적인 업무 처리 방법을 익히도록 한다.

만일 자료도 없고 선배사원도 일을 가르쳐주지 않을 때에는 직접 이 사람, 저 사람에게 물어보고 배워야 한다. 처음부터 적당히 자기 멋대로 하는 것은 좋지 않다. 문서화된 매뉴얼이 없다면 직접 만들어 보도록 한다. 매뉴얼을 만들어두면 담당 업무를 인계할 때에도 편리할 뿐만 아니라 매뉴얼을 만드는 것 자체가 하나의 공부가 된다.

그러나 일하는 방법의 표준화에 대해 무관심한 사람이 있다. 게다가 표준화에 상관없이 어쨌든 일만 잘하면 될 것 아닌가, 또 그런 데까지 구속받을 필요는 없지 않은가 하는 생각으로 표준적인 일처리를 제대로 지키지 않는 사람도 있다.

그러나 이러한 태도는 옳지 않다. 모로가도 서울만 가면 된다는 식이 아니라 표준화된 방식에 의해 정확하고 확실하게 일을 해야 한다. 정해진 절차나 방법에는 반드시 그 나름대로 이유가 있다. 거기에는 선배들의 시행착오나 귀중한 경험이 축적되어 있다.

기본을 익히고 왜 그렇게 하지 않으면 안 되는지 이해하는 것도 중요하다. 거기에는 반드시 이유가 있으며, 후일 후배들에게 일을 가르칠 때에도 중요한 의미를 갖는다.

이와 같은 이유 중에는 아무래도 현실과 거리가 먼 것도 있으며, 비능률적인 것도 있을 것이다. 그럴 때에는 그 문제에 대해 일단 의문부호를 붙여놓는 것이 좋다. 설사 의문점이 있더라도 기본에 따라 정확히 일을 하도록 해야 한다. 그리고 나서 그것을 후일 연구 과제로 삼도록 한다.

비록 불완전한 인간이지만

정확한 일처리가 무엇보다도 중요한 '일의 기본'이라는 것을 알았다. 그렇다고는 하지만 우리들이 과연 실수 없이 일을 해낼 수 있느냐 하는 의문이 생긴다. 이럴 때 흔히 머리에 떠오르는 말이 있다.

"인간은 신이 아니다."

확실히 그렇다. 실수는 항상 일어날 수 있는 가능성을 지니고 있다.

자기 자신부터 철저한 일처리를

그러나 당신이 이런 일을 당하면 어떻게 할 것인가?

월급날에 월급봉투를 받았다. 당연히 1백만 원이 들어 있어야 하는데 급여 담당자의 실수로 98만 원밖에 들어 있지 않았다고 하자. 하지만 상대방이 "신이 아닌 이상 착오는 있지 않습니까?" 하고 태연하게 넘어가려고 한다면…….

사람은 보통 자신의 실수에는 너그럽고 남의 실수에는 엄격하다. 그러나 이것은 모순이다. 남들이 실수를 저지르지 않았으면 하고 바란다면, 우선 자기 자신부터 정확히 일을 처리해야 한다. 각자가 자신의 일을 열심히 할 때 비로소 잘못이나 실수가 적은 사회가 만들어지는 것이다. 무조건 남을 비난한다고 해서 사고가 줄어드는 것은 아니다.

실수를 완전히 제로로 만들 수는 없다. 그러나 '될 수 있는 한 제로에 가깝도록' 노력해야 한다.

참고 실수의 원인은 어디에 있는가

★실수의 원인
- 일에 대한 지식 부족
- 일에 대한 주의력 부족
- 일하는 사람의 해이한 마음가짐
- 일하는 데 필요한 설비 부족

일을 실수 없이 하기 위해서는 이상과 같은 원인을 규명하고 이것을 하나하나 추방해 나가야 한다. 많은 회사들이 ZD(Zero Defect)운동을 펼치며 '실수 추방'에 힘쓰고 있다.

ZD운동이란 일이나 제품의 실수를 제로로 하기 위해 종업원 한 사람 한 사람이 주체적, 적극적인 협력하에 그룹을 만들고 목표를 설정하여 거기에 도전하는 운동을 말한다.

2. 일의 3단계

빠른 스피드

　일을 하는 데 있어서 첫째 조건은 정확히, 틀림없이 하는 것이다. 입사하여 일을 맡게 되었을 때의 첫번째 단계의 목표는 바로 이것이다.
　이 목표가 달성되어 궤도에 오르면, 다음 목표는 그 일을 빨리 하도록 하는 것이다. 우선은 늦더라도 정확히, 그리고 나서 스피드를 올리도록 노력한다. 스피드란 그 일이 익숙해지면 자연히 붙게 마련이다. 또한 배운 것을 연구하고 개선함으로써 속도도 붙고 능률도 상승하게 된다. 이왕 할 바에는 기동력 있게 하는 것이 좋다. 이런 연구는 참으로 즐겁다.
　그러나 스피드가 있고, 보다 편하게 일을 하는 것도 좋지만 그것이 정확성을 해쳐서는 안 된다. 일은 엉망으로 하면서 무턱대고 스피드만 올리는 것은 누구든지 할 수 있다. 일이 목적에 맞고, 일에 헛점이 없도록 살피면서 속도를 내는 것이 바람직하다.
　당신이 아침에 늦잠을 잤다고 하자. 분초를 다투면서 일어나 허겁지겁 세수하고 출근 준비를 한다고 하자. 그때 당신은 와이셔츠 단추를 위에서부터 아래로 끼우는가? 아니면 아래에서부터 위로 끼우는가?
　엉뚱한 질문을 한다고 생각하겠지만, 이것을 연구한 사람이 있다. 길부레스라는 미국인이 동작연구(mation study)에 의한 일의 개선방법을 처음으로 연구했다. 그는 모든 일에 있어서 그것을 어떻게 하면 정확히, 빠르게, 편하게 할 수 있는가에 대해 일생 동안 연구했다. 그의 연구 논문을 통해 일이라는 것이 그토록 연구의 여지가 많은가

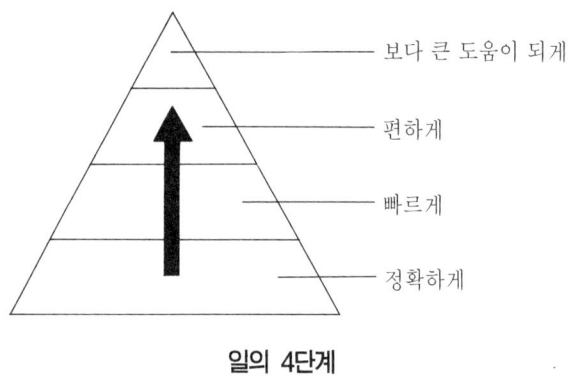

일의 4단계

를 알 수 있다.

보다 편하게, 보다 도움이 되게

첫번째 단계에서 '정확'을 몸에 익힌 다음, 스피드를 내어 업무를 다루게 되면 일을 보다 편하게, 그리고 고객이나 사내 관련 업무에 대해 도움을 주는 방향으로 일을 해야 한다.

적은 노력으로 쾌적하고 편안하게 일을 한다는 것은 결과적으로 자신에게 있어서나 회사에게 있어서 바람직한 방법이다. 편하게 일할 경우, 코스트도 동시에 내려가게 마련이다.

'보다 도움이 되도록'이라는 말은, 예를 들면 고객에게 보다 큰 만족을 주는 일이며, 회사 내의 관련 부서에 좀더 일하기 쉬운 상태로 만들어 준다는 뜻이다.

이것은 일의 질, 즉 퀄리티(quality)를 높이는 활동이며, 질의 기초조건인 '정확성'에 비해 이것은 응용편의 질이다. 일이라고 해도 천차만별이겠지만, 요는 점차 하이 퀄리티(high quality)에 접근해 나가는 마음가짐이 중요하다.

순서를 밟아 나간다

순서를 밟아 나간다

　정확하게 → 빠르게 → 편하게 → 보다 큰 도움이 되게 하는 것은 일의 중요한 순서이며 스텝이다.

　정확성을 뛰어넘어 단숨에 앞질러간다는 것은 그럴듯하게 보일지는 몰라도 실패로 끝나는 경우가 많다. 목적을 달성하는 데에는 가장 바람직한 순서가 있는 법이며, 그 순서에 따라 한걸음 한걸음 나가는 것이 가장 효율적인 목적달성 방법이다.

　젊은 시절에는 자기 힘만 믿고 목표로 하는 산봉우리에 단숨에 도달하려고 한다. 그러나 등산에도 순서가 있어 처음부터 순조롭게 잘 되는 것은 아니다. 결국은 원칙적인 것에서부터 한걸음 한걸음 확실히 해 나가야 하는 것이다. 그리고 자기 실력을 확인한 후 다음 단계에 도전하는 자세가 바람직하다.

　일을 해 나가는 것도 마찬가지이다. 무모한 도전은 삼가야 한다. 자기 나름대로 합리적인 순서를 체크하면서 전진해 나가야 한다.

3. 직장을 '일을 즐기는 곳'으로

일은 즐거운 것

　입사 초기에는 누구나 어리둥절하게 마련이다. 입사, 연수, 그리고 선배들과의 미팅, 어쨌든 지금까지 경험하지 못했던 일들이 한꺼번에 밀어닥친다.
　당황스럽기만 하던 직장생활도 몇 달이 지나면 익숙해진다. 그리고 업무도 정확하고 스피드하게 다루게 되며, 차차 마음의 여유도 생겨난다. 이때쯤 되면 도대체 이런 일만 하고 있어서 될 것인가, 이따위 하찮은 일을 내가 하고 있다니라는 불만을 품게 된다.
　그러나 자신보다 몇 년, 아니 몇십 년 먼저 회사에 입사하여 일 속에서 즐거움을 맛보며 열심히 일하고 있는 선배들이 있다는 것을 결코 잊어서는 안 된다.
　곰곰히 생각해보라. 회사는 여러 사람들이 함께 일하는 곳이다. 그들은 자신이 미처 생각지도 못했던 일들을 생각하거나 실행하고 있다. 경험하지 못했던 일에 자기가 지금부터 도전하는 것이다.
　지금까지는 부모 밑에서 자랐지만 이제는 어엿한 사회인이다. 게다가 이제부터는 남을 위해 사회적으로 의미있는 일을 해야 한다. 뿐만 아니라 월급과 보너스까지 받게 되고 새로운 생활에의 즐거움도 있다.
　이런 것들이 즐겁지 않다면 오히려 이상하다고 하겠다. 대부분의 사람들이 회사에서 자신의 인생을 즐기고 있다. '죽을 지경이다' '바빠 죽겠다'라는 불만을 액면 그대로 받아들이면 안 된다.
　회사는 노동의 대가인 보수를 지급한다. 따라서 적극적으로 일하며 능력을 길러 남을 위해 일해야 한다. 또한 자신에게 주어진 일을 즐기면서 하는 곳이 회사라는 것도 잊어서는 안 된다.

스스로 하겠다는 각오로

입사 후 일이 재미없다고 생각하는 사람도 있을 것이다. 만일 당신이 불행하게도 그러한 그룹에 속한다면 당신의 사고를 바꾸어야만 일에 재미를 느끼게 될 것이다.

일에 재미를 느끼지 못한다면 도대체 무엇이 재미있다는 말인가? 물론 노는 것이라면 그것이 무엇이든 즐거울 것이다. 테니스도 바둑도 골프도 모두 재미있을 것이다. 그러나 일이 재미없다고 한다면 일과 노는 것의 어디가 달라서 그러한 차이가 생기는 것일까?

논다는 것의 가장 큰 특색은 자신이 원하는 것을 마음먹은 대로 한다는 데에 있다. 남으로부터 명령을 받고 노는 일은 없다. 여기에서 우리는 '자기 스스로 하겠다는 생각에서 하는' 것과 '재미'는 서로 깊은 관계가 있는 것을 알 수 있다.

필자는 예전에 이런 일을 경험한 적이 있다. 업무중에 좋은 생각이 떠올라 그것을 상사에게 제안하려고 잔뜩 벼르고 있었다.

그러던 중 어느날 상사로부터 필자 생각과 똑같은 일을 '하라'는 지시를 받았다. 필자는 그것을 전부터 생각하고 있었으므로 당연히 기뻐해야 옳은 일인데도 웬일인지 조금도 기쁘지 않았다. 모처럼의 좋은 착상이 남에게 짓밟힌 것 같아 하고 싶은 마음이 조금도 들지 않았다.

같은 일이라도 자발적으로 하면 재미있고, 남으로부터 지시를 받으면 재미가 없다. 그렇기 때문에 일을 재미있게 하려면 남으로부터 지시를 받을 때까지 기다려서는 안 된다. 이쪽에서 자발적으로 '이 일을 이렇게 하겠다'고 적극적으로 나서야 한다. 무엇이든지 먼저 제안하거나 일을 해 나가는 습관을 길러야 일이 재미있는 것이다.

목표와 승부한다

또 하나 '일을 재미있게 하는 방법'은 역시 노는 일이나 게임과 관계가 있다.

게임을 할 때 본인이 무의식적으로 자신의 목표를 세우는 일이 있다. 바둑알을 쥐고서는 '오늘은 다섯 점으로 꼭 이겨야지'라든가, 골프맨이 '오늘은 100을 끊어야겠다'라든가, 볼링선수가 '오늘은 220을 기록해보자' 등이 바로 그것이다.

이처럼 자신의 마음속에 분명한 목표를 정해야 이를 달성하기 위해 전력을 기울이게 된다. 처음에는 잘 나가다가도 중반에 비뚤어지는 수도 있으며, 처음에는 잘되지 않던 것이 뜻밖에 달성되는 경우도 있다. 그와 같은 것들이 재미있는 일이다. 어쨌든 '목표를 달성한다'는 생각에서 갖가지 스릴을 맛보도록 하자.

일을 재미있게 하려면, 먼저 일의 실적이나 숫자를 여러 각도에서 검토해본 후 이에 대한 목표와 달성 기한을 정한 다음, 그것을 할 수 있는지의 여부를 생각해본다. 요컨대 그것을 달성하려면 어떻게 해야 좋은가를 곰곰히 생각해본 뒤 실행하면서 그 결과를 지켜본다.

예상 외로 잘되는 일도 있겠지만 잘 안 되는 일도 있을 것이다. 이와같이 기뻐하거나 실망하는 것이 좋다. '기쁨'은 더욱더 큰 목표를 세우게 하고 '실망'도 일의 밑거름이 된다. 모든 일이 지나치게 잘되기만 해도 재미가 없다.

《파랑새》라는 동화에서 치루치루와 미치 루가 행복의 새 '파랑새'를 찾아 나선다. 파랑새가 나는 것을 보고 열심히 좇아간다. 겨우 그 새를 잡아보니 파랑새가 회색 새로 변해 버렸다는 내용이 이 동화 속에 나온다.

목표를 정하고 일을 추진한다

이 이야기는 매우 의미심장하다고 하겠다. 파랑새를 잡으려고 노력하는 과정까지는 파랑새(행복)로 존재하지만 일단 잡고 나면 그것은 '회색'이 되어버리고 만다. 결혼을 '인생의 무덤'이라고들 하는데 연애기간중에는 즐거웠다가도 일단 결혼을 해버리면 다음의 목표가 사라져버려 삶이 '회색'으로 변해버리는 것과 마찬가지 원리라고 하겠다.

목표를 정한 뒤 그것이 달성되면 다시 다음 목표를 정한다. 이 과정을 반복하다 보면 일은 언제나 충실하게 된다.

일이라는 것은 원래 재미있다. 반대로 재미없어 보여도 어프로치 여하에 따라서 재미있게도 된다.

회사는 일을 즐기는 장소이다. 이를 잘 기억해두기 바란다.

참고 목표의식이란?

 우리들의 일은 단순할지도 모른다. 그러나 스포츠 중에서도 가장 단순하다고 여기는 마라톤이 경기 종목의 하이라이트로 꼽히며, 많은 젊은이들이 도전하고 있다.

 거기에는 자기 기록, 세계기록에 도전하여 그것을 깨뜨리겠다는 목표가 있으며, 목표 달성 뒤에는 커다란 만족감이 기다리고 있기 때문이다.

 우리들의 일도 바로 마라톤과 같다. 자신의 목표를 어떻게 정할 것인가에 대해 생각해보기 바란다.

① 목표에는 정해진 일정 기간 동안 자기가 담당하는 일의 달성 성과가 구체적으로 제시되어야 한다.

② 목표를 구체화하려면 먼저 5W1H, 즉 언제(when), 어디서(where), 누가(who), 무엇을(what), 왜(why), 어떻게(how) 하는가를 정해야 한다.

 이 장의 요약

1. 일이 조금 늦어지더라도 정확히 처리해야 한다.
2. '정확'의 단계가 지나면 다음은 스피드가 문제가 되며, 그 다음에는 보다 편하게, 보다 상대편에게 도움이 되도록 해야 한다.
3. 일은 즐기면서 해야 한다. 당신의 선배들은 일을 즐기면서 하고 있다.
4. 즐겁다는 기분이 나지 않더라도 일을 수동적으로 처리할 것이 아니라, 적극적인 자세로 주체성 있게 일에 어프로치하는 것이 좋다.
5. 일의 즐거움이란 스스로 목표를 정하고 이의 달성을 위해 노력하는 과정 속에서 찾을 수가 있다. 일을 스포츠나 오락처럼 생각하고 즐겁게 해 나가는 지혜를 몸에 지니도록 하자.

학습성과확인테스트

【Q 4-1】

새로운 일을 실행하기 전에 무엇보다도 필요한 것은 먼저 '정확히' 해야 한다는 것인데 이 단계를 지나면 어떤 단계를 밟아야 하는가?

【Q 4-2】

일을 즐겁게 하는 방법 2가지만 들어라.

제2부

조직인으로서의 기본자세

- 제1장 직장과 인간관계
- 제2장 호감을 사는 응대와 접대 요령
- 제3장 평상시 행동에 대한 상식
- 제4장 일을 원활하게 하는 커뮤니케이션
- 제5장 회의에 참석할 때의 마음가짐
- 제6장 직장에서의 교제―실수를 사전에 방지하는 법

제1장

직장과 인간관계

 학습포인트

  취직을 하게 되면 보통 "어떤 회사냐"고 물어보는데 개중에는 "사장님은 어떤 분이지?" 하고 인간적인 면에 대해 묻는 경우도 있다. 학창시절을 끝마치고 회사에 입사한다는 것은 학우와의 관계에서 사회인·조직인과의 관계로 들어선 것을 뜻한다.

  이 장에서는 신입사원이 가장 중시해야 할 직장의 대인관계에 대해 생각해 보기로 한다. 모처럼 의욕을 불태우며 입사했지만 대인관계가 여의치 못해 중도에서 낙오자가 되는 경우가 많다. 따라서 신입사원들에게는 무엇보다도 조직 내에서의 대인관계가 중요하다. 그렇다면 대인관계는 왜 중요하며, 왜 그러한 조직 속에서 일해야 하는가, 또 선배와 상사들이 만들어 놓은 팀워크에 어떻게 뛰어들어야 하는가에 대해 생각해 보기로 한다.

■이 장의 내용
1. 신입사원이 맨처음 부딪히는 벽은 '인간관계'
2. 왜 인간관계가 중요한가
3. 왜 회사에는 조직이 있는가
4. 팀워크에 어떻게 적응해야 하는가

1. 신입사원이 맨처음 부딪히는 벽은 '인간관계'

"인간관계는 참 어려워. 매일 그것 때문에 머리가 아파."
"우리 회사만큼 인간관계가 어려운 곳도 없을 거야."
"우리 회사는 옛날부터 인간관계가 썩 좋은 편이 아니야."

회사에 오랜 세월 몸담고 있는 사람이라면 이러한 말에 수긍을 하거나 공감을 나타내겠지만, 신입사원으로서는 조금도 실감이 나지 않을 것이다. 그러나 입사 후에 곧바로 부딪히는 장벽이 '직장의 인간관계'이다. 우선 다음의 예를 눈여겨보기 바란다.

입사 1년 동안의 충격적 경험

몇년 전의 일로 기억이 되는데, 본 연구소가 대학을 졸업한 사람들을 모아놓고 좌담회를 가진 일이 있었다.

이 좌담회는 '입사 1년 동안의 경험'이라는 주제를 가지고 신입사원들이 일 년 동안 겪은 체험을 중심으로 어떤 일이 가장 충격적이었는가를 털어놓음으로써 앞으로의 훈련 소재를 입수하려는 목적에서 이루어진 좌담회였다. 그때 모인 사람들은 10명 정도였으며, 모두 입사 후에 일어난 일들을 허심탄회하게 털어놓아 많은 참고가 되었다.

그 중에서도 가장 인상깊었던 이야기는 철강회사에 근무하는 A사원의 체험담이었다. 그의 이야기를 간단히 소개하면 다음과 같다.

"입사할 때 사장님께서 '자네들은 아직 젊다. 부서에 배치되면 각자의 담당 부서에서 활기차게 일해주기 바란다. 또 모르는 것이 있으면 머뭇거리지 말고 선배들에게 물어보도록 하라'고 말씀하셨습니다. 저는 기대해볼 만한 회사에 들어왔다고 기뻐했습니다. 그후 배속받은

제2부 조직인으로서의 기본자세 85

인간관계를 생각지 않고 행동하면 반작용이 생긴다

부서의 현장에서 열심히 일했는데 선배들로부터 '너무 설친다'는 핀잔을 받았습니다. 그리고 잘 모르는 것에 대해 물었더니 '대학까지 나온 사람이 이런 것도 몰라!' 하고 도리어 힐책까지 당했습니다."

대충 이런 이야기였다. A사원에게는 상당히 충격적이었다고 생각되었는데, 사장이 활기차게 일하라고 말한 것이나 모르는 것이 있으면 물어보라고 해서 적극적으로 행동한 A사원에게는 전혀 잘못이 없다고 하겠다.

그러나 굳이 A사원의 잘못을 지적한다면 배려가 부족했던 그의 인간관계였다. 떳떳하게 일을 했다 하더라도, 또는 지시받은 일을 충실히 이행했다 하더라도 인간관계를 생각하지 않고 행했다면 반작용이 생긴다는 것을 그는 모르고 있었던 것이다.

그렇다고 해서 선배들이 잘못했다는 것이 아니다. 그들도 회사 일에 충실한 사원이며, 그들 나름대로 회사를 위해 열심히 일하고 있다. 그러므로 남들과 관계하는 인간관계란 참으로 복잡하고 미묘한 것이

	학 교 생 활	직 장 생 활
나 이	일정하거나 한두 살 차이	일정치 않음, 수십 년 차이도 있음
출 신 지	거주 지역이 대개 일정	출신지가 다양
학 력	일 정	다 양
입 장	동창, 선배, 후배	선배, 상사, 고객, 관련회사
위 치	횡적 관계, 대등, 평등	종적 관계, 서열, 경력, 직책의 차이
상 사	교 사	거의 모두가 상사
업 무	개인별(학업)	팀워크
교 우	자기 마음에 들면 교제함	선택의 자유가 없음
호 칭	학 생	사회인, 조직인(○○회사 사원)

학교와 직장의 인간관계의 차이점

라고 말할 수 있다.

모처럼 의욕을 가지고 입사했다 해도 얼마 못 가서 퇴사하거나, 그렇게까지는 하지 않더라도 의욕을 상실하거나 노이로제에 걸리는 신입사원들이 많다. 당신은 결코 '인간관계'의 희생양이 되어서는 안 된다.

학교와 직장의 인간관계상의 차이점

앞에서 언급한 바와 같이 학교와 직장생활에는 여러 가지 차이점이 있다. 당신 나름대로 여러 각도나 관점에서 살펴보면 그 차이가 엄청나다는 사실을 알게 될 것이다. 예를 들면, 학교는 수업료를 받는 곳이고 직장은 반대로 급료를 주는 곳이다. 학교는 휴강일 경우 자유롭게 집에 돌아갈 수 있으나, 직장은 일거리가 없어도 퇴근시간까지 자리를 지키고 있어야 한다. 특히 인간관계에 있어서도 학교와 직장에는 상당한 차이가 있음을 알 수 있다.

일일이 예를 들을 필요도 없겠지만, 대략 학창시절과 직장생활은

옆의 표와 같이 커다란 차이가 있다. 앞에서 언급한 것처럼 인간관계는 인생의 새로운 출발에 있어서 매우 중요한 사항이기 때문에 잘 명심해 두어야 한다.

필자는 학창시절에 오랫동안 아르바이트를 했기 때문에 어느 정도 인간관계의 어려움에 대해 알고 있었다. 따라서 인간관계는 어느 정도 자신있다고 생각했다. 그러나 책임이라는 측면에서 볼 때 아르바이트 시절의 인간관계와 직장인이 된 후의 인간관계에는 커다란 차이가 있다.

2. 왜 인간관계가 중요한가

인간은 혼자서는 절대로 살아갈 수 없다. 그래서 인간이 지구상에 존재할 때부터 사람과 사람과의 관계, 즉 인간관계가 존재해 있는 것이다. 인간을 '人'자와 '間'자로 표현하듯이 그 존재 자체가 사람과 사람 속에서 존재하는 것이며, 인간이 생활을 영위하는 한 어느 곳에서나 인간관계는 존재한다.

다시 말하면 인간은 인간관계를 무시하고는 존재할 수가 없다. 그리고 사회 역시도 인간의 상호관계에서 생긴 것이므로 독자적으로는 존재할 수가 없다. 나아가서 사회를 구성하는 단위, 즉 가정, 학교, 회사, 공공단체, 지역 사회도 인간관계 없이는 존재하지 못한다. 따라서 사회의 여러 가지 문제도 인간관계 문제 이외에는 아무것도 아님을 알 수 있다.

그럼 학교에서는 그다지 중요하다고 느껴지지 않았던 인간관계가 사회에서는 왜 이렇게 중요시되는가? 특히 왜 기업에서 문제시되고 있는가를 생각해 보기로 하자.

개인은 '자연인', 사회는 '법인'

회사를 법인이라고 부르는 것은 이미 잘 알고 있을 것이다. 그런데 회사도 개인처럼 똑같이 인격을 지니고 있다. 개인에게 권리와 의무가 있는 것처럼 회사도 사회적으로 권리와 의무가 있다.

그러나 회사라는 조직체가 멋대로 권리를 주장하거나 의무를 수행하는 것은 아니다. 그것은 구성한 인간들이 행하는 것이기 때문에 경영자를 비롯하여 말단 종업원에 이르기까지 서로 연대하여 권리와 의무와 책임을 나누어 갖는 것이다.

기업은 사람이다

기업의 활동을 유지시키는 것은 3M(Man, Material, Money), 즉 인간, 물질, 돈이라는 요소이다.

좀더 구체적으로 말한다면 Man은 경영자·관리자·일반 종업원을 말하며, Material은 건물·토지·기계·재료 등을 말하고, Money는 자본금·운전 자금·유가증권·현금 등을 말한다.

경영학자 중에서는 3M보다도 KEM이 중시되어야 한다고 주장하는 사람도 있다. 즉 K(knowledge), E(Energy), M(Material)이라는 것이다.

그런데 옛날부터 '황금만능'이라는 말이 있다. 그러나 돈이 위력을 발휘하는 것이 아니라 인간이 돈을 배경으로 위력을 과시하는 것이며, 정보가 혼자의 힘으로 발휘되는 것이 아니라 인간이 정보를 조작하고 에너지를 활용함으로써 발휘되는 것이다. 그래서 "기업은 사람이다" "사업의 성패는 인재에게 달려 있다"라고 말하는 것이다.

그런데 이러한 기업활동에 있어서 인간과의 관계가 원만하지 못하면, 또는 의사 소통이 단절되면 모든 요소, 즉 물질, 자금, 정보, 에너지 등의 효율적인 활동을 기대할 수가 없다. 그래서 인간관계의 중요성이 더욱 중시되는 것이다.

기업은 생물이다

생물(生物), 이 낱말의 뜻은 2가지로 해석할 수 있다. 하나는 우리가 흔히 사용하는 살아 있는 존재란 뜻이며, 또 하나는 날것이란 뜻이다.

기업도 생물이기 때문에 인간이나 동식물처럼 성장하여 노쇠하고 사멸한다. 한동안 이름을 떨치던 대기업이 어느날 갑자기 사망(도산)하거나 지난날 업계에서 왕자처럼 군림해온 회사가 차차 쇠퇴해가는 예는 얼마든지 있다. 반대로 눈깜짝할 사이에 성장, 발전하는 회사도 있다. 또 생물이기 때문에 환경에 적응하지 못하면 살아갈 수가 없다.

오늘날 기업이 처한 국제환경, 경제환경, 경영환경 등이 과거에 찾아볼 수 없을 정도로 고통스럽다는 사실은 누구나 잘 알고 있는 일이다.

또 기업은 생물이기 때문에 병들거나 썩거나 악취를 풍기는 경우가 있다. 실적이 신통치 않고 경영이 부실하거나 방침이 구태의연하여 매스컴 등의 가십을 통해 얻어맞는 회사도 있다.

인간은 누구나 건강하게 오래 살고 싶어한다. 회사도 인류의 발전과 행복을 위해 영구 불멸하기를 바란다. 그러기 위해서는 기업의 핵심적인 요소인 사람들의 활동, 인간과 인간의 상승적(相乘的) 활동을 효과적으로 하기 위해서는 사람과 사람의 관계(인간관계)가 중요하다는 것은 지극히 당연하다고 하겠다.

3. 왜 회사에는 조직이 있는가

누군가가 이런 말을 했다. "사나이에게는 의리가 있고 회사에는 경리가 있다." 그런데 회사에는 경리 외에도 총무, 인사, 영업, 판매, 광고, 기술, 설계, 공무, 배송 등 여러 갈래의 중요한 부분으로 나누어져 있다. "우리 회사의 조직은……" 하고 말하는 경우는 대개 이렇게 분화(分化)된 부분을 가리키는 경우가 많다. 이 조직 속에서 일하는 사람을 조직인간이라고 말하는데, 그렇다면 조직이란 무엇인가? 왜 조직을 만들어야 하는가? 여기에 대해 잠시 생각해 보기로 한다.

사업이란 사람과의 관계
취미로 조립하는 여러 가지 모형이나 수제(手製) 가구 등을 남의 손을 빌리지 않고 혼자의 노력으로 완성시켰을 때의 기쁨은 매우 크다. 그 조립 과정이 어려우면 어려울수록 완성의 기쁨도 크다.
일도 마찬가지이다. 자신의 창의력이 충분히 반영되어 성공했을 때의 기쁨은 말할 것도 없거니와, 거기에 나타난 자신의 역량에 대해 긍지를 갖게 된다.
그러나 반대로 실패했을 때에는 누구도 원망할 수가 없다. 자기가 뿌린 씨가 그렇게 된 것이기 때문에 혼자서 고민할 수밖에 없다. 그래서 인간은 실패하지 않겠다고 마음속으로 굳게 다짐하며 결과에 대한 만족감을 갖기 위해 노력한다.
그러나 일이란 언제나 혼자서 할 수 있는 것이 아니다. 예를 들어, 개인의 능력 이상의 일이 생겼다고 하자. 자기로서는 어떻게든 혼자서 해내고 싶지만 혼자서는 도저히 할 수가 없다. 그래서 할 수 없이 남의 힘을 빌리게 된다. 또 종전의 방법으로는 달성할 수 없는 일이라든가, 질적 변화를 상대방이 요구해 올 경우에는 아무래도 누군가의 협력이 필요하게 된다.

이처럼 일이 궤도에 오르면 오를수록 남의 협력이 필요하게 된다. 또 일의 실패를 만회하기 위해 필요한 능력을 가진 사람에게 도움을 청하지 않으면 안 된다. 어느 경우에나 일은 사람들과의 관련 없이는 완성될 수 없다.

적성에 맞는 업무 배치

두 사람의 능력도 비슷하고 의욕도 대단하며, 또 호흡까지 맞는다면 두 사람이 협력해서 하는 일은 재미있고 순조롭게 진행될 것이다. 일의 진척도가 빠르고, 성과도 좋고, 평판도 좋으면 일거리는 연달아 들어오게 된다. 이렇게 되면 또다시 누군가를 가세시키지 않을 수가 없다. 그러나 새로 입사한 사람이 기존 사원과 같은 능력, 같은 의욕을 갖고 있다고는 할 수 없다. 호흡이 맞는 사람만을 골라서 채용한다는 것은 사실상 어렵다.

그러나 능력이나 의욕이 다를지는 몰라도 기존 사원과 색다른 능력이나 의욕을 갖고 있을지도 모른다. 일을 맡김에 있어서 이러한 사람들의 적성을 잘 파악하여 배치할 필요가 있다.

여기에서 우리는 일과 사람이라는 관계 속에서 2가지 측면이 나타나는 것을 알 수 있다. 하나는 조직이며, 또 하나는 인간관계이다.

조직은 인위적인 결합

앞에서 말한 바와 같이 업무량이 증가하면 업무를 능률적으로 처리하기 위해 분업화, 전문화하는 것이 바람직하다. 분업화, 전문화된 분야에 모인 사람들의 결합을 소위 '조직'이라고 부른다. 다시 말해 '조

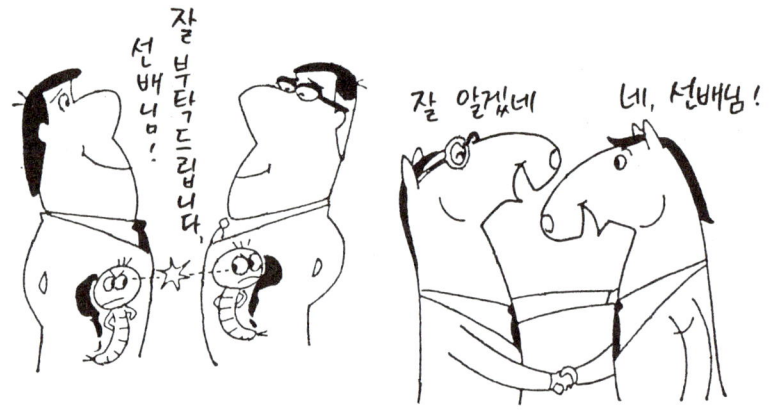

조직은 인위적인 결합체이다

직'이란 목적을 달성하기 위한 능률적인 수단이며, 가장 빨리 일을 처리하기 위한 인위적인 결합체이다. 이 결합체 안에서 각자에게 주어진 역할을 수행하며 맡겨진 권한과 책임을 발휘하여 목적 달성을 위해 노력한다.

그런데 인위적인 결합이라고 하는 것은 지금까지와는 전혀 관계가 없었던 사람들이 서로 연관을 갖게 된다는 것을 말한다. 즉 '인간관계'가 발생하는 것이다. 사람들은 모두 개성이 다르기 때문에 사고방식이나 성격이 맞지 않는 사람도 있다.

이와같이 서로 다른 사람들이 사전 검증도 없이 각각 총무부, 영업부, 판매부, 또는 공장 등에 배치되고 조직의 목적을 달성하기 위해 일을 하는 것이다. 오래 전부터 일하고 있는 선배들도 성격이 맞건 안 맞건 관계없이 조직에 적응하면서 일하고 있다. 여기에 샐러리맨의 애환(?)이 있는데 신입사원인 당신이 개성에 맞는 안락한 직장만을 바란다는 것은 무리한 요구이다.

'일이 내게 맞지 않다'는 말은 옳은 것인가

　회사를 비롯하여 배치된 부문의 일이나 선배들이 자기에게 맞지 않으며, 개성을 살릴 수 있는 일터가 못 된다고 불만을 토로하는 신입사원이 있는데, 불과 몇 달도 되지 않는 경험을 가지고 적성에 맞느니 안 맞느니 한다는 것은 참으로 경솔한 일이다.

　회사는 신입사원 중심으로 일하는 곳이 아니다. 회사가 필요하다고 생각했기 때문에 신입사원을 채용했다는 사실을 명심해야 한다.

　그러나 회사가 인위적으로 만들어 놓은 조직 속에 강제로 예속된 사람들은 얼마간 조직에 대해 위화감을 갖는다. "이 부문은 나에게 적합하지 않다"고 당신이 느끼는 것 이상으로 당신의 선배나 상사들도 "이 부문은 그 사람에게는 맞지 않는다"고 생각하고 있을지도 모른다. 그러나 그들은 그것을 입 밖에 내지 않고 어떻게 해서든지 당신을 적응시키려고 노력하고 있으므로 당신도 그들에게 적극적으로 호응해야 한다. 그것이 신입사원의 마음가짐이며, 조직의 룰(rule)인 것이다.

4. 팀워크에 어떻게 적응해야 하는가

　지금까지 조직을 마이너스 측면에서만 보아왔는데, 실제로 조직에는 플러스의 면이 훨씬 많다. 만일 조직이 없었다면 만리장성도 피라미드도 건설되지 못했을 것이다. 물론 현대의 초고층 빌딩도 세울 수가 없으며, 앉은 자리에서 전세계의 뉴스를 보는 일도 불가능할 것이다. 조직 안에서 효율적으로 일하며, 그러한 일을 통해 자신이 회사나 사회를 위해 공헌할 수가 있다. 그와 함께 자신이 성장하기 위해서는

일로부터 도망쳐서는 안 된다

조직을 플러스 방향으로 작동시킬 힘이 필요하게 된다. 이것이 '팀워크'이다.

회사는 원래 타인의 협력이나 협동을 전제로 한 집합체이다. 바꾸어 말하면, '팀워크'의 좋고 나쁨이 협력이나 협동을 좌우하는 것이다. 그렇다면 팀워크를 좋게 하려면 어떻게 해야 하는가. 즉 신입사원인 당신이 조직에 융화되려면 어떻게 해야 하는가에 대해서 생각해볼 필요가 있다.

일을 뒤쫓지 마라

"요즘 젊은 사원들은 지시한 것 외에는 하려고 하지 않는다."

"아니, 지시한 것을 하지 않을 뿐만 아니라 무슨 일만 시키면 얼굴을 찌푸리는 경우가 많다."

이러한 말이 선배나 상사의 입에서 자주 오르내린다. 이런 말을 듣지 않도록 하기 위해서는 일에서 도망치지 말아야 한다. 즉 전화 벨소리가 울리면 그것을 모르는 척하지 말고 능동적으로 기꺼이 받아야 한다는 것이다. '일을 기다리는 손과 발'이 '일을 쫓아다니는 손과 발'이 되도록 해야 한다.

"저에게 시켜 주십시오" "제가 하겠습니다" "지시한 일을 끝냈는데, 다음에는 무엇을 할까요?" 하는 식으로 적극적인 자세를 갖도록 해야 한다.

꾀만 피우는 업무 태도는 옳지 않다

선배들이 "좀 요령있게 해라" 하고 농담 비슷하게 말하더라도 입사할 때 배운 그대로의 기본이나 원칙을 확실히 준수하면서 일을 해야 한다. 편하게만 하려고 꾀를 피우거나 애매모호한 일처리는 노련한 선배나 상사에게 바로 탄로나고 만다. "저놈은 너무 요령만 부린다." 이런 평가를 받게 되면 치명적이다.

상사나 최고 경영자의 방침을 파악한다

사장의 업무 일부가 중역에게, 중역의 업무 일부가 과장에게, 과장의 업무 일부가 평사원에게, 이런 식으로 일의 책임이 부하에게 이양되어 간다. 이것을 권한이양이라고 한다. 그러나 위임받았다고 해서 제멋대로 해서는 안 된다. 말단직원의 잘못은 결국 상부에까지 영향을 미친다. 문제에 따라서는 최종 책임자인 사장에게까지도 영향을 미칠 수 있다.

그런데 기업이 크면 클수록 톱의 의사가 올바르게 말단에게까지 전달되지 않는 경우가 많다. 또한 상사의 의사가 잘못 시달되는 우려도 있다. 이러한 문제점을 방지하기 위해 회사에 따라서는 '사장과의 대화' '상사와의 간담회' 등을 마련하여 의사 소통을 꾀하고 있다.

그러므로 항상 상층부의 의사나 방침을 사내보·게시판·통보·회람·미팅 등을 통해 파악해두면 일을 그르치는 일은 없다. "높은 사람이 뭐라고 하든 말단사원인 나와는 관계가 없다"고 투덜대고 있으면 반드시 어딘가에 문제가 생겨 마이너스를 초래한다.

변명하지 않는다

우리들이 일을 하다 보면 실수하거나 잘못되는 일이 가끔 있다. 이런 경우 그것을 남의 탓으로 돌리거나 책임을 전가하는 것은 비겁하다. 잘못을 솔직히 시인하고 책임을 지며 다시는 그와 같은 전철을 밟지 않도록 하는 자세가 바람직하다.

신입사원은 업무상 실수를 하는 경우가 적지 않다. 마음이 너그러운 상사나 선배는 신입사원의 '실수권'을 인정해준다. 문제는 당사자인 신입사원이 실수를 저질렀을 때 변명을 늘어놓는 비굴한 태도를 보이는 일이다. 일을 착수하기도 전에 '해본 적이 없어서' '어려워서' 등의 발뺌도 변명의 일종이라고 할 수가 있다.

변명만 하면 자신의 주장이 정당화되는 것처럼 생각하지만 변명으로 만사가 해결될 만큼 일이나 직장은 어수룩하지 않다. 변명이라는 무장으로 몸을 지키려고 해서는 안 된다.

잘못을 저질렀거나 책망받을 일이 있으면 신입사원답게 솔직하게 사과하라. 상대편의 입장에서는 이미 저질러진 일이기 때문에 어느 정도는 양해할 수 있지만 변명에는 분노를 느낀다.

과장과 계장, 어느 쪽의 말을 따라야 하는가

부하 직원이 평소 가장 곤혹스러워하는 것 중의 하나가 상사들의 지시 사항에 차이가 있다는 점이다. 예를 들어 과장은 "이 일부터 하라"고 말했는데, 계장은 "그 일은 나중에 해도 돼! 이것부터 먼저 해"라고 지시하는 경우이다. 이럴 때에는 당신은 바로 위의 상사인 주임이나 계장의 지시대로 움직여야 한다. 과장이 보다 높고, 또 인간적으로 호감이 간다 해도 업무상의 직속 상사는 주임이나 계장이다.

당신이 과장에게 호감을 갖고 있다 해도 과장이 꼭 당신을 좋아한다고는 할 수가 없다. 또 문제가 생겼을 때 과장이 당신을 커버하는 것보다 주임이나 계장의 의견에 따르는 일이 많다.

참고 **인간관계란?**

사람과 사람이 접촉하면 거기에는 인간관계가 생긴다. 가정의 인간관계, 서클의 인간관계, 학교에서의 인간관계, 지역 사회에서의 인간관계 등 사람이 있는 한 그 수효만큼의 인간관계가 생긴다. 일반적으로 인간관계라고 하면 단순히 '모두 사이좋게'라든가, 되도록이면 싸우지 않고 화기에 넘친 처세술을 말하는 사람이 많다.

그러나 인간관계를 경영의 측면에서 말한다면 '기업의 목적 달성을 위한 자발적인 협력관계'라고 말할 수 있다. 기업 내의 각 구성원들이 협력이나 협동의 의의와 가치를 인식하고 서로 힘을 모으는 협력관계를 뜻한다.

 **이 장의 요약**

1. 신입사원이 회사에서 가장 괴로워하는 것은 일의 어려움도 있지만 그것보다는 학교생활과 전혀 다른 인간관계 때문에 고민한다.
2. 인간관계라고 가볍게 말하지만 학창시절과 직장은 본질적으로 그 발생이나 동태가 다르다.
3. 기업이 물질, 돈, 사람으로 구성되어 운영된다고는 하지만 이같은 것을 활용하는 주체는 결국 '사람'이다. 이 사람과 사람의 관계가 원만하지 못하면 기업은 발전할 수 없으며, 일하는 보람도 찾기 어렵다. 또한 일에서 얻어지는 기쁨도 바랄 수가 없다.
4. 회사에 근무하는 사람을 직장인이라고 불러야 하겠지만, 회사는 조직으로 성립되어 있기 때문에 조직인이라고 불러야 할 것이다. 조직은 기업 목적, 경영 목적을 달성하기 위해 유기적으로, 인위적으로 인력을 배치하고 있다.
5. 조직에 피를 통하게 하려면 조직을 구성하는 부서, 또는 조직 전체의 '팀워크'가 잘되어 있어야 한다. 인간관계, 조직, 팀워크는 서로 줄기와 가지의 관계, 씨와 꽃의 관계라고 할 수 있을 만큼 밀접하다.

학습성과확인포인트

【Q 1-1】

한 장군이 아이들을 불러놓고 3개의 화살을 보여주면서 "화살 1개는 부러지기 쉽지만 3개의 화살이 한묶음으로 되어 있을 때에는 쉽사리 꺾이지 않는다"고 말했다. 물론 협력의 필요성을 강조한 이야기이다. 다음의 문제를 옆사람과 풀어보도록 하라.

다음 7개의 '日'자에 세로나 가로에 획을 하나씩 그어서 다른 글자를 만들어보라.

日　　日　　日　　日　　日　　日　　日

힌트】두 획을 넣으면 부자가 되지만 문제는 한 획만 넣어야 한다. 여덟 개를 다 만들지 못하면 또 다른 사람과 함께 해보라. 협력한다는 것이 얼마나 중요한가를 알 수 있을 것이다.

【Q 1-2】

'일이 내 성격에 맞지 않을 것 같다'라는 것은 자신의 개성을 살리기 위해 필요하다고 생각하는가?

【Q 1-3】

신입사원이 업무의 필요에 의해 팀워크에 참여하기 위한 요령을 본장에서 말했다. 반대로 팀워크를 흐트러뜨리는 요인에는 어떤 것이 있을까? 3가지 이상 들어보라.

제2장

호감을 사는 응대와 접대 요령

 학습포인트

"상사나 고객을 어떻게 대해야 할지 막막하다."
"어떻게 말을 해야 좋은 인상을 줄 수 있는지."
　고학력사회가 되었지만 이처럼 타인을 대하는 올바른 방법에 대해 모르는 사람이 의외로 많다. 사회에 진출하기 전에 아무것도 가르쳐주지 않은 부모나 학교에도 책임의 일부가 있다. 그 때문에 "대학까지 나온 사람이 응대도 제대로 못 한다"는 불만을 사게 된다.
　이 장에서는 사람들과의 응대나 접대 요령을 여러 각도에서 제시해 보았다. 입사 후 많은 사람들과의 만남에서 활용하기 바란다. 다만 이 장에서는 말이나 어투에 대해서는 의도적으로 생략했음을 양해해주기 바란다(이 문제에 대해서는 제3장과 부록에서 다루겠다).

　■이 장의 내용
　1. 응대의 기본—3가지 포인트
　2. 응대 태도
　3. 회사를 방문한 손님을 안내할 때
　4. 외부 사람과 접촉할 때
　5. 사내 직원과 접촉할 때

1. 응대의 기본—3가지 포인트

　스포츠건, 취미건, 공부건, 또는 전문 분야의 연구건 기본이 중요하다는 것은 옛날이나 지금이나 변함없다. 그렇다면 남을 응대하거나 접대할 때 어떠한 기본이 필요하다는 말인가. 한마디로 말해서, 마음의 자세(마음가짐)에 달려 있다고 해도 지나친 말은 아닐 것이다. 그 마음가짐이란…….

당신은 회사 그 자체
　"여러분 한 사람 한 사람이 이 회사를 대표한다는 생각에서 성의를 가지고 고객을 응대해야 한다"라는 말을 사장이나 임원들은 입사 초기에 신입사원에게 강조한다. 그러나 이와 같은 개념은 이제 시정되어야 한다.
　당신은 '회사의 대표'가 아니라, '회사 그 자체'인 것이다. 예를 들어, 외부에서 걸려온 전화에 대해 "네, ○○○입니다"라고 자신의 이름을 밝히지 않는다. "네, ○○회사입니다" "네, 경리과입니다" "네, 비서실입니다"라고만 말한다.
　상대방은 전화를 받는 그 사원의 밝고 명랑한 목소리로 회사의 인상을 점치게 된다. 그래서 당신을 '회사 그 자체'라고 말하는 것이다.
　비단 전화뿐만 아니라 직접 얼굴을 맞대는 면접에서도 마찬가지이다. 그것은 외부 손님만이 아니라 사내의 상사나 선배에 대해서도 똑같다. 이러한 마음가짐을 갖고 있어야만 상대방은 당신을 긍정적으로 평가하게 될 것이다.

당신은 회사 그 자체

언제나 백 분의 백이라는 마음가짐으로

하룻동안 제일 많이 머리를 숙이는 사람이 백화점의 엘리베이터걸이라고 한다. 이들이 평균 다섯 사람 중 한 사람꼴로 머리를 숙인다고 가정했을 때 하루에 250번에서 300번이 된다.

회사의 전화교환수 한 사람이 하룻동안 걸려온 전화에 백 번 정도 응했다고 하자. 그 백 번의 외부 전화는 거의 각각 다른 사람으로부터 걸려온 전화인데, 그것을 받는 교환수는 혼자이다. 교환수는 가끔 백 분의 1의 기분으로 받겠지만, 외부 사람은 백 분의 백의 마음으로 건다. 이래서는 상대방의 마음을 사로잡을 수가 없다. 백 번 중에 단 한 번의 성의없는 응대가 그날 가장 중요한 고객이었다면 어떻게 될 것인가. 이렇듯 당신의 전화응대, 고객 접대도 결코 예외가 아니다.

매너를 갖춘다

두뇌 회전, 업무 지식, 응대 요령 등 어느 것이나 우열을 가리기 힘든 신입사원이 두 사람 있다고 하자. 어느 쪽이 우수한가를 꼭 판가름해야 한다면 결국 누가 세련된 매너를 갖고 있느냐가 관건이 된다.

극단적으로 말해 훌륭한 매너를 갖추고 있는 쪽이 상대방으로부터 높은 평가를 받게 되는 것이다.

매너란 한마디로 예의를 잃지 않고 친근감을 갖게 하는 태도나 행동을 말한다. 사내의 상사나 선배는 신입사원인 당신에게 베테랑 선배사원과 같은 세련된 응대를 기대하지 않는다. 또 요구한다고 해서 될 일도 아님을 잘 알고 있다. 요컨대 신입사원들이 보다 진지하게 매너를 지니도록 노력해 달라는 주문이다.

2. 응대 태도

"어때, 저 태도."
"그 사람 태도가 참 좋군."
"저런 태도는 고쳐야 해."

이렇듯 태도란 성격, 사고방식, 마음가짐 등 내면적인 것을 비롯하여 복장, 행동, 자세 등 외형적인 것(form)에 이르기까지 망라된 광범위한 인격을 말한다.

여기에서는 후자인 폼에 대해 잠시 생각해 보겠다. "百聞이 不如一見"이라는 말이 있다. 교양이 아무리 많다 해도 표정이나 태도에서 신뢰를 잃거나 의심을 사게 되면 상대방에게 불쾌감을 준다는 것을 우리들은 경험을 통해 잘 알고 있다. 그래서 어떠한 태도가 바람직한가를 다음에 언급하려고 한다.

고개만 끄덕이는 것은 인사가 아니다

고개만 끄덕이는 인사는 비즈니스사회에서는 인사로 간주하지 않을 뿐만 아니라 오히려 불쾌감을 산다.

고개만 끄덕이는 것은 실례

"요즘 젊은이들은 인사도 제대로 못해"라고 나이든 어른들이 못마땅해 하는 것은 바로 그러한 태도를 보고 하는 말이다. 허리를 굽힌다는 것은 상대방을 존중한다는 뜻이다. 그렇다면 인사에는 자연히 허리를 굽히는 동작이 따라야만 한다. 그러므로 절대로 고개만 끄덕이는 인사는 해서는 안 된다.

눈을 치켜뜨고 상대방을 보지 마라

자기를 부른 상사를 눈을 치켜뜨고 바라보는 신입사원이 있다. 물론 의도적으로 한 것이 아니라 앉은 자리에서 상사를 바라보기 때문에 그렇게 보여졌을 뿐이다. 그러므로 상사의 부름을 받고 응답할 때에는 일어서서 대하든지, 아니면 앉아서 대할 때는 특히 시선에 신경을 써야 한다. 만일 그렇지 못할 경우 공연히 오해를 살 우려가 있다.

팔이나 다리를 꼬고 앉지 마라

신입사원은 고객이나 상사 앞에서 긴장하기 쉽다. 그래서 느긋한 마음이나 자세를 취하려고 어쩌다 팔짱을 끼는 경우가 있다. 그러나 상대방은 그렇게 받아들이지 않는다. 억울하게도 오만불손하다는 오해를 받아도 변명의 여지가 없다. 비즈니스 장소에서 신입사원이 긴장하는 것은 당연하다. 그 긴장된 모습을 오히려 상대방이 성실한 태도로 볼 수도 있다.

나쁜 버릇은 고쳐라

몸을 흔들거나 머리를 긁적거리거나, 또는 의자에 비스듬히 기대앉아 다리를 꼬고 앉아 있는 사람이 있다. 그런가 하면 손가락으로 콧구멍을 후비거나 손톱을 물어뜯는 사람도 있다. 이러한 버릇들은 상대에게 불쾌감을 준다. 상대방은 당신의 그러한 버릇이 나올 때마다 그것에 신경이 쓰여 대화에 집중할 수가 없어 이야기를 그만두고 싶은 충동을 느끼게 된다.

상대방을 존중하라

상사에게는 항상 존경심을 갖고 대한다. 가까운 곳에서나 먼 곳에서나 상사를 발견하면 즉시 경의를 표하며 인사한다. 상사와 대화할 때에는 반드시 존대말을 사용한다. 후배나 동료를 대할 때에도 반말을 쓰지 않고 깍듯이 인격을 존중한다.

손님에게는 각별히 예의를 갖춰라

"손님은 왕이다"라는 말이 있다. 회사를 찾아온 손님이 어떤 사람이든 예절을 갖추고 한결같이 대한다. 바른 자세, 신중한 행동, 공손

한 말투로 대하며 모든 손님에게 존대말을 사용한다. 그리고 손님의 의사나 의견을 존중한다. 손님을 깔보거나 비웃어서는 안 된다. 손님을 대할 때는 항상 감사한 마음으로 대한다.

 체크리스트

당신의 외모에 문제점은 없는가

　제1부에서 이미 점검이 끝났다고 생각한다. 그러나 중요한 사항이기 때문에 다시 한번 확인한다.

1. 구두는 깨끗한가?
2. 와이셔츠의 소매깃에 때가 묻어 있지 않은가?
3. 손톱이 길거나 때가 끼어 있지 않은가?
4. 옷차림은 단정한가?
5. 입에서 냄새가 나는 일은 없는가?
6. 머리는 단정한가?
7. 손수건은 항상 갖고 다니는가?

3. 회사를 방문한 손님을 안내할 때

회사나 매장을 찾아오는 손님에는 여러 유형의 사람이 있을 뿐만 아니라 방문 목적도 다양하다. 이와 같은 손님을 친절하게 맞이하는 것이 응대의 기본이라고 하겠다. 훌륭한 응대는 회사의 자랑일 뿐만 아니라 회사와의 관계를 보다 두텁게 만들어주는 계기가 된다.

방문객을 안내할 때

손님이 찾아가야 할 부서나 사무실 위치를 몰라 복도에서 서성거리고 있을 때 그에게로 조심스럽게 다가가 "누구를 찾으시는지요?"라고 물어본다. 이때 손님이 "○○부가 어디지요?" 하고 질문하면 "제가 안내해 드리겠습니다"라고 말한 뒤 손님의 오른쪽 위치에서 한발 앞서 걷는다. 이때 손님을 의식하면서 조용히 걷는다.

용건 파악

문을 열고 손님이 들어왔을 때 문 가까이에 앉아 있는 당신은 손님이 접근해 오기 전에 먼저 손님에게 "무엇을 도와 드릴까요?"라고 물어보면서 용건이 무엇인가를 파악한다. 이때 부드러운 미소도 잊지 않도록 한다. 손님의 용건이 상사를 면회하는 일이라면 방문자가 '어디'의 '누구'인가쯤은 확인해야 한다.

그 밖에도 용건을 파악하는 것이 좋지만 손님이 굳이 용건을 밝히기 꺼려하면 더이상 묻지 않는 것이 예의이다.

자리에 앉기를 권한다

　상사가 먼저 온 손님과 면담중이거나, 또는 잠시 자리를 비웠을 때에는 그 사실을 손님에게 말하고 자리에 앉기를 권한다. 그리고 상사가 틈이 날 때 방문객이 있음을 알려주고 이에 대한 지시를 받는다.

배웅 인사

　용건을 마치고 돌아가는 손님에게는 "안녕히 가십시오"라고 말하면서 정중히 허리를 굽혀 인사한다. 손님의 신분에 따라서는 문 있는 데까지 따라가 손님을 배웅하는 것이 바람직하다.

엘리베이터에서의 매너

　윗사람과 함께 동승할 때에는 상대를 먼저 태우고 먼저 내리게 한다. 손님을 모시고 탈 때에는 자신이 먼저 탄 다음 손님에게 타도록 권한다. 아무리 바쁘더라도 엘리베이터의 순번은 지키도록 하고 엘리베이터 안에서는 조용히 한다. 원하는 층수에 엘리베이터가 서면 손님에게 "다 왔습니다. 여기에서 내리셔야 합니다"라고 말한다.

 **체크리스트**

응접실에서 주의해야 할 사항

1. 응접실은 손님 접대를 위해 특별히 마련해놓은 장소이다. 이곳은 손님과의 면접 이외에는 절대로 사용해서는 안 된다(간혹 손님을 기다리게 하는 장소로도 쓰인다).
2. 응접실이 붐빌 경우에는 여사원을 배치하여 손님의 편의를 도모한다. 내객이 용무를 마치고 돌아갈 때까지 편안히 있도록 배려한다.
3. 고객을 장시간 혼자 있게 해서는 안 된다.
4. 재떨이, 차 등을 준비해 놓는다.

4. 외부 사람과 접촉할 때

타사를 방문할 때 유의해야 할 점

①상대방의 형편을 미리 알아본다.

사전에 상대방에게 전화를 걸어 그의 형편을 확인해둔다. 한편 방문시간을 미리 약속해 두었을 때는 떠나기 전에 "지금 그곳으로 출발하겠습니다"라고 전화를 걸어주는 것이 좋다.

②약속시간에 늦지 않도록 한다.

5분이나 10분쯤 늦어도 괜찮겠지 하는 생각은 매우 잘못된 사고방식이다. 바쁜 사업가나 직장인에게 5분이나 10분은 매우 소중한 시간이다. 약속시간 5분 전에는 무슨 일이 있어도 꼭 도착해야만 앞으로의 비즈니스에서도 신용을 얻을 수가 있다.

부득이한 사정으로 약속시간에 늦어질 경우에는 사전에 그 까닭을 알려 양해를 구한다.

③여유있게 도착하여 옷매무새를 점검한다.

비나 바람으로 인해 머리카락이나 옷차림이 흐트러졌을 때에는 머리카락이나 옷매무새를 바로잡아 상대방에게 좋은 인상을 주도록 한다.

④휴대품을 잊지 않는다.

중요한 서류를 잊어버리고 간다든지, 면담에 필요한 용구를 빠뜨리고 가는 일이 있어서는 안 된다. 출발에 앞서 휴대품을 점검해야 한다. 특히 건망증이 있는 사람일수록 세심한 주의가 요구된다.

 **체크리스트**

명함을 주고받을 때의 요령

1. 왼손으로 받쳐들고 상대방에게 건네준다.
2. 상대방의 명함을 받을 때에는 양손으로 받는다(상대방에게 경의를 나타내기 위함이다).
3. 명함을 줄 때 상대방의 책상 위에 놓지 않는다.
4. 말없이 건네주지 말고 "앞으로 잘 부탁합니다"라고 말한다.
5. 줄 때나 받을 때에는 반드시 일어선다.
6. 받아든 상대방의 명함은 일단 성명, 소속, 직위를 확인한다.
7. 명함을 바지 뒷주머니에 넣지 않는다(윗저고리의 안주머니가 바람직하다).
8. 상대방이 여러 명일 때는 손윗사람에게 먼저 건네준다.
9. 외출할 때는 항상 명함이 있는지 확인한다.

5. 사내 직원과 접촉할 때

　회사는 신입사원들만으로 운영되는 것이 아니다. 입사 후 수년에서 수십여 년 동안 꾸준히 근무해온 모든 사람들에 의해 운영되고 있다. 따라서 직원들의 연령도 다채롭다. 당신은 이와 같은 광범위한 연령 구조 속에 새로운 조직원으로 합류한 것이다. "이번에 입사한 신입사원들은 버릇이 없다" "선배들에 대한 예의가 없다"라는 비난을 받지 않도록 말과 행동을 조심하지 않으면 안 된다. 사내 직원들로부터 경원당하면 결국 자신의 입지가 좁아지게 되고 일하기도 힘들어진다.

상사나 선배들이 부르면 명쾌하게 대답한다
　"불러도 대답이 없다" "대답은 했겠지만 목소리가 작다" "답답할 정도로 우물거린다" 등 신입사원들에 대한 상사나 선배들의 불만은 많다.
　어떤 신입사원은 상사가 부르면 자리에 앉은 채 '뭔데요' 하고 불만스러운 듯이 바라보는 사람이 있는가 하면 "빨리 말씀해 보세요"라고 버릇없이 재촉하는 사원도 있다. 상사가 부르면 "네" 하고 명쾌하게 대답하는 사람은 상사나 선배로부터 사랑을 받는다.

상사나 선배가 옆에 오면 자리에서 일어나 응대한다
　대체로 상사나 선배들은 부하나 후배들을 자기 앞으로 부른다. 그러나 때로는 상사들이 부하 자리로 가서 업무를 지시하거나 일의 진행 상황을 물어보는 경우가 있다. 이럴 때에는 원칙적으로 자리에서 일어나 응대해야 한다.

선배의 업무 방식을 함부로 비난하지 않는다

 그러나 상사가 "그대로 앉아 있게"라고 말했을 때에는 앉아 있어도 무방하다. 단, 손으로 턱을 괴거나 다리를 꼬고 있는 행동은 삼가야 한다.

임원들의 이름을 정확히 기억한다
 조직기구표를 중심으로 임원들의 이름을 정확히 알아두는 것이 좋다. 그리고 그들이 관할하는 업무가 무엇인가도 잘 알아두는 것이 좋다.

선배를 함부로 비난하지 않는다
 신입사원들은 업무의 전체를 속속들이 파악하고 있지 못하기 때문에 선배들이 하는 일의 겉만 보고 일방적으로 비난하는 일이 있다. 이런 일은 매우 잘못된 행동이다.

얼핏 보기에는 불합리하거나 비능률적으로 보이지만, 선배들의 일의 추진 방식이 전체적인 면에서 상당히 능률적일 수도 있다. 그러므로 선배들의 일하는 모습을 주의깊게 지켜볼 필요가 있다.

퇴근시에도 깍듯이 인사한다

퇴근시간이 되면 "먼저 퇴근하겠습니다"라고 깍듯이 인사한다. 그러나 상사나 선배가 매우 바쁘게 일하고 있으면 "좀 도와드릴까요?" 하고 물어보는 것이 예의이다. 신입사원인 당신에게서 특별히 도움받을 일거리가 없다 해도 상사나 선배들은 당신의 그 한마디에 호의를 가질 것이다.

자신보다 나이가 적어도 선배는 선배다

예를 들어, 당신은 대졸 신입사원이고 대리는 2년 전에 입사한 고졸사원이라도 선배는 어디까지나 선배임에 틀림없다.

자기보다 나이가 아래인 선배나 상사 밑에서 일하는 부하는 어색할 수도 있겠지만 항상 그들을 존경하고 그의 지시에 따라야 한다.

coffee time

시작이 좋으면 끝도 좋다. 중간이 좋으면 더욱 좋다. 결말이 좋으면 모두가 좋다

모 회사의 사장으로 있는 이에게서 들은 이야기를 소개하겠다.

그가 젊은 시절 풋내기 세일즈맨으로 일하고 있을 때이다. 어느날 고객을 찾아가 상대방에게 "이런 사람입니다"하고 말하면서 명함을 건넸는데 상대방은 몹시 기분나쁜 일이 있었는지, 아니면 자신의 태도가 마음에 안 들었는지 큰소리로 여사원에게 "이런 사람에게 차나 한잔 대접해요"라고 말한 뒤 사무실을 나가버렸다. 몹시 창피하여 쥐구멍이라도 있었으면 기어들어가고 싶은 심정이었다.

또 이런 일도 있었다. 업계 신문의 견습기자로 어떤 회사에 인터뷰를 하러 갔다. 그는 기껏 부장급 정도가 만나주리라고 생각했는데 의외로 사장이 직접 나왔다. 너무나 당황한 나머지 자신의 명함을 준다는 것이 그만 다른 사람에게서 받은 명함을 주었다. "앗! 죄송합니다. 제 명함은 이겁니다"하고 그 명함을 되돌려받은 다음 다시 자신의 명함을 주었지만 그 인터뷰는 엉망이 되어버리고 말았다.

어느 것이나 젊은 시절의 쓸쓸한 추억이다. 남과 만날 때에는 항상 침착과 냉정을 잃지 말아야 하며, 또한 예의를 갖추어야 한다. 그렇게 하는 것이 접객이나 면담을 순조롭게 하는 지름길이 된다.

 이 장의 요약

1. 비즈니스로 남을 만날 때 당신은 한 '개인'이 아니라 회사를 대표하는 '공인'이 된다. 굳이 당신이 그렇게 생각하지 않더라도 상대방은 당신을 단순히 김아무개, 이아무개라고 보지 않고 '××주식회사의 김아무개' '○○회사의 이아무개'로 보기 때문에 회사의 명예를 걸고 깍듯이 상대방을 대해야 한다.

2. "百聞이 不如一見"이라는 말이 있다. 응대하는 말투도 중요하지만 태도나 행동도 중요하다. 상대의 귀는 당신의 말을 듣고 있으며, 눈은 당신의 태도나 행동을 보고 있다.

3. 바쁜 회사, 발전하는 회사, 경영을 잘하는 회사일수록 외부로부터 많은 손님이 드나든다. 따라서 사원들의 근무 태도가 이들에게는 민감하게 눈에 잡힌다. 그러므로 이런 것쯤은 하고 간단히 넘겨버리는 사고방식은 업무에 커다란 낭패를 가져올 수도 있다. 바꿔 말해서 작은 일이라도 성실히 해야 된다는 말이다.

4. 예의바른 응대는 외부 사람에게만 해당되는 것이 아니다. 회사 내 상사나 선배들에게도 필요하다. "금년에 입사한 신입사원들은 예절이 바르다" "예의도 바르고 의욕도 대단하다"라는 칭찬을 받을 수 있도록 항상 노력해야 한다.

학습성과확인테스트

【Q 2-1】

"요즘 젊은 사람들의 인사 태도는 도무지 마음에 들지 않아"라는 말을 듣는 경우가 종종 있는데 당신은 어떠한가? 거울 앞에서 인사하는 연습을 해보라. 그리고 구체적으로 인사하는 방법과 요령을 3가지 이상 열거하라.

【Q 2-2】

다음 문장 중에서 옳은 것에는 ○표를, 틀린 것에는 ×표를 하라.
☐ (1) 느긋한 자세로 대하는 것이 바람직한 태도이므로 팔짱을 끼거나 다리를 꼬고 앉는 것은 극히 당연한 일이다.
☐ (2) 자기가 먼저 찻잔을 드는 것이 예의이므로 그렇게 하는 것이 좋다.
☐ (3) 자기와 직접 관계가 없는 손님이라도 복도나 실내에서 시선이 마주치면 목례나 인사를 하는 것이 좋다.

【Q 2-3】

회사 내의 선배나 상사의 이름을 기억하기 위해 당신은 어떠한 노력을 하고 있는가? 3가지 이상 열거하라.

제3장

평상시 행동에 대한 상식

 학습포인트

한 인간의 성격이나 기질을 알아내기 위한 방법에는 여러 가지가 있다. 즉 대화나 취미·기호의 교류, 음주, 여행 등이다. 특히 술을 마시면 본심이 잘 나타난다고 하지만 평소의 행동에서도 본심이 나타나게 마련이다. 하물며 많은 사람이 함께 일하는 사무실에서는 당신의 본성이나 마음가짐이 잘 나타난다.

회사 내에서 협동작업을 하려고 할 때 누구나 마음이 맞는 사람과 함께하기를 원한다. 상식과 인격이 결여된 사람과 함께 일하는 것을 꺼려하는 것은 당연하다.

이 장에서는 평소 직장에서 어떻게 해야만 '상식이 없다'는 말을 듣지 않을 수 있는가에 대해 생각해 보기로 한다.

■이 장의 내용
1. 출근·퇴근·지각·조퇴·휴가·결근 등에 대한 상식
2. 자리를 뜰 때의 상식
3. 근무중의 상식
4. 바쁘게 일하는 사람과 함께 일할 때

1. 출근 · 퇴근 · 지각 · 조퇴 · 휴가 · 결근 등에 대한 상식

"매일 바쁘게 일해도 끝이 없다. 이 회사가 없어지지 않는 한, 이 일은 끝나지 않을 것이다."

어느 직장인의 푸념이다. 사실 어느 회사든 그 회사가 존속하는 한 일은 끝나지 않는다. 그래서 회사는 사원들이 권태를 느끼지 않고 일을 능률적으로 할 수 있도록, 또는 실수를 범하지 않게 하기 위해 휴식이나 휴가를 주고 있다. 그리고 부득이한 개인 사정을 고려하여 결근이나 지각, 조퇴 등을 인정하고 있다.

출근과 퇴근

①출 · 퇴근시간을 지키는 요령

일반적으로 근무시간을 정의할 때는 오전 9시에서 오후 6시까지로 하고 있다. 그렇다고 해서 오전 9시 정각에 사무실에 도착하여 오후 6시 정각에 일손을 멈춘다는 것은 아니다. 9시부터는 일을 시작해야 하기 때문에 5~15분 전에는 회사에 도착해야 한다. 그리고 6시에 일을 마감한다면 6시 이후부터는 퇴근 준비에 들어간다는 것이다.

이 개념을 잘못 이해하여 언제나 업무개시 직전에 아슬아슬하게 회사에 출근하거나 몇 분 늦게 도착하는 사원이 있다. 모든 일이 다 그렇지만 출발부터 차질이 생기면 하루종일 어딘가에 차질이 생긴다. 퇴근시간도 마찬가지여서 당신이 6시 정각에 퇴근해 버리면 퇴근 5, 6분 후에 걸려온 중요한 전화는 받지 못한다.

②출근이 늦어질 경우

휴가는 솔직히 이유를 말한다

 교통이 혼잡하거나 부득이한 사정 때문에 출근이 늦어질 경우에는 반드시 회사에 전화를 걸어야 한다.

지각과 조퇴

 ①지각

 아침시간은 매우 중요하다. 아침조회나 회의 등을 통해 상사로부터 지시나 명령을 받거나 부서 내의 업무 협의가 있다. 모든 공식적인 모임을 끝내고 일을 하려고 할 때 당신 혼자서 멋쩍은 표정으로 슬금슬금 나타나면 주위 사람으로부터 강한 불신을 사게 된다. 어떠한 사정이 있더라도 정시까지는 출근하도록 한다.

 ②조퇴

 신병이나 그 밖의 부득이한 이유로 근무시간중 퇴근을 하려고 할 때에는 조퇴라는 방법을 취하게 되는데, 이럴 때는 절차와 허락을 받아야 한다.

휴가와 결근

① 확실한 사유를 밝혀라.

바쁜 회사일수록 사원의 갑작스러운 결근이나 휴가는 업무에 지장을 가져온다. 그러므로 휴가나 결근을 할 때는 회사로부터 사전에 승락을 받도록 한다. 돌발적인 사유로 결근을 해야 할 때는 전화나 다른 경로를 통해서 회사에 알리고 사후에 결근계를 제출하도록 한다. 이때 결근 사유를 거짓으로 꾸며서는 안 된다.

② 단속적(斷續的)으로 회사를 쉬지 마라.

휴가나 결근의 경우, 며칠 출근했다가 쉬고 다시 출근했다가 그 다음날 또 쉬는 단속적인 결근은 정당한 사유라 해도 그렇게 해서는 안 된다. 차라리 그럴 바에는 연속적으로 쉬는 것이 회사에 도움이 된다.

2. 자리를 뜰 때의 상식

"아 A씨요, 조금 전까지도 자리에 있었는데 어디 갔지……. 죄송합니다만, 없는데요."

이러한 전화 응대를 선배로 하여금 하게 해서는 안 된다. 근무중 자리를 뜰 때에는 반드시 상사나 옆자리에 있는 사원에게 말해야 한다. 오랜 시간 멋대로 자리를 비우는 것은 용납되지 않는다. 공연히 자리를 비우는 것은 업무의 흐름을 중단시키는 일이 된다. 행선지나 외출 사유를 분명히 해두어야만 누가 물어보아도 서슴지 않고 대답해줄 수가 있다.

이석은 업무의 흐름을 중단시킨다

외출할 때는 반드시 상사에게 말한다

용건, 행선지, 귀사시간을 반드시 상사에게 알려야 한다. "잠깐 나갔다 오겠습니다"라는 말은 비즈니스 세계에서는 통하지 않는다. 다만 1, 2분밖에 걸리지 않는 화장실 따위는 그럴 필요가 없겠지만 적어도 외출일 경우에는 시간이 길건 짧건 간에 상사의 허락을 받아야 한다.

30분 이상 자리를 비울 때

"이 서류를 ○○상사에 주고 오게" "이 팜플렛과 견적서를 A공장장에게 갖다주고 오게" 등의 지시를 받고 이석할 때에는 반드시 책상 위를 정리하고 나가야 한다. 여기저기 흐트러진 서류가 다른 사원의 서류와 섞이거나 쓰레기통에 휩쓸려 들어가는 경우가 있기 때문이다. 적어도 30분 이상 자리를 비울 때에는 책상 위를 말끔히 정리해야 한다.

외출한 곳에서의 연락

①외출한 곳에서 시간이 지연되면 전화로 연락한다.

방문한 곳에서 용무가 끝나지 않아 시간이 지체되거나 만날 사람이 부재중이어서 그를 기다리는 데 시간이 걸리는 경우가 흔히 있다. 그때는 그 사실을 곧 회사에 연락한다. 이런 것을 무시하고 상담을 계속하던 중 "본사에서 속히 연락해 달라는 전화가 있었습니다"라는 메모를 상대방 회사의 여직원으로부터 받는 일은 부끄러운 일이다.

②방문처에서 일을 끝내고 곧장 집으로 귀가할 때도 회사에 전화를 건다.

저녁때 방문처에서 일을 끝내고 집으로 직접 귀가할 때도 반드시 회사에 전화를 걸어야 한다. 이렇게 해야만 회사로부터 긴급지시를 받을 수도 있으며, 그날의 활동 상황도 보고할 수가 있다. "늦었으니 그만두자. 내일 회사에 출근해서 보고하지, 뭐"라는 식은 안 된다. 보고할 사항이 있건 없건 상사에게 연락을 취해야 한다.

3. 근무중의 상식

이런 우스개 이야기가 있다.

부하직원 : "부장님, 이발소에 좀 다녀오겠습니다."

부장 : "지금은 근무중이잖나."

부하직원 : "네, 하지만 이 머리카락도 근무시간중에 자랐는 걸요."

부장 : "그럼 근무시간에 자란 만큼만 자르고 오게."

공사의 구별을 어떠한 기준에서 정하느냐 하는 것에 대한 유머이다. 여하간 업무시간은 돈으로 계산되는 공적인 시간이다.

정리 · 정돈 · 보관에 힘쓴다
①규정에 따른다.

공동으로 사용하는 집기, 비품, 소모품 등은 당신이 사용하지 않더라도 남들이 사용하기 쉬운 상태로 있어야 한다. 공동으로 사용하는 사무기기, 팩시밀리, 복사기, 공구류, 각종 전표, 필기도구 등은 일정한 기준(사용 또는 보관 규정)이 있을 것이다. 이들 규정에 따라 사용, 수납, 보관한다.

②비품이나 용품을 소중히 한다

덮개나 케이스가 있는 용구는 사용 후 반드시 덮개를 덮어서 원상태대로 보관한다. 다른 부서에서 빌린 것은 사용 후 곧 되돌려준다. 봉투 한장, 우표 한장이라도 회사의 것은 사적으로 절대로 사용해서는 안 된다. 비록 사소한 일이지만 주의한다.

③책상이나 캐비닛을 정리한다.

책상이나 캐비닛은 항상 일하기에 편리하도록 정돈되어 있어야 한다. 그런데 당신이 자리에 없는 사이 급한 용무가 생겨 상사가 당신 책상의 서랍을 열게 되었을 때 업무 이외의 사물(私物)이 마구 쏟아져나오면 당신의 인격까지 의심하게 된다.

문서 취급

학창시절 때라면 약속을 "했다" "안 했다"로 끝낼 수 있지만, 비즈니스사회에서는 그것이 신뢰의 문제로까지 확대된다. 그래서 사내외적으로 증거의 보전을 위해 각종 문서가 중요하게 취급된다. 여기에서는 신입사원과 관련되는 문서의 휴대나 보관에 대해 언급하겠다.

①문서는 봉투나 가방에 넣어서 휴대한다.

이렇게 함으로써 우선 첫째, 기밀을 유지할 수가 있다. 둘째, 문서를 빠뜨리지 않는다. 이때 서류를 점검한 뒤 봉투나 가방에 넣는다. 셋째, 문서의 훼손을 막을 수 있다.

②문서는 함부로 책상 위에 놓지 않는다.

중요한 문서가 아니더라도 외부 사람이 보면 그 회사나 부서에서 어떤 일을 하고 있는지 바로 알 수가 있다. 특히 점심시간이나 외출을 할 때에는 각별히 조심한다.

③봉투는 확인하고 버린다.

봉투 속을 잘 확인하지도 않고 버려 영수증이나 중요한 서류가 휴지통에 들어가는 일을 흔히 경험하게 된다. 안에 아무것도 없을 것이라고 생각해도 다시 안을 확인한 다음 버리는 것이 좋다.

직장에서 '잡일'이란 없다

직업에 귀천이 없듯이 일의 내용에도 무엇이 중요하고 무엇이 하찮은 일인가의 구분은 없다. "시시한 일만 시킨다"고 불평하는 사람일수록 그 시시한 일조차도 제대로 수행하지 못한다. 상사가 잡일도 제대로 못하는 당신에게 중요한 일을 맡길 리가 없다.

4. 바쁘게 일하는 사람과 함께 일할 때

신입사원들은 상사와 선배 틈에 끼어 업무를 어떻게 다루어야 할지 몰라 쩔쩔매는 일이 있다. 상사가 지시한 내용을 제대로 이해하지 못하는 경우도 있다. 그래서 다시 한 번 물어보아도 그 뜻을 도무지 알 수가 없다. 상사와의 생각 차이라고나 할까. 지시나 설명에도 미묘한 뉘앙스가 있어서 그것을 잘 파악하기가 어렵다.

신입사원시절에는 자주 당황하게 된다

그러나 선배나 상사들도 옛날에는 당신과 똑같은 신입사원이었다. 그들은 지금의 당신처럼 고심하고 노력한 결과 오늘에 이르렀다.

주위 사람의 성격을 빨리 파악한다

사소한 실수에 대해 "그럴 수도 있지" 하고 가볍게 넘겨버리는 상사나 선배가 있는가 하면, 눈을 부릅뜨고 노발대발하는 사람도 있다. 그러나 전자가 좋은 사람이고 후자가 나쁜 사람이라고 단정짓기는 어렵다. 사람이란 자기에게 호감을 갖는 사람에게는 좋은 사람이라고 생각하며, 그렇지 못한 사람에게는 좋지 않은 감정을 품기 쉽지만, 그래서는 언제까지나 인간을 제대로 이해할 수가 없다.

왜 그런가(why), 그렇다면 어떻게 하면 좋은가(how)를 항상 염두에 두고 일을 해 나가면 상사나 선배가 당신에게 취한 태도를 차츰 이해하게 될 것이며, 동시에 그들의 마음도 알 수 있을 것이다.

유의해야 할 점

① 타인(손님이나 사내 직원들)과 이야기를 나누는 도중 상대방에게 자신의 의견을 말하려고 할 때에는 "이야기 도중에 죄송합니다만" 하고 양해를 구한다.
② 친한 사이라도 아무렇게나 말을 해서는 안 된다.
③ 담배를 피우면서 복도를 걸어다니거나 큰소리로 떠들지 않는다.
④ 바쁘게 일하는 사람에게 말을 걸 때에는 적절한 시기를 보고 말을 건넨다.

 체크리스트

상사나 선배를 대할 때의 요령

1. 인생의 풍부한 경험자라는 존경심을 잊지 않는다.
2. 자진해서 조언이나 충고를 구한다.
3. 접촉하는 기회를 많이 갖음으로써 친근감을 느끼게 한다.
4. 고민거리가 생기면 의논한다.
5. 없는 곳에서 험담하지 않는다.
6. 선배를 제쳐놓고 앞에 나서지 않는다.
7. 감정을 노골적으로 드러내지 않는다.
8. 파벌에 말려들지 않는다(업무가 우선).

coffee time

퇴근 30분 전의 의미

어떤 회사의 여직원들은 퇴근시간 30분 전이 되면 떼를 지어 화장실에 몰려가 시끄럽게 떠들면서 화장에 여념이 없었다. 그리고 자리에 돌아와서는 지금 막 칠한 손톱의 매니큐어를 후후 불면서 퇴근시간만을 기다렸다.

상사가 "A양, 이것 좀 복사해주지 않겠어"라고 부탁해도 "미안해요. 손톱이 마르지 않았는데 내일 하면 안 될까요?"라고 대답했다.

이러한 일이 매일 계속되는 동안 여직원들의 근무 기강은 말이 아니었다. 결국 총무부장은 단안을 내려 여자화장실에 벽보를 써 붙였다. "퇴근 30분 전까지는 절대로 화장을 고치지 말 것."

그 결과 놀라운 일이 벌어졌다. 여직원들은 40분 전부터 화장실에 몰려들기 시작한 것이다. 일반적인 상식으로는 30분 전이 안 된다면 40분 전은 더욱 안 된다는 생각이 들 텐데 말이다.

이러한 사례는 남자직원들에게도 종종 있다. 지나친 장발이 지저분해 보여 참다못한 상사가 "그 머리 어떻게 좀 안 되겠나. 짧게 깎고 와" 하고 주의를 주었더니 "네, 오늘 저녁에 이발소에 들르겠습니다"라고 대답했다. 그런데 다음날 아침에 보니 조금도 짧아지지 않았다. "난 짧게 자르라고 말했는데." "네, 짧게 잘랐습니다."

그래서 유심히 보았더니 머리끝 쪽이 약간 깎여 있는 것이 아닌가. 화가 난 상사는 "짧게 깎으라고 했는데 요만큼만 잘랐어" 하면서 손가락으로 5, 6cm의 길이를 제시했다. 그랬더니 사원은 짓궂은 얼굴로 "그러면 길게 깎으라고 하셔야지요"라고 능청을 떨었다.

 **이 장의 요약**

1. '전쟁은 초기 5분간'이라고도 말한다. 이 말은 출근과 퇴근 시간에도 적용된다.
2. 일 때문에 하루종일 책상에만 붙어 앉아 있을 수는 없다. 간혹 자리를 비우거나 외출도 한다. 그런데 공교롭게도 이석자(離席者)를 윗사람이 찾는 일이 있다. 그러므로 당신이 자리를 비울 때에는 상사나 옆사람에게 당신의 행선지를 정확히 알려주어야 한다.
3. 분담해서 하는 일이라도 자기 멋대로 해서는 안 된다. 한 사람의 실수가 다른 사람에게 불이익을 주어서는 안 된다.
4. 일을 진행하는 과정에서 장애가 되는 것은 상사나 선배의 기질이나 성격 차이이다. 학창시절의 마음에 맞는 친구끼리 어울렸던 것과는 다르다. 빨리 주위 사람들의 성격을 파악해야 한다. 이와 같은 세심한 배려가 신뢰를 받으며, 친밀해지기도 하기 때문에 이 점을 소홀히 해서는 안 된다.

학습성과확인테스트

【Q 3-1】

다음 문장 중 옳은 것에는 ○표를, 틀린 것에는 ×표를 하라.
또 그것은 어떤 이유에서인지도 생각해보라.

☐ (1) 휴가계를 내면 상사는 말없이 도장을 찍는 것이 당연하다. 유급휴가는 사원의 당연한 권리이기 때문이다.

☐ (2) 여느때와 똑같이 집을 나왔는데 차가 고장이 나서 지각을 했다. 내 잘못이 아니기 때문에 사과할 필요가 없다.

☐ (3) 오전중의 일이 밀려서 점심시간이 지날 무렵까지 일했다. 일을 마치고 점심시간이 지나서야 식사하러 나갔다. 이럴 때는 굳이 동료나 상사에게 알릴 필요가 없지 않은가. 왜 그렇게 됐는지는 모두 다 알고 있기 때문이다.

【Q 3-2】

"책상 위에 있는 서류들을 구분하기 쉽게 정리해둘 수는 없는가" 하고 상사가 말했더니 "괜찮습니다. 저는 잘 파악하고 있습니다" 하고 신입사원이 말했다. 이 신입사원의 이야기가 옳은가?

【Q 3-3】

"이 따위 시시한 일만 맡긴다"고 투덜대는 신입사원이 있는데 시시하다, 중요하다는 것은 누가 결정할 문제인가?

제4장

일을 원활하게 하는 커뮤니케이션

 학습포인트

  지금까지 각 장에서 일이란 혼자서 하는 것이 아니며, 조직 내에서 그것도 각양각색의 사람들이 각기 역할을 분담해서 하는 것이라고 설명했다. 어떠한 일을 담당하든 그 일은 회사에게 필요한 것이다. 그렇다면 조직원 상호간에. 또는 일을 수행하는 데 있어서 '네트워크'가 있어야만 하는데, 그 네트워크는 업무를 수행하는 데 필요한 커뮤니케이션의 네트워크이다.
  이 장에서는 업무상의 대화, 즉 모르는 것은 서로 묻고 답변하는 요령, 그리고 직장의 동맥이라고 할 수 있는 명령, 지시, 보고 등에 대해 공부하기로 하겠다. 당신이 실무에 임하면 곧바로 요구되는 이들 커뮤니케이션에 대해 지금부터 만반의 무장을 갖추지 않으면 안 된다.

■이 장의 내용
1. 커뮤니케이션의 의의와 역할
2. 현장어를 빨리 익혀라
3. 상사나 선배에게 질문이나 대답을 할 때
4. 명령이나 지시를 받을 때
5. 적절한 연락, 보고의 방법
6. 꾸중을 들을 때에는 어떻게 해야 하는가

1. 커뮤니케이션의 의의와 역할

"커뮤니케이션이란 무엇입니까?"라는 질문에,
A : "네, 지역 사회란 뜻입니다."
B : "글쎄, 한잔 마신다는 뜻이 아닐까요."
C : "아니, 레크리에이션과 관계되는 일이라고 생각됩니다."
등의 여러 가지 대답이 나왔다. 개중에는 답답한 나머지 "외국어이기 때문에 알 수 없습니다. 우리나라 말로 풀어서 말씀해 주세요"라는 말까지 튀어나왔다. 어쨌든 이 커뮤니케이션이라는 말은 기업에서 많이 쓰고 있다. 그럼 이 말의 뜻부터 생각해 보기로 하겠다.

커뮤니케이션의 정의

커뮤니케이션이라는 말을 사전에서 찾아보면 communication, 즉 통신·전달·보도 등의 뜻을 갖고 있다. 심리학, 언어학 측면에서 살펴보면 다음과 같다.

"감정이나 의견을 언어 등을 통해 상대방에게 전달하는 것."

"인간이든 동물이든 관계없이 사인(sign)이나 심벌에 의해 심적 내용이 상대방에게 전달되어 상대의 태도를 바꾸게 하는 것."

이와같이 커뮤니케이션은 인간과 인간 사이만이 아니고 동물에까지도 확대된다. 또한 그 수단은 언어만이 아니라는 것도 강조하고 있다.

"언어뿐만이 아니라 여러 가지 수단을 강구하여 유기체의 요구나 의도를 다른 유기체에게 전달하여 이해시키고 그 목적을 달성하는 것."(언어심리학 참조)

사회의 커뮤니케이션

"넓은 의미로는 물체 또는 생활체 상호간에 작용하여 일정한 속성의 공유를 일으키게 하는 일체의 작용 또는 과정을 말하며, 열전도나 확산과 같은 물리적, 화학적 작용도 그 속에 포함된다. 그러나 오늘날에는 보통 좁은 의미로 기호를 매체로 사용하고 있다."(심리학사전 참조)

이들 커뮤니케이션에 관한 정의를 파고들면 당신은 어리둥절해지지 않을 수 없을 것이다. 무언가 이론에 치우쳐 현실에서 멀어져가는 듯한 느낌이 들 것이다. 그렇게 느끼는 까닭은 우리가 보통 알고 있는 커뮤니케이션이란 말은 이러한 이론을 바탕으로 하고 있지 않기 때문이다. 위에서 말한 정의는 보다 현상적 · 의기적 · 구체적인 것이다.

커뮤니케이션의 역할과 수단

① 커뮤니케이션의 역할
- 정보 교환···지식 · 정보의 전달과 수령

- 의사 소통…욕구 · 감정 · 사상 등의 이해, 납득, 행동화
- 감정 교류…마음의 교류 · 희로애락의 감정 교환

우리들은 아침에 잠자리에서 일어나서 잠자리에 들기까지 이상의 3가지 역할의 송신자와 수신자 역할을 하고 있다.

② 커뮤니케이션의 수단

위의 역할을 이들 수단에 의해 보내기도 하며 받기도 한다. 따라서 커뮤니케이션의 도구로 반드시 언어만이 사용된다고는 할 수 없다. 거기에는 그림이나 기호 · 표식 · 신호 · 음향 · 빛깔 · 냄새 · 필름 등도 포함된다.

- 말을 한다…듣는다
- 쓴다…읽는다
- 그린다…본다

직장에서는 '보다 나은 커뮤니케이션'을 도모하기 위해 대화나 토론만이 아니라 사보나 기관지 · 게시판 · 메모 · 방송 · 회람 · 복사 · 포스터 · 통달(通達) 등이 활용되고 있다.

쉴새없이 계속되는 직장의 커뮤니케이션

커뮤니케이션의 역할, 수단, 도구, 장면 등을 망라하여 파악하면 직장에서는 실로 많은 커뮤니케이션의 상황이 전개된다.

예를 들어, 쉴새없이 울리는 전화의 벨소리, 사무실 여기저기에서 교환되는 상담(商談), 상담(相談), 질문들, 회의실에서 임원들이 하는 회의, 또 다른 방에서는 과장 이하의 직원들에게 부장이 지시를 내리거나 미팅을 실시하는 등의 상황이 벌어지고 있다. 그런가 하면 또 다른 책상에서는 상사에게 보고하는 부하, 외출에서 돌아온 직원의 보고도 있다. 이런 가운데 각종 서류나 전표, 도표, 조사, 통계표, 지

제2부 조직인으로서의 기본자세 137

직장의 커뮤니케이션

시서가 여기저기 책상 사이를 누비며 오간다.

한편 여기저기에서 고객과의 응대가 있는가 하면 손님끼리의 대화도 있다. 벽에는 포스터나 슬로건을 내건 종이들이 붙어 있다. 빌딩 옥상에는 전광게시판이 우뚝 서 있고, 회사명을 써 붙인 커다란 간판은 24시간 행인들의 눈길을 끈다.

이와같이 회사에 커뮤니케이션이 두절되거나 원활하게 소통되지 않으면 일이 중단되고, 나아가서는 회사도 신뢰를 잃게 된다는 것은 상상하기 어렵지 않다.

커뮤니케이션의 원점은 '말'

일을 수행하기 위해 인간이 개발한 수단은 몸짓과 음성이었다. 그것이 말이라는 수단, 즉 이야기라는 언어와 문자를 낳게 했다. 나아가서 인쇄술의 발명에 의해 방대한 양의 정보나 의사가 시간에 구애받지 않고 전달할 수 있게 되었다. 또 영상·방송 등 전파의 발달에 의해 커뮤니케이션은 그 기능을 더욱 효과적으로 발휘할 수 있게 되었다.

그러나 뭐니뭐니 해도 우리 생활에 가장 밀착되어 있는 수단은 얼굴과 얼굴을 마주대하고 하는 커뮤니케이션, 즉 '말'이다. 언제, 누가, 어디에서나 사용할 수 있으며, 반응도 곧 알 수 있다는 점에서 어떤 수단과 비교해도 결코 뒤떨어지지 않는다.

아니 다른 수단이 발달하면 발달할수록 그 원점이라고 할 수 있는 대화의 방법은 각광을 받게 된다. 커뮤니케이션이란 이야기를 나누는 것, 또는 대화를 하는 것이라고 결론지을 수 있는 이유도 실은 여기에 있다.

2. 현장어를 빨리 익혀라

학창시절에는 학생들간에 통용되는 언어를 사용하여 급우들과 사귀었다. 공감도 생기며 서로간에 연대감도 생긴다. 교실이나 교내의 약칭, 교사의 별명, 동급생끼리만 통하는 언어도 많았다. 당신이 취미활동을 하고 있었다면 취미활동을 같이하는 동료들끼리만 통하는 특수한 언어를 사용했을 것이다.

업무는 현장어의 마스터로부터 시작된다

용어, 재료의 명칭, 작업이나 고객, 제품의 약칭 등 그 분야에서만 사용되는 현장어는 많다.

군인사회나 학생사회나 그 사회에서만 쓰이는 독특한 용어가 많은데, 이런 말을 은어라고 하며 거기에는 재미있는 말들도 많다.

하다못해 조직폭력배 사회에서도 그 사회에서만 통용되는 은어를 배워야만 비로소 동료의식을 느낄 수 있다. 이처럼 직장에서도 선배들과 빠른 시일 내에 일체감을 가지려면 현장어를 마스터해야 한다.

제2부 조직인으로서의 기본자세 139

현장어를 익힌다

용어집을 직접 만든다

경리과 등에서는 업무상 사용되는 용어를 일람표로 만들어 신입사원에게 나누어주는 곳도 있지만, 그렇지 않은 부서에 배치되면 스스로 대학노트 따위에다 특수 용어를 메모해둔다. 쓰면서 외우고, 읽으면서 기억하고, 일람표를 늘 봄으로써 체계적으로 터득하는 것이다.

새로운 용어집을 만든다

생소한 말을 들었을 때는 그 자리에서 메모해 두었다가 용어집에 옮겨 적는다. 이렇게 새로운 용어를 수집하여 메모해 나가면 흥미도 생기고 용어의 뜻도 공부하게 된다.

부끄러워하지 말고 질문한다

선배나 상사들은 평소 동료나 고객들과 현장어로 대화를 나누거나 사업상의 이야기를 하기 때문에 당신도 그러한 용어를 부지불식간에 듣고 사용하게 된다. 그럴 때 사용되는 용어에 대해 모르는 것이 있으면 선배나 상사들에게 물어보는 것이 좋다. 모르면서도 아는 척하거나 언젠가는 알게 되겠지 하고 안이하게 생각한다면 나중에 질문하기도 쑥스러워 영영 알 수 없게 된다.

 신입사원인 당신이 현지어를 모르는 것은 어쩌면 당연한 일이기 때문에 질문을 받는 상사나 선배들은 오히려 당신의 질문에 의욕을 높이 살 것이다.

3. 상사나 선배에게 질문이나 대답을 할 때

 "과장님, 그것을 어떻게 할까요?"라고 질문을 하면 상사는 어리둥절하며 "그것이라니 뭐 말인가?"라고 반문을 하는 것이 보통이다.
 대답할 때도 마찬가지이다. 코미디의 단막극도 아닌데 "자네, 지금 어느 위치에 있다고 생각하나" "아 저말입니까? 저는 지금 과장님 앞에 서 있지 않습니까"라고 대답한다면 정말 기가 찰 일이라고 하겠다.

질문의 요령
 상사나 선배에게 질문을 할 때에는 다음과 같은 순서로 하는 것이 바람직하다.

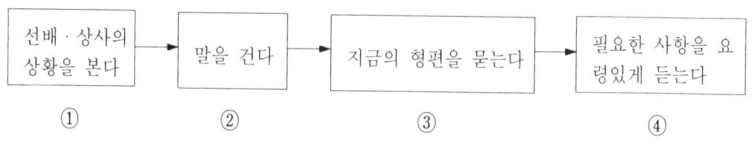

 예를 들어, 상사가 자신의 책상 위에서 자료를 펼쳐놓고 훑어보고 있다.
 이때 상사의 행동을 살펴보다가 지금이라면 괜찮겠지 하는 판단이

서면 상사에게 다가가(①), "과장님"(②) 하고 부른다.
"응 뭔데?"
"지금 시간 있으십니까?"(③)
"응, 괜찮아. 뭔가?"
"실은 전날에 있었던 A사의 규격 변경에 관한 건인데요……"(④)
이와 같은 방식으로 질문을 하면 된다.
그런데 문제는 ④의 질문 방법인데, 일방적으로 말하는 것은 좋지 않다.
"지난번의 그것인데요. 아무래도 시기적으로 늦은 것 같아 우리 회사에서 하기에는 무리인 것 같습니다만, 어떻게 하시겠습니까?"
이와같이 말하면 그것이란 도대체 무엇인지, 늦었다면 어느 정도 늦었다는 말인지, 무리하다는 것은 무엇을 뜻하는지, 그리고 결국 어떻게 하라는 것인지 상사의 입장으로는 전혀 알 도리가 없다. 그러므로 상사가 되묻지 않도록 질문을 요령있게 해야 한다.
"먼젓번 A사가 본사에 발주한 공사 변경에 관한 이야기입니다만, 공사에 착수한 지 두 달이나 경과된 현재로서는 공사 진행과 자재 관계 때문에 공사의 변경은 80% 정도 무리라고 생각됩니다. A사에서는 그래도 그렇게 해달라고 요구하는데, 과장님의 생각은 어떻습니까?"
이렇게 묻는다면 과장도 지시하기가 쉽고 대답하기도 쉽다. 요컨대 대답하기 쉽도록 하는 '질문'이 적절한 질문이라고 하겠다.

질문에 대한 응답 방법

반대로 상사나 선배의 질문에 대답할 경우, 질문의 의도를 정확하게 알고 대답하는 것이 훌륭한 대답이라고 하겠다. 예를 들어, 지각을 했을 때 상사가 이마에 핏대를 세우며 노발대발한다.

"지금 몇 신가?"

"네, 9시 40분입니다."

이렇게 대답하면 상사는 더욱 화를 낼 것이다.

"죄송합니다. 뭐라고 말씀을 드려야 할지 모르겠습니다."

이 정도의 말씀은 상사의 흉중을 꿰뚫어보고 쉽사리 반사적으로 나와야 한다.

"미스터 김, 자네에게 지시한 서류 어떻게 됐지?"

"네, 1시간쯤 더 기다려 주시지 않겠습니까. 늦어도 3시 반까지는 끝낼 수 있습니다."

라고 구체적으로 시간을 제시하면 상사도 납득을 하게 된다.

"미스터 김, 자네가 말한 얘기 좀 보류해둘 수 없겠나?"

"네, 알겠습니다. 말씀드리지 않은 것으로 하겠습니다. 뭣하면 다시는 재론하지 않겠습니다."

상대방의 의도를 살피며 대응하는 태도도 비즈니스 세계에서는 필요하다.

4. 명령이나 지시를 받을 때

명령이나 지시가 내려지면 이에 대한 결과를 보고하게 된다. 이와 같은 일련의 커뮤니케이션이 정확·신속·적절히 행해지는 조직의 생리가 되어야 한다.

당신을 포함한 대부분의 사원들은 명령과 지시의 수령자이며, 보고자이다. 명령이나 지시를 받아 일을 시작하고 그것을 보고로써 완료시킨다. 그러는 동안에 회사는 발전하고, 제품이나 정보의 흐름은 활발해져 사회에 기여하게 되는 것이다.

명령이나 지시를 받을 때의 태도

우선 상사로부터 명령이나 지시를 받을 때 어떻게 하면 되는가에 대해 항목별로 살펴보기로 하겠다.

다음은 여러 개의 명령을 동시에 받을 경우, 명령이 비밀을 요하는 경우, 명령에 대해 의견을 제시할 경우에 대해 각기 그 유의점을 살펴보기로 한다.

★지시를 받을 때의 포인트

①호출을 받으면 경쾌하게 대답한다.
②메모지나 필기구를 들고 명령자 앞으로 간다.
③명령자에게 개인적인 감정으로 대하지 않는다.
④별도의 지시가 없는 한 끝까지 지시자 앞에 서서 이야기를 듣는다.
⑤중간에 말참견을 하지 않고 끝까지 듣는다.
⑥복잡한 내용이나 숫자가 있을 때에는 메모한다.
⑦지시 내용을 정확히 파악한다.
⑧의문점이 있으면 질문한다.
⑨내용을 간단히 복창한다.
⑩의견이 있으면 말한다.
⑪지시받은 대로 확실히 실행하고, 결과를 반드시 보고한다.

★명령과 보고의 요령(5W1H법)

①목적(what)…무엇을, 무엇과 무엇을
②이유(why)…왜, 무엇 때문에
③시기(when)…언제, 몇 시까지

> ④ 장소(where)…어디서, 어느 사무실이나 어느 장소에서
> ⑤ 사람(who)…누가, 누구나
> ⑥ 방법(how)…어떻게 하면 좋은가

여러 개의 명령을 동시에 받을 경우
① 내용을 정리·구별해서 듣는다(메모하여 착오가 없도록 한다).
② 어느 쪽이 시급한가를 판단한다(질문한다).
③ 처리 순서와 지시가 없을 때는 자신의 판단으로 처리한다.
④ 복수의 명령을 지정 시간 내에 완료할 수 없을 때에는 그 이유를 설명하고 별도의 지시를 받는다.
⑤ 잔업 근무를 하면 끝낼 수 있는 지시 사항은 명령자의 허락을 받고 그렇게 한다.

명령이 비밀을 요하는 경우
① 왜 자신이 선택되었는지 생각해본다.
② 메모는 되도록 하지 않는다. 메모를 한 경우에는 사후에 폐기처리한다. 메모용지는 분실하지 않도록 한다.
③ 명령을 착수할 때에도 명령자 외는 알지 못하게 한다.

지시 사항에 대해 자신의 의견을 말할 경우
① 겸손하고 침착하며 간결하게 말한다.
② "못 합니다" "무리입니다"라고 단정지어 말하지 않는다.
③ 다른 상사로부터도 똑같은 명령을 받았을 때에는 솔직히 말한다.

5. 적절한 연락, 보고의 방법

　조직 상호간에 현황을 확인하거나, 중간 경과나 변화를 알리거나 결과를 통지하는 것을 연락 또는 보고라고 말한다.
　회사 내에서는 상사나 선배가 항상 당신 곁에만 있지 않다. 또 있다 해도 당신과 같은 일을 하고 있지 않다. 상사나 선배는 자신에게 부여된 책임 범위 내의 일을 부하나 후배들에게 나누어 준다. 그리고 당신이나 당신의 동료들로부터의 연락이나 보고에 기초를 두고 지시를 내리거나 업무에 균형을 맞추거나 업무의 진행을 교정하거나 돌발적인 사태에 대응해 나가는 것이다.
　따라서 연락이나 보고를 하지 않으면 상층부에 있는 사람들의 생각이나 판단, 행동을 그르치게 만든다. 또한 필요하고도 적절한 직무 수행을 못 하게 만든다. 상사나 선배들은 그런 것을 체험하고 터득했기 때문에 연락이나 보고에 과민하다.
　"일일이 보고하지 않아도 지시한 대로 하고 있으니까 되겠지" "시시콜콜 보고를 하라고 귀찮게 구는군" 하고 투덜대는 신입사원이 있다면 그것은 매우 잘못된 생각이다.
　다음은 적절한 연락이나 보고 방법의 요점에 대해 열거해 보겠다.

연락이나 보고에는 준비가 필요하다
　① 5W1H로 행한다.
　② 문서로 해야 할지, 구두로 해야 할지를 먼저 판단한다.
　③ 때와 장소, 그리고 사람(명령이나 지시를 한 사람)을 정한다.
　④ 필요한 첨부서류나 메모를 잊지 않는다.

연락이나 보고는 언제 하는가(시기)
① 지시나 지정을 받았을 때
② 지시받은 일이 일단락되었을 때
③ 지시 사항 이행중 특별한 사태가 발생했을 때
④ 처리가 예정보다 늦어질 때
⑤ 결과의 전망이 파악되었을 때

중간보고가 필요한 때
① 명령을 받은 업무가 장기간에 걸칠 경우
② 명령받은 일이 사고나 문제에 말려들었을 때
③ 업무 수행중 정세가 변했을 때
④ 지시받은 방법으로는 아무리 해도 일을 끝내기 어려울 때
⑤ 지시자가 지시 사항의 결과나 진행 과정을 알고 싶어할 때

구두로 보고할 것인가, 문서로 보고할 것인가
① 구두로 보고해도 무방한 경우
- 일상 업무의 진행 사항
- 긴급을 요할 때
- 업무 수행중 실수가 생겼을 때
- 다른 부서에 연락이나 보고를 할 때
- 외출중 급한 일이 생겼을 때
- 문서보고를 전제로 할 때

② 문서보고로 해야 할 경우
- 문서로 보고할 것을 지시받았을 때
- 내용이 복잡할 때

연락을 안 했을 경우

- 내용이 회람, 보관, 기록을 필요로 할 때
- 숫자나 지표가 필요한 보고일 때
- 문서보고가 제도화되어 있을 때

연락이나 보고 방법

① 결론을 먼저 말한 뒤 경과(동기·이유)를 이야기한다.
② 사실과 주관을 구분하되 그것을 상대가 이해하도록 연락이나 보고를 한다.
③ 내용에 따라서는 뒷받침이 되는 객관적인 자료, 참고 의견 등을 준비한다.
④ 질문을 예상하여 답변을 준비해둔다.

기타 연락이나 보고

① 전화를 다시 걸 때는 언제, 어디서, 누구에게라는 식으로 상대를 확인한다.

②타사의 직원으로부터 선물을 받았을 경우에는 아무리 사소한 물건이라도 상사에게 연락 또는 보고를 한다.

③손님을 오래 기다리게 할 경우에는 반드시 중간 연락을 한다.

연락을 안 했을 경우

그까짓 연락쯤 안 하면 어때, 라고 생각하고 갔더니 중요한 고객을 한 시간 가까이 기다리게 하는 경우가 있다. 그런가 하면 손님으로부터 걸려온 전화를 담당자에게 전해주지 않아 거래 정지를 당하는 경우도 있다. 바빠서, 내 담당이 아니라서…… 등의 이유는 먹혀들지 않음은 물론이다.

참고 연락이나 보고에 쓰이는 사내 문서

연락이나 보고를 문서로 작성할 경우 회사에는 각종 양식이 정해져 있으므로 그것을 사용해야 한다.

①연락을 목적으로 하는 경우

업무연락서, 업무통지서, 의뢰문서, 회답문서(부내·과내), 회람문서, 조회문서 등 각종 연락문서가 있다.

②보고를 목적으로 하는 경우

일보, 주보, 월보, 연보, 경과보고서, 출장보고서, 결산보고서, 조사보고서, 연구보고서, 매출보고서, 미수금보고서 등이 있다.

그 밖에 명령, 지시나 인사에 관한 사내 문서로는 명령서, 지시서, 품의서 등이 있다. 이들 사내 문서의 양식은 회사마다 다르므로 자기 회사의 문서 규정에 따라 사용하여 제출한다.

---

6. 꾸중을 들을 때에는 어떻게 해야 하는가

인간은 누구나 자신도 모르는 자기 자신을 갖고 있다. 예를 들어, '잠자는 자기 모습'을 본 사람도 없으며, '자신의 코고는 소리'를 들은 사람도 없다. 그런데 자기도 모르는 부분을 남들은 잘 보고 있는 것이다. 이처럼 자신이 모르고 있는 것을 지적해주는 것이 주의나 충고, 책망, 잔소리 등이다.

책망을 하거나 남의 잘못을 지적해 주면서 이러니저러니 이야기해 주는 것은 결코 기분좋은 일은 못 된다. 주의나 잔소리 또는 문책을 하지 않아도 된다면 누구나 그렇게 살고 싶을 것이다. 그러나 그것을 무릅쓰고 하는 데에는 상대방이 당신에 대한 애정이 각별해서 해주는 것이라고 생각하는 것이 좋다.

질책과 충고의 방법
- 다짜고짜 마구 질책하는 타입
- 자신의 지위나 권위를 앞세워 마구 야단치는 타입
- 언제나 꼬치꼬치 파고들며 질책하는 타입
- 이쪽의 변명을 다 듣고 난 후 질책하는 타입
- 꾸중하는 것인지, 타이르는 것인지 알 수 없는 타입
- 큰소리로 화를 내고는 언제 그랬냐는 듯이 잊어버리는 타입

이렇듯 남을 책망하는 방법은 사람에 따라 각양각색이다. 그러나 주의나 질책을 받지 않는 것보다는 받는 것이 당신에게 도움이 된다.

꾸중을 들을 때 당신은 어떤 태도를 취하는가

주의나 질책을 받을 때의 기본 태도

① 솔직히 사과한다.

변명이나 해명 또는 반발 따위는 삼가는 게 좋다. 만약 상대방이 오해하고 있다면 끝까지 듣고 난 뒤에 "말대답을 하는 것 같아 죄송합니다만" 하고 조용히 자신의 의견을 말한다.

② 꾸중을 들을 때에는 반응을 보인다.

침묵한 체 상대방의 충고를 듣고 있으면 상대방이 자기 말을 무시하고 있다는 생각을 갖게 된다. 그러다가 도저히 참기 어려울 때에는 상대방은 "가만히 있지 말고 무슨 말이라도 해봐" "대답 좀 해보면 어때"라고 말하게 된다.

③ 상대방의 충고가 진심이라면 받아들인다.

"죄송합니다. 다음부터는 이런 일이 없도록 주의하겠습니다" "말씀하시는 뜻을 잘 알겠습니다. 앞으로 더욱 열심히 노력하겠습니다"라고 말한다. 그러나 그러한 말이 단순히 질책을 피하는 수단이 되어서는 안 된다.

☕ coffee time

"곧 찾아뵙겠습니다"의 '곧'은 언제인가

식당이나 다방에 전화로 독촉을 하면 대개 "네, 곧 갖다 드리겠습니다"라고 대답한다. '곧'이라고 해도 전화기를 놓자마자 4, 5분 내에 배달해주는 일은 없다. 10분이나 15분 내에는 오겠지 하고 생각했는데, 그래도 오지 않아 참다못해 다시 전화를 걸어 "조금 전에 주문한 것 어떻게 됐어요!"라고 물어보면 "미안합니다. 지금 떠났어요"라고 말한다.

그러고도 10분쯤 지나서야 가지고 오는 경우가 많다. '곧'이라는 단어의 개념은 업계와 일반인 사이에 큰 차이가 있다.

그것이 차나 점심 정도라면 그다지 큰 문제가 안 되지만, 거래처의 경우 "네, 곧 가겠습니다"라고 해놓고 몇 시간 후에 가면 상대방은 기다리다 못해 라이벌 회사의 영업사원에게 전화를 걸어 그쪽과 계약을 해버리는 일도 생기게 된다.

"오후 1시 30분에서 2시 사이에 그곳으로 찾아가 뵙겠습니다" "한 25분쯤 시간을 주시면 될 것 같습니다" 식으로 시간 약속을 성실히 이행하여 고객으로부터 신용을 얻는 영업사원도 있다. 그러므로 기약이 없는 시간, 즉 '곧' '적당한 시간에' 등의 애매한 표현을 사용하면 비즈니스 커뮤니케이션에 착오가 생기기 쉽다.

그렇기 때문에 지시를 받을 때나 보고를 할 때에는 이러한 모호한 낱말의 사용은 삼가야 한다. "곧 하겠습니다" "적당한 시기에 상대방에게 알리겠습니다"라는 식의 아리송한 말은 비즈니스 세계에서는 추방되어야 한다.

 이 장의 요약

1. 회사는 어떤 회사라도 독특한 업무 용어, 전문용어, 약어, 암호 등이 있다. 이것들을 현장어라고도 하는데 군인도 군인사회의 특수 용어가 있어 이것을 익혀야 군대생활을 잘 할 수 있듯이 평소 사용하는 현장어를 빨리 익히도록 하지 않으면 안 된다.

2. 신입사원이 연수교육을 끝마치고 실무에 배치되더라도 상사나 선배들처럼 능숙하게 일을 처리할 수 없고, 의문점도 많을 것이다. 이럴 때 어려워하지 말고 모르는 것은 질문하는 것이 좋다. 설사 모르는 것이 있다 해도 그것은 부끄러운 일이 아니며, 오히려 상사들이나 선배들은 당신을 기특하게 생각할 것이다.

3. 명령이나 지시 또는 연락, 보고는 조직이라는 유기체 내를 흐르는 동맥과 같다. 동맥에 이상이 생기면 신체 전체의 기능이 마비되듯이 비즈니스 활동에 막대한 영향을 준다. 그런 일이 신용의 실추나 손해를 가져오는 경우가 있으므로 귀찮다고 생각하지 말고 성실히 따르도록 해야 한다.

4. 앞에서 말한 바와 같이 기업 실정에 어두운 신입사원들이 아무런 생각도 없이 행한 일이 조직이나 업무에 걸림돌이 되는 경우가 있다. 이럴 때는 당연히 주의, 문책, 충고 등의 제재를 받게 된다. 이럴 경우 변명하거나 이유를 대려고 하지 말고 진지하게 받아들임으로써 높은 평가를 받을 수 있도록 한다.

학습성과확인테스트

【Q 4-1】
"모르는 것이 있으면 질문하십시오"라고 상사가 말해도 질문하기가 어렵다. 왜 그럴까?

【Q 4-2】
다음과 같은 보고 방법은 올바르다고 할 수 있을까. 만약 옳지 않다고 생각한다면 어떻게 보고하면 될까?

"부장님께서 안 계실 때에 B산업에서 추계골프대회에 참가하시라는 전화가 있었습니다. 그리고 부산공장에서 연락이 왔는데 지금 집중호우로 인해 공장 내부에 침수사태가 발생하고 있다고 합니다. 2가지 모두 메모해 두었습니다."

【Q 4-3】
상사로부터 다음과 같은 책망을 들었다. 그런데 당신에게는 책임이 없다. 상사의 오해에서 비롯된 것이다. 그럴 경우 당신은 상사에게 어떻게 말해야 할까. 답변 중에서 어떤 것이 옳다고 생각하는가?

"미스터 김, 자네는 무슨 일을 부탁해도 제대로 해내지 못하는군. 서류를 복사했으면 페이지 수를 맞추어서 철해야지. 이래서야 회의 자료를 어떻게 나누어 주겠나? 다시 해와."

(1) 과장님, 복사는 제가 했지만 철은 박○○ 씨가 했습니다.
(2) 죄송합니다. 급히 다시 해오겠습니다.
(3) 다시 하지요. 다시 하면 될 거 아닙니까.
(4) 죄송합니다. 다시 하겠습니다. 그러나 철은 제가 하지 않았습니다.

제5장

회의에 참석할 때의 마음가짐

 학습포인트

회사에서는 회의나 미팅, 그 밖의 여러 모임을 통해 의견을 교환하는 일이 많다. 경영자나 관리자에게 있어서 하루가 회의로 시작해서 회의로 끝나는 생활이라고 해도 지나친 말은 아니다. 당신이 신입사원이라고는 하지만 그러한 회의나 미팅과 관계가 없다고는 할 수 없다. 회의의 준비 등을 비롯하여 실제로 멤버의 일원이 되어 참석하는 기회도 많을 것이다.

이 장에서는 이들 각종 모임에 어떻게 참석하며, 어떻게 발언을 해야 하는지에 대해 중점적으로 다루었다. 학창시절과는 달리 회사 내의 공식, 비공식적인 모임은 '구속력'이 강하다. 따라서 여러 사람 앞에서 몇 분 동안 이야기하는 것이 좋으며, 그들의 말을 어떻게 듣고 정보를 어떻게 교환하며, 아이디어를 어떻게 짜내며, 행동을 어떻게 일으키는가에 대해 언급했다. 따라서 좋은 매너를 앞세워 조직의 일원으로서 자신의 입장을 회합을 통해 충분히 살려 나가도록 해야 할 것이다.

■ 이 장의 내용
1. 직장은 대화가 기본
2. 대화의 준비
3. 참석할 때의 매너

1. 직장은 대화가 기본

회의나 미팅은 넓은 뜻에서 대화의 장이다. 회의가 공식적이라면 미팅은 비공식적인 모임이라고 할 수 있다. 회사를 발전시켜 나가려면 중지(衆智)를 모으는 것이 중요한데, 그러자면 자연히 회의와 미팅을 자주 가져야 할 것이다.

회의나 모임을 왜 갖는가

대화가 여러 형태로 행해지는 이면에는 대화를 필요로 하는 기업 내부에 사정이 있기 때문이다.

현대의 기업은 옛날처럼 어느 절대적인 사람이 명령을 하고 전 종업원이 무조건 따르기만 하면 되는 시대는 아니다. 산업 구조의 변화, 기술혁신, 분업과 협업, 역할 분담, 노사 협력 등 기업이 안고 있는 문제는 대단히 많다. 따라서 전사원의 힘을 결집시켜 목적을 수행하지 않으면 안 된다. 그리고 해마다 당신과 같은 신입사원들이 입사한다. 조직에는 젊은 힘과 투지가 끊임없이 흘러들어오지 않으면 안 된다. 이러한 의미에서 대화의 광장은 당신의 '참여'를 기다리고 있다.

대화의 효과

대화는 직장 내의 구성원들에게 다음과 같은 효과를 가져온다.

> ★대화의 효과
> ①상호간의 이해를 증진시켜 팀워크를 튼튼하게 만든다.
> ②각자의 역할과 가치를 서로 인식하게 된다.

제2부 조직인으로서의 기본자세 157

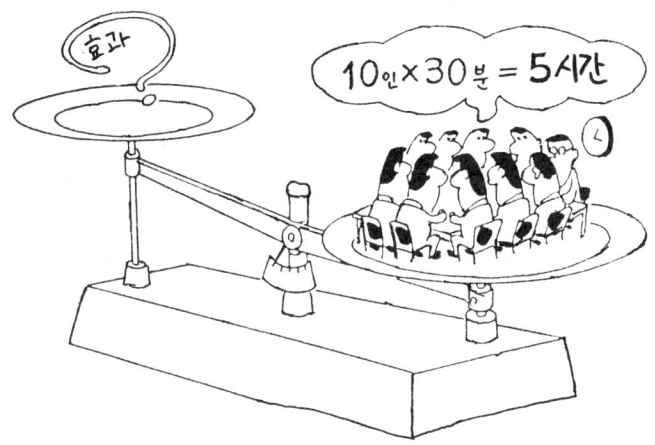

효과적인 대화를 나누려면 어떻게 해야 하는가

③ 회사의 방침을 파악하게 된다.
④ 넓은 시야에서 자신과 자기 부서의 일을 인식하게 된다.
⑤ 불만이나 불평을 해소시킨다.
⑥ 규율을 지키게 한다.

다만 무엇이든 이야기만 나누면 이와 같은 효과가 나타나는 것은 아니다. 내용이 있는 대화라야 결과적으로 그러한 메리트가 생기는 것이다. 그렇기 때문에 효과적인 대화를 나누려면 대화를 이끄는 리더나 멤버들은 효과적인 대화 방법을 몸에 지니지 않으면 안 된다.

가령 10명이 각 30분씩 발언을 한다면 합해서 5시간이라는 근무시간이 이 모임 때문에 빼앗기는 셈이 된다. 더군다나 이 모임이 무의미했다면 5시간이라는 근무시간만 허무하게 날아가 버리고 만다.

대화의 종류

대화의 종류

　대화는 보통 회의, 모임(미팅), 간담회 등으로 나누어지는데, 당신은 빈번하게 개최되는 회의나 모임에 우선 놀라지 않을 수 없을 것이다. 당신이 직접 그러한 모임에 참석하지 않는다 해도 당신의 상사는 각종 모임으로 인해 자리를 비우는 일이 많을 것이다.

　그런데 회사에는 여러 명칭의 회의가 명확하게 정해져 있다. 그 중에서도 정례회의가 가장 으뜸이 되는 모임이다. 이러한 회의에서는 목표가 정해지고 행동이나 방침이 결정되며 실행을 위한 명령이나 지시가 만들어져 아래로 시달된다.

　미팅은 회의에 비해 자유롭다. 멤버의 확정도 자유롭고, 또 반드시 결론을 내려야 할 의무나 책임도 없다. 물론 결론을 내리거나 방침이 결정되면 이보다 더 좋은 일은 없겠지만, 이 모임은 어디까지나 의견을 교환하는 데 주안점을 두고 있다.

　어느 회사의 임원이 다음과 같이 말했다.

　"미팅에서 너무 세부적인 문제까지 결정해 버리면 그것이 자칫 정책회의가 되어버리기 때문에 되도록이면 피하는 것이 좋다. 미팅에서의 역점은 서로 흉금을 털어놓고 의견일치를 보는 일이다."

한편 간담회의 경우는 회의나 미팅의 성질과는 달라서 분위기 자체가 벌써 화기애애해진다. 즉 여러 의견이나 생각을 자유롭게 말할 수 있게 된다. 예컨대 회의가 공식적인 모임이라면 간담회는 비공식적인 모임이며, 미팅은 그 중간, 즉 준공식적인 모임이라고 생각하면 된다.

2. 대화의 준비

'서두르면 손해다'라든가, '급하면 돌아서 가라'는 속담이 있다. 어떤 일이든 서두르거나 급하게 행동하면 결과가 좋지 않다는 말이다. 대화도 마찬가지여서 급하게 서두른다고 해서 성과가 있는 것은 아니다.

회사는 매일매일 모두가 각자의 부서에서 바쁘게 일하고 있다. 그러한 소중한 시간을 대화를 위해 할애하는 것이기 때문에 모임을 주최하는 입장에서는 사전에 충분한 배려와 준비가 필요하다. 그렇다고 해서 당신에게 모든 준비를 다 하라는 것은 아니다. 신입사원인 당신은 오직 준비를 위한 심부름꾼의 역할을 하는 경우가 많으므로, 우선 이에 대한 요령을 터득한다.

다음은 당신이 직접 머리를 짜내어 준비하는 것은 아니지만, 당신의 부서가 모임을 주관하는 입장이라는 것을 전제로 전반적인 준비에 대해 언급하려고 한다.

목적을 정한다
①의제를 정한다.

②시간을 정한다.
③장소를 정한다.
회의나 미팅은 모임의 목적이 뚜렷해야 한다. 그리고 모임에 필요한 시간과 장소를 정한다.

참석자를 정한다
①참석자의 대상 범위를 정한다.
②필요에 따라서는 방청객, 전문가, 타부문의 사람도 참석시킨다.
정례적인 회의에는 멤버가 대충 정해져 있다. 그러나 임시회의는 목적을 정하는 단계부터 유의하지 않으면 안 된다. 회의를 개최해야 할 필요성, 의제, 참가 대상자 선정 등이다. 그 다음에는 통지는 언제, 어떠한 형식으로 하는가에 대해서 신경을 써야 한다.

의사(議事) 예정표를 만들어 참석자에게 알린다
①의사 예정을 알린다(시일, 회의 장소, 의제, 각 의제의 문제점, 소요시간 등).
②참석자들에게 무엇이 필요한가를 알린다(정보, 의견 제안, 즉석에서 나오는 안건 심의 등).
③참석자 명단을 첨부하여 배부한다.

회의실을 점검한다
회의실이 확보되면 회의가 원활하게 진행되도록 준비한다. 즉 채광, 음향 시설, 실내온도, 커튼, 테이블 배치, 이름표, 메모지, 필기용구, 재떨이, 잉크, 분필, 마이크, 녹음기, VTR, 칠판, 차트, 참고 자료, 음료수, 물수건, 그 밖의 참석자들에게 걸려올 전화 처리, 요원 배치 등을 점검한다.

시나리오를 작성한다

회의를 순조롭게, 절도 있게 진행시키기 위한 사회자의 대본이 필요하다.

회의록을 작성한다

회의록에는 대개 다음과 같은 사항이 기재된다. 경우에 따라서는 사전에 참석자 중의 한 명이 작성자로 지명되기도 한다. 간단한 모임이라면 당신이 지명될 수도 있다.

회의명, 날짜, 장소, 참석자명, 사회자명, 의제, 토론된 사항, 제안된 사항, 결정 사항 등이 회의록에 기록된다. 필요할 경우에는 회의 내용을 정확히 보존하는 뜻에서 녹음기를 이용하는 일도 있다.

3. 참석할 때의 매너

회의란 말을 들으면 의욕을 불태우기보다는 또 회의야! 하고 싫증을 내는 사람이 더 많다. 지금까지의 경험으로 비추어보아 회의나 미팅은 즐겁다기보다는 권태로운 것으로 생각하기 때문이다. 신입사원인 당신은 이런 선배들을 절대로 본받아서는 안 된다.

시간을 지킨다

주최자가 가장 초조해 하는 것은 예정된 시간이 되었는데도 회의장에 멤버가 모이지 않는 일이다. 심지어 데리러 간 사람까지도 늦게 오는 일이 생기면 더욱 초조해진다. 그렇게 되면 주최자도 화가 나서 강압적이며 감정적으로 회의를 진행하게 된다. 그러므로 완벽한 사전

회의장에서는 끼리끼리 모여앉지 않는다

준비에 의해 참석자들이 제시간에 전부 모이도록 한다.

끼리끼리 모여앉지 않는다

선배들 사이에 앉으면 어색하다고 신입사원들은 끼리끼리 모여앉는 버릇이 있다. 그래서 사회자가 '앞쪽에 앉아 주십시오' 하고 소리질러도 출입구쪽에 모여앉아 있는 광경을 자주 보게 된다.

또 자리가 지정되어 있어도 양옆에 앉은 사람의 얼굴을 살피며 동료가 앉아 있는 쪽으로 이동하거나 자리를 바꾸자고 청하는 사람도 있다.

진행 과정을 머릿속에 넣어둔다

의제, 시간, 목적, 멤버 등을 미리 머릿속에 넣어두면 회의는 순조롭게 진행될 수 있다. 그러나 그렇지 못할 때에는 엉뚱한 일이 벌어지거나 짜임새 없는 회의가 되어버린다.

발언의 예의를 지킨다

회의나 미팅 석상에서 발언할 때에는 다음과 같은 예의를 꼭 지키도록 한다.

① 혼자서만 발언하지 않는다.
② 타인의 발언 도중에 끼어들지 않는다.
③ 타인의 발언과 똑같은 말을 되풀이하지 않는다.
④ 감정적으로 흐르지 않고 이성적으로 말한다.
⑤ 즉흥적으로 말하지 않는다.
⑥ 객관적인 사실을 근거로 말한다.
⑦ 이해하기 쉬운 말을 사용하고 다 들을 수 있도록 큰 목소리로 말한다.
⑧ 의제에 맞는 내용을 말한다.
⑨ 중상모략적인 말은 하지 않는다.
⑩ 상대방을 불쾌하게 만드는 질문이나 의견 제시는 하지 않는다.

수군거리지 않는다

제안이나 취지 설명이 끝난 후 견해가 피력되고 있을 때 옆사람과 귀엣말을 나누는 것은 보기에도 좋지 않다. 정도가 지나치면 참석자에게 짜증을 불러일으킨다.

만일 그러한 수군거림이 의제와 관련되는 이야기라면 손을 들어 질문하거나 발언권을 의장에게 요구해야 할 것이다. 그러나 대개의 경우 회의 내용과는 전혀 관계가 없는 잡담일 경우가 많다.

남의 발언에 귀기울인다

"그건 A가 얼마 전에 말했던 내용이 아닌가?"

"몇 번이나 같은 말을 되풀이해야 하나. 말할 때 주의해서 잘 들어야지……."

"자넨 지금 무슨 말을 하고 있는 건가. 그렇게도 말귀가 어두운가."

이렇듯 핀잔을 받는 까닭은 거의 남의 이야기를 듣고 있지 않기 때문이다. 만일 남의 이야기가 잘 들리지 않으면 자리를 옮긴다. 갑자기 발언을 요구받고 "뭐죠. 다시 한 번 말씀해 주십시오"라고 말하는 것은 참으로 부끄러운 일이다.

남의 발언을 인정한다

이야기를 인정받거나 받아들이면 긍지와 보람을 갖게 된다. 그러나 모든 사람들의 생각이 다르고 견해가 다를 수도 있기 때문에 꼭 자신의 이야기가 받아들여진다는 생각은 잘못된 생각이다. 자신의 이야기가 받아들여지지 않았다고 해서 회의 석상에서 불만을 터뜨리는 것은 매우 좋지 않다. 그렇다면 남의 이야기를 존중해 줄줄 알아야 한다. 그래야만 다음에 자신의 의견도 인정을 받을 수 있다.

"지금 A씨의 발언에 대해 말씀드리겠습니다. 그 문제에 대한 A씨의 의견은 A씨의 입장으로서는 당연하다고 생각됩니다. 그러나 저는 다른 측면에서 이렇게 생각합니다 ……."

"B 과장님의 발언을 대단히 흥미있게 경청했습니다. 그런데 과장님의 이야기 속에 약간 납득이 가지 않는 부분이 있어 질문을 합니다만 ……."

이런 식으로 말하면 어떨까.

coffee time

경어 사용의 어려움을 극복하는 방법

날씨가 화창한 어느날 길가에서 개구리 한 마리가 낮잠을 즐기고 있었다. 그런데 무슨 소리가 나는 듯해서 눈을 떠보니 다리가 많은 지네가 옆을 지나가고 있었다. 개구리는 지루하던 참에 심심풀이로 말을 건넸다.

"여보게, 지네. 어디 가는 길인가?"

"아, 잠깐 산책나가는 길이야."

"그래, 그런데 방금 이 다리를 앞으로 내밀었는데 다음에는 어느 쪽 다리를 내밀어야 돼지?"

그러자 지네는 다리의 균형을 잃으면서 쓰러졌다고 한다. 이것은 갑작스런 의식 혼란 때문에 균형을 잃은 예인데, 경어를 사용하는 경우에도 존대말을 사용하지 않으면 실례가 된다고 강하게 의식하면 종종 실수를 하는 경우가 있다. "제가 가셨을 때" "제가 좋아하시는 것⋯⋯" 등이 좋은 예이다.

그래서 평소에 다음과 같은 점들이 필요하게 된다.

1. 경어를 잘 사용하는 사람과 자주 접촉한다(그 사람의 말투를 배우게 된다).
2. 평소에 경어를 쓰도록 한다(교제하는 대상이나 장소 선택).
3. 잘못 말했을 때 즉시 정정해주는 친구나 선배를 갖는다.

 **이 장의 요약**

1. 회사에서는 여러 종류의 회합이 빈번하게 행해진다. 정례적인 회의도 있으며, 미팅 형태의 모임도 있다. 그런가 하면 친목회나 간담회도 있다. 같은 간담회라도 행사와 결부된 망년회나 파티 등도 있지만 업무를 중심으로 이야기하거나 정보를 교환하는 모임은 역시 회의나 미팅이라고 하겠다.

2. 모임에는 준비가 필요하다. 그 준비는 주최측의 상사나 선배가 계획을 세우고, 준비는 부하(당신을 포함하여)에게 시킨다. 당신은 이러한 준비 요령을 터득하는 것이 좋다.

3. 회의 때마다 불만을 터뜨리는 사람이 있다. "우리는 불필요하게 시간만 낭비하고 있어" "늘 같은 말만 되풀이하니 이름만의 회의지, 무슨 소득이 있어?" 등등 회의에 대한 불만은 회의의 주재자(의장, 사회자)의 수완 부족도 있지만, 참석자의 매너나 에티켓에도 원인이 있다. 발언의 규칙, 토론의 매너 등을 조직의 한 사람으로서 몸에 지니지 않으면 안 된다.

학습성과확인테스트

【Q 5-1】

"이야기를 해봤자 시간만 낭비하게 된다. 누군가가 일방적으로 강력하게 이끌어 나가면 될 텐데……"라고 말하는 사람을 종종 발견하게 된다. 그러나 한 사람의 리더만이 명령하고 다른 사람들이 그의 명령에 따라간다는 것은 왜 현대에서는 맞지 않는 것일까?

【Q 5-2】

멤버가 발언할 때 상기되어 이성을 잃는 경우가 있는데 당신은 그럴 때 어떻게 처리하는가?

【Q 5-3】

발언권을 얻기 위해 사회자에게 손을 들어 표시했을 때 선배도 동시에 손을 들었다. 만일 당신이라면 그럴 때 다음의 어느 행동을 택할 것인가?

(1) 그냥 발언해 버린다.
(2) 선배에게 양해를 얻어 먼저 발언한다.
(3) 선배가 양보하면 발언한다.
(4) 선배에게 발언권을 양보한다.
(5) 사회자의 지시에 따른다.

제6장

직장에서의 교제 — 실수를 사전에 방지하는 법

 학습포인트

직장생활의 즐거움에는 여러 가지가 있다. 어려운 일의 고비를 넘기고 잠시 휴식을 취할 때, 일이 끝난 후의 한때, 동료들과 유쾌하게 담소하거나 가볍게 술잔을 기울일 때 등이다.

그런데 회사에는 당신이 좋아하는 사람만 있는 것이 아니다. 싫은 사람도 있다. 그래서 사내 교제의 포인트를 알아두는 것은 직장생활을 충실하게 하는 데 중요한 요소가 된다. 이 장에서는 학교를 갓 졸업한 신입사원이 사내 교제에 성공할 수 있는 비결을 생각해 보았다.

■이 장의 내용
1. 싫어하는 사람과의 교제
2. 퇴근 후에 해서는 안 될 일
3. 술자리에서의 예의
4. 여사원과의 교제 요령

1. 싫어하는 사람과의 교제

학창시절에는 자기와 성격이 맞는 사람과 교제하면 되었다. 좋아하지도 않고 성격도 맞지 않는 친구나 선배와는 교제는커녕 말도 잘 하지 않았다.

그러나 회사는 다르다. 일과가 끝난 후에도 교제를 하지 않으면 안 되는 경우가 많다. 이때 고민스러운 것이 싫어하는 사람과 교제해야 할 경우이다. 성격이 맞지 않는다거나 괜히 싫다는 이유는 철없는 소리에 지나지 않는다. 그러면 어떻게 교제를 해야 할까?

왜 그 사람을 싫어하는가

과거에 싫어했던 사람과 얼굴이나 행동, 말투까지 꼭 닮은 사람이 있다면 그것만으로도 벌써 싫어진다.

또 생리적인 불쾌감 때문에 싫은 경우도 있다. 입냄새, 땀냄새 등이다. 또 자신과 사고방식이나 가치관이 다르다고 해서 상대방을 싫어하는 경우도 있다. 이것은 아마도 욕구불만(frustration) 때문이 아닌가 생각된다.

선입관에 의해 무턱대고 싫은 놈이라고 생각하는 경우도 있다. 무엇을 해도 그 사람을 당해내지 못한다고 생각했을 때에도 그 사람에 대해 싫은 감정을 갖게 된다. 그렇다고 해서 그가 자신을 경멸하거나 험담을 하는 것도 아닌데 말이다.

싫은 사람과 교제하는 법

칼 힐티는 대인관계에서 오는 고민이나 불안 때문에 오랫동안 불면

싫은 사람의 장점을 찾도록 노력한다

증에 시달렸다. 그래서 밤이 오는 것을 견딜 수 없을 만큼 두려워했다. 그러나 그는 이 불면증을 극복하는 데 성공했다. 그는 잠이 오지 않는 것을 거꾸로 이용해서 《잠이 오지 않는 밤을 위하여》라는 베스트셀러를 냈다. 불면을 역이용한 것이다.

그는 "싫은 것을 극복하기 위해서는 싫은 대상을 의식하지 않는 것, 한걸음 더 나아가 싫은 것을 잘 달래는 일이다"라고 말했다.

싫은 사람을 좋아하려면 자신의 생각이 바뀌어지지 않으면 안 된다. 즉 싫은 사람과 사이좋게 지내려는 마음가짐이 중요하다.

싫은 사람의 장점을 찾아낸다

싫어하는 사람이 더욱 얄미워지는 것은 이쪽에서 얄밉다고 생각하고 있는 데도 아무도 그를 싫어하지 않으며, 오히려 그 사람이 상사나 동료로부터 두터운 신임을 받고 있다는 점이다. 그래서 더욱 싫은 감정이 솟아나게 된다.

이것은 다시 말해, 싫은 사람이라 해도 객관적으로는 혐오의 대상이 되지는 않는다는 것이다. 즉 주관적인 감정이 그렇게 만드는 것이다. 그렇다면 싫은 사람으로부터 장점을 찾아낼 필요가 있다. 그러면 반드시 어딘가에 장점이나 좋은 점을 발견하게 될 것이다. 그리고 가급적 싫은 점을 보지 말고, 그 사람의 장점이나 미덕만을 인정해주는 것이다. 그렇게 하면 반드시 호감이 생겨날 것이다.

2. 퇴근 후에 해서는 안 될 일

근무라는 하루의 일과가 끝났다고 해서 즉시 동료와의 교류를 거부하고 회사를 뒤로 할 수는 없다. 설사 근무중이라 해도 개인적인 접촉을 전혀 하지 않는 것은 아니다. 근무가 끝난 뒤 잠시나마 동료들과의 교제, 또는 근무중의 개인적인 접촉 등이 동료의식이나 연대감을 돈독하게 만드는 계기가 된다.

일이 시시하다, 회사가 냉정하다고 투덜대는 신입사원 중에는 직장 내에서의 교제를 거부하는 당사자 자신에게 원인이 있다고 하겠다.

직장에서는 자기가 하고 싶은 것만 할 수는 없다. 근무에서 벗어나거나 휴식의 한때가 자칫 자신을 나쁘게 만드는 일도 있다. 다음에서 말하는 것들을 명심하기 바란다.

험담이나 소문을 퍼뜨리는 발설자가 되지 마라

귀찮게 구는 선배나 상사가 자리를 뜨면 약속이나 한 듯이 그 사람의 험담을 늘어놓는 경우가 많다. 그런 사람 중에는 남의 험담이나 흉을 한참 늘어놓다가 당신에게 은근히 동조를 구하는 경우도 종종 있다.

험담이나 흉은 그것이 이 사람 저 사람에게 전달되는 과정에서 눈

험담이나 비난을 삼간다

덩이처럼 불어나 그것이 본인의 귀에 들어갈 때쯤 되면 깜짝 놀랄 만큼 큰 사건으로 과장되는 경우가 많다. 험담, 욕설, 뜬소문의 발설자가 되어서는 안 된다. 또 그 중계 역할을 해서도 안 된다. 당신에게 그러한 말이 전달되면 당신은 종착역 구실을 해야 한다. 즉 한쪽 귀에 들어오면 다른 한쪽 귀로 가볍게 흘려버리는 것이 현명하다.

개인적인 이야기는 가급적 화제로 삼지 마라

"과장님께서는 대학에서 무엇을 전공하셨습니까?"

"부장님의 사모님께서는 미인이신가요?"

별뜻 없이 한 말이라도 이러한 개인적인 질문은 먼저 상대방이 말하기 전에는 꺼내지 않는 것이 좋다. 사람에게는 각기 타인에게 말하고 싶지 않은 비밀이 있다. 그것을 함부로 건드려서는 안 된다. 남에 대한 호기심은 되도록 자제하는 것이 좋다.

남의 취미나 취향을 헐뜯지 마라

취미나 오락은 인생에 있어서 윤활유이며 즐거움을 제공한다. 남들 눈에는 시시하게 보여도 본인에게는 더할 나위 없는 즐거움을 준다. 바둑, 장기, 분재, 골프, 등산, 낚시 등 그 취미는 매우 다양하다.

업무면에서는 상사나 선배를 당해낼 수 없지만, 취미나 오락에 관해서라면 신입사원이 월등히 앞설 수도 있다. 그런데 명심해야 할 것은 남의 취미나 취향에 대해 비난해서는 안 된다는 것이다.

돈거래를 하지 마라

"미안하지만, 2만 원만 빌려주게."

"월급날에 줄 테니 5만 원만."

이런 식으로 동료들 간에 돈거래가 이루어진다. 돈 액수가 적으면 적을수록 가볍게 요구에 응해준다. 그런데 웬일인지 빌려간 돈의 액수가 적으면 적을수록 쉽게 잊어버리는 경향이 있다. 아마도 부담을 크게 갖지 않기 때문인지도 모른다.

빌린 돈을 제때에 갚지 않으면 빌려준 쪽은 몹시 신경이 쓰인다. 그런데 빌린 쪽은 액수가 적으면 "별로 큰돈도 아닌데" 하면서 대수롭지 않게 생각하다가 그만 본의 아니게 잊어버리고 마는 경우가 허다하다. 그렇지만 빌려준 쪽은 그렇지 않다. 항상 그것을 생각하고 있다가 돈을 갚지 않으면 불안해 한다. 그러다가 시일이 흘러도 갚지 않으면 불안이 불만으로, 나아가서는 불신으로까지 이어져 관계가 소원해진다.

특정인과 교제하는 것을 피하라

퇴근시간 이후 회사 내의 특정인, 즉 상사나 선배, 동료들과 어울려

특정의 상사나 선배하고만 어울리지 않는다

다니는 것은 삼가는 게 좋다. 집이 같은 방향일 경우에는 오해를 사지 않도록 조심하는 것이 좋다. "저 친구는 ○○파야"라는 딱지가 붙거나 "저 친구는 조심해야겠어. 저 친구는 □□파임에 틀림없어"와 같은 의심을 받으면 동료들과의 사이가 불편해진다.

　젊을 때에는 되도록이면 많은 사람들과 교제하여 여러 방면에서 인생을 배우는 것이 좋다.

　누구든 동향 사람, 학교 선배에 대해서는 다른 사람보다도 접촉이 많겠지만 어디까지나 의리는 의리, 업무는 업무로 엄격히 구분하여 지나친 교제나 편중된 관계는 피하는 것이 좋다.

3. 술자리에서의 예의

　퇴근 후의 '가벼운 한잔'을 비롯하여 집들이, 생일잔치, 망년회, 신년회, 송별회, 친목회 등 회사에 입사하면 술과 접하는 기회가 매우

술자리에서의 예의

많다. 술자리에서는 쌓였던 스트레스가 한꺼번에 폭발하여 불만이 터지고, 회사나 상사에 대한 비난이 쏟아져 나온다. 그러다가 서로 시비가 붙어 그만 싸움으로 아수라장이 되어버리는 일도 있다.

술자리에서도 지켜야 할 예의가 있다. 이런 것을 무시하는 사람은 지성인이 못 된다. 술자리에서의 추태가 직장생활의 치명타가 될 수 있다.

술자리를 너무 거절하지 마라

"어때, 오늘밤 한잔할까?" 하고 상사나 선배가 말하는 경우가 있다. 그러나 "죄송합니다. 선약이 있어서요" 하며 그럴싸한 핑계를 대고 뿌리치는 신입사원이 늘고 있다. 그러나 번번이 그런 식으로 거절할 수도 없어서 할 수 없이 따라나서게 된다. 그렇게 되면 자연히 술자리는 어색해질 수밖에 없다. 이러한 신입사원의 태도에 상사들은 '요즘 젊은 친구들은 재미가 없어' 하고 불쾌감을 갖는다.

솔직히 말해서 상사나 선배와 술을 마시면 자연스럽지 못하다. 친구들과는 떠들썩하게 마음껏 마시는데도 상사와는 그렇지 못하다. 그래서 권유를 뿌리치게 된다. 그러나 너무 자주 거절하면 좋지 않다. 때로는 "감사합니다" 하고 선뜻 응하는 것이 좋다.

술자리에서 주의해야 할 점

술자리에서 벌어진 일이 자신의 앞길을 가로막는 경우가 있다. 술자리에서의 실수가 본인의 직장생활에 오점을 남기는 일이 없도록 다음과 같은 점에 유의해야 한다.

① 경영 방침이나 특정인을 비난하지 않는다.
② 회사나 상사에 대해 험담하지 않는다.
③ 평소에는 말이 없다가도 의외로 술자리에서는 말이 많아 빈축을 사는 경우가 있다.
④ 잘난 체하며 자기 자랑을 하지 않는다.
⑤ 술자리에서의 똑똑함이 업무로까지 이어지지는 않는다.
⑥ 술자리가 자신의 업무상의 실수를 변명하는 자리가 되어서는 안 된다.

참고 술자리에서 이런 사람은……

① 술을 못 먹는 사람, 마시지 않는 사람과는 교제하기가 어렵다.
② 술자리에서 식사를 하는 사람은 흥을 깬다.
③ 권하는 잔을 받지 않는 사람은 뭔가 불만이 있다는 증거이다.
④ 마신 잔을 돌려주지 않는 사람은 예의를 모르는 사람이다.
⑤ "저도 한 잔……"이라고 말하지 못하는 사람은 너무 소심한 사람이다.

⑥ 술에 취해도 너무 빈틈이 없으면 무서운(?) 사람이다.
⑦ 술에 취했을 때 가벼운 음담패설을 하는 사람은 친숙해질 수 있는 사람이다.
⑧ 술을 따르지 않는 사람은 건방진 사람이다.
⑨ 여기저기 술을 권하고 다니는 사람은 닳고 닳은 사람이다.

4. 여사원과의 교제 요령

직장생활의 즐거움은 팀워크에 의해 일을 훌륭하게 해냈을 때, 친구들과 어울려 술잔을 기울일 때, 취미가 같은 사람과 취미활동을 같이 할 때 등을 들 수 있다.

그러나 이성과의 교제도 즐거움의 하나이다. 설사 그것이 교제가 아니더라도 아름다운 여사원과 같은 부서에서 근무한다면 그것 역시 즐거운 생활이 아닐 수 없다. 상냥함, 정숙함, 청결함, 세심함 등이 업무를 추진하는 데 직·간접적으로 영향을 끼친다. 그런 여성들과 함께 일하면 그 효과는 상승 작용을 일으켜 능률적이 된다.

여사원은 남 도와주기를 좋아한다

여성들은 대체적으로 남의 일을 잘 도와준다. 이런 심성은 다분히 모성애에서 비롯되었다고 할 수 있다. 일반적으로 여사원은 남자 사원처럼 빈번한 인사이동이 없다. 왜냐하면 대부분 다루는 업무가 단순하여 그 일에 익숙해져 있기 때문이다. 간혹 고참 여사원이 일에 쫓겨 당혹감을 느끼는 남자 신입사원들에게 도움의 손길을 주는 경우가 있다. 그렇다고 해서 그녀가 자신에게 마음이 있어서가 아니다. 어디까지나 동료로서의 동정적인 배려일 뿐이다.

여사원과의 개인적인 교제는 삼가라

책상을 나란히 하고 있다고 해서, 또 친절하게 일을 가르쳐 준다고 해서 개인적으로 퇴근 후에 식사를 대접한다거나 공공연히 선물을 해서는 안 된다.

여사원들로부터 미움을 사지 않도록 한다

입사하자마자 특정 여사원과 친밀하게 교제하는 것은 본인에게는 다른 뜻이 없다고 해도 주위 사람들이 그리 좋게 봐주지 않는다. 여사원이 많은 직장에서는 자칫 여사원들의 반감을 살 뿐만 아니라 오해로 인해 곤혹스러운 일을 당할 우려가 있다.

여성이 싫어하는 화제는 입 밖에 내지 않는다

일도 제대로 못 하는 주제에 이성에게만 관심을 갖는다거나 공연히 여사원들에게 혐오감을 사는 말을 해서는 안 된다. 가급적 남들이 눈살을 찌푸리는 일은 삼가야 한다.

★ 여성과의 대화에서 삼가야 할 화제
① 음담패설
② 여사원의 용모나 몸단장에 대한 평
③ 특정 여사원의 단점이나 장점을 주위에 퍼뜨리는 언행
④ 허영심이나 질투심을 부추기는 언행

 **이 장의 요약**

1. 회사는 학창시절과는 달리 다양한 인생관, 체험, 철학 등을 가진 사람들이 모여 있다. 그러한 사람 중에는 당신이 싫어하는 성격을 지닌 사람도 있을 것이다. 그렇다고 해서 그들을 싫다고 거부하면 당신의 세계는 좁아진다. 그러므로 이러한 사람들과의 교제가 중요하다.

2. 긴장이 계속되는 직장생활 속에서 신입사원들은 힘들어 할 것이다. 그러나 신입사원들의 생활에도 오아시스는 있다. 상사나 선배와의 격의 없는 대화, 스트레스 해소를 위한 동료들과의 부담없는 한잔, 조용히 사색에 잠겨보는 여가 시간. 이 모든 것들이 보람과 낭만을 안겨준다. 그러나 이럴 때 방심하면 생각지도 않은 시련에 부딪히기도 한다.

3. 젊고 아름다운 여사원은 회사에 활기를 불어넣어 준다. 그러나 여기에도 뜻하지 않은 덫이 있다. 그녀들과의 교제는 업무 이외의 것이 되어서는 안 된다. 즉 동료의식의 한계를 넘어서서는 안 된다.

학습성과확인테스트

【Q 6-1】

생리적으로 싫은 상사와는 부딪히고 싶지 않은 것은 어쩌면 당연하다. 그러나 그들과의 접촉이 없으면 순조롭게 일을 해 나갈 수가 없다. 당신은 다음의 방법 중 어떤 것을 선택하겠는가?

(1) 직접 상사에게 말하지 않고 동료를 통해서 일을 처리한다.
(2) 상사와는 최소한의 대화만을 유지한다.
(3) 이것도 업무의 일종이라고 생각하고 적극적으로 상사와 접촉한다.
(4) 상사가 말을 걸면 할 수 없이 응해주는 정도로 끝낸다.

【Q 6-2】

선배가 점심시간에 "이건 지난주 아이들과 찍은 사진이야"라고 여러 사람들 앞에서 자랑했다. 이때 당신이라면 어떻게 하겠는가?

(1) 슬쩍 사진을 본 후 모른 척한다.
(2) 그 말이 듣기 싫어 자리를 뜬다.
(3) 동료가 사진을 보려고 선배쪽으로 가면 자신도 그쪽으로 간다.
(4) "어디 좀 보여주세요. 참 귀엽군요" 하면서 응한다.

【Q 6-3】

동료 여직원이 상사로부터 꾸중을 듣고 울고 있을 때 그의 곁으로 다가가서 "아무리 상사라도 너무 하는군. 내가 과장님께 말해보겠어" 하면서 위로하는 것은 옳은 태도일까?

제3부

효율적인 사무처리 방법

- 제1장 일을 파악한다
- 제2장 계획하는 습관을 지닌다
- 제3장 사실을 파악한다
- 제4장 문제해결 능력을 기른다
- 제5장 바르고, 빠르고, 값싸게
- 제6장 성장과 진보에 대한 도전

제1장

일을 파악한다

 학습포인트

이 장에서는 신입사원이 무엇보다도 먼저 파악해야 할 것이 업무와 관계되는 일임을 강조했다. 따라서 '파악해야 할 내용' '파악하기 위한 포인트'를 자세히 언급했다. 회사에 대해 자신이 알고 있는 것을 이 장의 내용과 비교하면서 자세히 파악하도록 하는 동시에 그것들을 실행에 옮기도록 하자.

■이 장의 내용
1. 업무를 파악한다
2. 일의 구조를 파악한다
3. 사람을 파악한다
4. 일과 관계된 지식을 파악한다
5. 배우려고 노력한다

1. 업무를 파악한다

상품 내용을 파악하고 그 상품에 매력을 느껴야 한다

신입사원이 하루속히 베테랑이 되려면 자기 회사에 대해 모든 것을 빨리 알아야 한다. 자기 회사를 파악하는 첫걸음은 무엇보다도 자기 회사가 취급하고 있는 '상품'이나 '서비스'의 내용을 아는 일이다.

입사하기 전이라면 자신이 취직하려고 하는 회사의 '상품'이나 '서비스'를 직접 접해보는 것이 바람직하다. 가령 서비스를 취급하는 회사라면 그 서비스에 직접 접해보는 것이 좋다. 그리고 '상품'이나 '서비스'를 철저히 이해한 뒤 그것에 매료되어야 한다. 자기가 몸담고 있는 회사에 반한다는 것은 그 회사의 '상품'이나 '서비스'에 매력을 느끼는 것에서부터 비롯되는 것이다.

그리고 입사를 하면 '상품'이나 '서비스'를 보다 자주 접하도록 한다. 상품일 경우에는 그것을 세밀히 관찰하고 사용해보는 일이다. 막연히 사무실에서 업무만 다루는 것만으로는 회사를 알 수 없다. '상품'에 접해보고 '서비스'에 접해보는 것이 회사를 파악하는 첫걸음이다.

자기 부서의 중요성을 파악한다

회사는 분업과 협업에 의해 성립된다. 그래서 회사에는 조직이 있는 것이다. 회사 전체적인 측면에서 자신이 소속된 부서가 어떤 위치에 있는가를 알아야 한다. 회사의 업무는 많은 사람들에 의해 처리되고 있으며, 서로가 각 기능을 분담하여 일을 하고 있다. 이 분담된 부문들이 상호 연관됨으로써 회사가 제기능을 하는 것이다.

그래서 먼저 자기가 소속되어 있는 부서가 어떤 위치에 있는가, 어

자신의 위치를 파악한다

떤 부서와 어떤 관련이 있는가, 어떤 부서와 어떤 유대를 지니고 있는가, 그리고 나아가서는 자기 부서가 어떤 일을 하면 다른 부서에 지장을 주는가를 철저히 파악하지 않으면 안 된다.

　이러한 것들은 자신이 일을 추진해 나가는 데 완수해야 할 업무의 성질을 충분히 이해하는 데 도움이 된다.

자신의 위치를 파악한다

　똑같은 맥락에서 자신의 일에 대해서도 충분한 이해가 필요하다. 회사 내에서의 자기 위치를 파악해야 한다.

　당신이 회사에 입사한 지 얼마 안 되기 때문에 중요한 업무를 맡기지 않고 가벼운 일거리를 줄지도 모른다. 그러나 설사 그 일이 하찮게 보이더라도 자신은 부서 내의 업무 중 한 부분을 담당하고 있다는 것을 잊어서는 안 된다.

　보조적인 일이나 연락, 전달 업무도 모두 그 나름대로의 중요성을 지니고 있다. 그렇기 때문에 쓸데없는 잡일이라고 생각하지 말고 항상 자기가 하고 있는 일은 이 회사에서 꼭 필요한 일이라고 생각해야 한다. 그리고 그 필요한 일과 기능이란 도대체 무엇인가를 확실히 머릿속에 넣어두어야 한다.

2. 일의 구조를 파악한다

제도를 파악한다

회사는 여러 가지 제도에 의해 움직이고 있다. 물론 개인의 역량에 속하는 영역도 있지만 제도에 의해 움직이고 있는 부분이 훨씬 많다.

> ★회사의 주요 제도
> ① 인사제도…근무태도, 상여금, 급여, 퇴직, 승진, 인사고과 등
> ② 경리제도…원가계산, 출납, 결산 등
> ③ 생산관리제도…생산계획에서 제품출하까지
> ④ 판매제도…유통 구조, 세일즈맨의 분담활동, 수주, 회수 등
> ⑤ 품질관리제도…품질기준, 검사, 클레임 처리 및 대책 등

이상과 같이 회사에는 여러 가지 목적을 달성하기 위해 목적별, 기능별로 각종 제도를 마련해두고, 이에 따라 각 부서나 인력이 분담하여 일을 하고 있다.

실태를 파악한다

회사의 제도는 결국 각자가 분담해서 일을 하고 있는 것이 된다. 그러나 현실적으로 제도, 절차, 방법 등은 반드시 정해진 대로만 행해지고 있지 않다. 정해진 대로 일을 하려 해도 여러 가지 여건이나 제약

룰과 현실의 차이

때문에 못 하는 경우가 많다. 솔직히 말해서 정해진 대로 행해지지 않는 부분이 더 많다.

  물론 이 점에 있어서는 업종이나 회사에 따라 차이는 있다. 법률이나 사회적 관습을 중심으로 하는 경우는 룰의 비중이 크다.

  또한 제도나 절차를 이해할 경우, 룰이나 자료만을 읽어보고 업무를 다 파악했다고 생각해서는 안 된다. 현실적으로 일을 하고 있는 사람들로부터 실지로 일하는 법, 그 일을 할 때의 고충을 들어보아야만 비로소 일을 완전히 파악할 수 있다.

  일은 룰이나 원칙만으로는 처리되지 않는다. 물론 처음에는 제도를 이해하는 것도 필요하다. 그러나 이것만으로 '이제 알았다'고 생각한다면 큰 착각이다. 일의 실상 그 자체는 실무를 통해 파악된다.

예외를 파악한다

  제도의 실상을 알아야 한다는 것은 제도 내에는 예외가 많기 때문이다. 우리나라의 경우 일하는 방법이 고객이나 거래 조건에 따라 예외로 처리되는 경우가 종종 있다.

예를 들면, 판매가격이 가격리스트에 명시된 대로 행해지고 있다 해도 제품이나 고객에 따라 예외를 인정하고 있다.

사고 파는 절차에 있어서도 상대의 지정 양식이나 전표를 사용하지 않으면 안 되는 일도 있다. 재료나 부품을 사입할 경우, 검사 기준이 정해져 있다 해도 '특례'로 검사를 통과시키는 경우도 있다.

이와 같은 예외가 룰로 정해진 경우도 있고, 상사의 판단에 의하는 경우도 있으며, 그 일을 담당한 사람의 재량에 의한 경우도 있다. 나아가서 이 예외 처리가 허용된 범위 내에서 정당하다고 판단되는 경우도 있으며, 판단의 잘못이나 권한의 범위를 벗어난 경우도 있다.

일의 실태를 파악할 때 예외로 처리되는 것도 알아둘 필요가 있다.

3. 사람을 파악한다

동료를 파악한다

일은 혼자서 하는 것이 아니다. 회사란 어떤 '사업'에 뜻을 같이하는 사람들의 모임이다. 이들 동료들과 함께 일을 하는 곳이다. 동료들끼리 일을 하려면 먼저 동료들을 잘 파악하고 있어야 한다는 것이 전제가 된다.

회사는 시스템으로 일을 한다. 그렇다고 해서 꼭 시스템이나 제도, 절차, 방법 등을 알아야만 일을 할 수 있는가 하면 반드시 그렇지도 않다. 제도나 절차, 방법 등은 사람의 사고나 기호에 따라 약간씩 다르다.

또한 제도, 절차, 방법을 획일적으로 해야만 좋은 것이 아니라 응용이나 동작이 필요하다. 특히 우리나라 기업에서는 임기응변이 필요하다. 왜냐하면 예외 처리가 대단히 많기 때문이다.

예외 처리의 경우, 자기 권한 내에서 예외 처리를 하면 그다지 문제가 되지 않는다. 그러나 일반적으로 예외 처리는 타의에 의해 처리되는 경우가 많다. 그래서 사람과 사람과의 관계가 중요하며, 관계하는 사람의 사고방식이나 대인관계 등을 잘 이해하는 것이 필요하다. 어쨌든 '사람을 알아야 한다'는 것이 필요하다.

상사나 선배를 파악한다

신입사원들은 보통 상사나 선배의 지시를 받아 업무를 처리하는 일이 많다. 이때 상사나 선배들은 전적으로 자신이 자라온 환경이나 과정에서 터득한 방식대로 부하를 다루려고 한다. 그러나 반대로 그런 것들을 부하에게 경험시키고 싶지 않다는 사람도 있다.

또한 상사나 선배들은 자신의 수준에서 지시를 하거나 부하를 판단하는 경우도 있다. 그러므로 상사나 선배들이 지난날 걸어온 과정을 충분히 알아두면 일을 잘 소화시킬 수 있을 뿐만 아니라 상사나 선배의 생각을 읽을 수 있다.

여사원을 파악한다

신입사원시절에는 특히 잡일이 많다. 그러나 이러한 일들은 대부분 여사원이 담당하는 경우가 많다. 따라서 그런 일을 남자사원이 하게 될 경우, 그 업무는 여사원에게서 배우는 것이 좋다.

그러나 여사원에게 남자라는 우월감에서 얕보고 물어보거나 배우려고 한다면 여사원으로부터 협력을 얻어내기가 힘들 것이다. 아니 협력은 고사하고 난처한 곤경에 처하게 될지도 모른다.

따라서 여사원을 대하는 태도는 선배를 대하듯이 겸손하게 대하는

여사원의 협력을 얻어야 한다

것이 바람직하다.

이에 대해서는 앞서 〈여사원과의 교제 요령〉이라는 단락에서 충분히 설명했기 때문에 더이상의 언급은 생략하겠지만, 어쨌든 신입사원 시절에는 특히 조심해야 할 문제이므로 명심해두기 바란다.

한해 앞서 입사한 선배를 파악한다

당신이 지금부터 담당해야 할 일은 바로 일 년 전에 입사한 신입사원의 일이다.

그러므로 우선 일 년 전에 입사한 선배들을 사귀어 그 선배들로부터 일을 배우는 것이 가장 바람직한 방법이다. 이 선배들을 잘 사귄다면 일 배우기도 빠르고 일하기도 쉽다. 따라서 그들을 빨리 파악하고 그들에게서 배우도록 한다. 만일 기초가 시원치 않은 일 년 선배에게서 배우면 그와 비슷한 사원이 되고 말 것이다.

인간적인 접근

한 사람을 파악하기 위해서는 그 사람에게 접근하여 대화를 나누는 기회를 많이 갖는 것이 가장 좋다. 일에 대해 이야기를 나누는 과정에서도 파악할 수 있겠지만, 잡담을 나누는 과정에서도 그 사람의 특징이나 사고방식을 파악할 수 있다. 때에 따라서는 취미에 관계되는 이야기를 나누어보는 것도 좋다. 그러기 위해서는 선배의 취미에 공감하거나 흥미를 보이는 것도 필요하다. 또는 회사 동아리 활동을 통해 그 사람을 아는 방법도 있다.

어쨌든 사람들에게 접근하여 사귀는 것이 중요하다. 처음에는 남에게 접근하여 대화를 하는 것이 어색할지도 모르지만, 그런 것을 의식하지 말고 적극적으로 어프로치하는 것이 좋다.

신입사원의 주변에 있는 사람들은 거의 선배들이다. 자신의 개성을 살리는 것도 좋지만, 그 개성이 남에게 혐오감을 주는 것이라면 남들과 사귀기가 매우 힘들 것이다. 사람들에게 접근할 때 혐오감을 주지 않도록 해야 한다.

---

coffee time

거울 앞에서 자신을 차분하게 바라보라

출근을 하기에 앞서 거울 앞에 서서 차분히 자신을 보도록 하자. 자신에게 필요한 것은 뭇사람에게 호감을 주는 매력적인 인상이다. 매력이 외모만은 아니지만 첫인상은 외모가 크게 좌우한다. 그러므로 겉모습이 불쾌감을 주어서는 안 된다. 나쁜 인상을 주지 않도록 하기 위해서는 항상 깨끗하고 단정해야 한다.

4. 일과 관계된 지식을 파악한다

장소를 파악한다

회사가 있는 건물에는 많은 사람들이 함께 생활하고 있다. 신입사원들은 첫째 자기 회사 어디에 어떠한 설비가 있는지를 알고 있어야 한다. 제조 설비는 물론이고, 창고, 동력 등 검사나 실험 설비, 심지어 창고나 하역장의 설비까지도 알고 있어야 한다.

제조업체라면 제조 설비, 유통업체라면 매장이나 상품보관 창고가 될 것이고, 서비스업체라면 서비스 현장이 될 것이다. 이와 같은 기본적인 지식에 대해서는 신입사원 교육 때 가르쳐 주지만, 실제로 발로 뛰면서 보아야 한다.

회사에는 사무를 처리하는 사무실이 있다. 처음 입사하면 예외적으로 현장에 배치되는 경우도 있지만, 대체로 사무를 처리하는 부서에 배치된다. 어쨌든 함께 일하는 사람들과 빨리 친해지는 것이 필요하다.

예를 들어, 상사로부터 "생산기술과의 ○○○ 주임에게 가서 ×××라는 자료를 빌려오게"라는 지시를 받았다고 하자. 이때 당신이 그 부서의 위치나 상대방이 어디에 앉아 있는지도 모른다면, 그때마다 번번이 누군가에게 물어보아야 한다. 이래서는 곤란하다. 그러므로 평소에 각 부서의 위치나 실무자쯤은 알아두어야 한다.

백화점의 안내 담당이 수많은 매장을 꿰뚫고 있듯이, 자기 회사의 각 부서의 위치나 부·과장 및 실무자의 얼굴 정도는 알고 있어야 한다.

사무기기의 취급 요령을 파악한다

업무를 좀더 신속히 처리하기 위해 사무기기나 기계류를 다루는 일이 점점 늘어나고 있다. 예를 들어, 컴퓨터를 비롯한 복사기, 팩시밀리와 같은 사무기기이다. 예전에는 여사원이 주로 복사기를 다루었지만, 최근에는 각자가 복사기를 다룬다. 그러므로 복사기의 취급 요령을 알아두어야 한다.

회사 안의 각종 사무기기의 취급 방법이나 요령은 가급적 신입사원 시절에 알아두는 것이 좋다. 입사한 지 오래되었는데도 사무기기의 조작 요령을 알지 못해 일일이 남에게 물어보는 것도 부끄러운 일이고 공연히 남에게 폐를 끼치게 된다.

서류 정리 요령을 파악한다

가장 빨리 익혀야 할 것이 서류 정리 요령이다. 소위 파일에 대한 지식이다. 일반적으로 책상에는 서류 홀더(holder)를 넣는 서랍이 붙어 있다. 이 서랍은 파일화된 서류를 필요할 때에 빨리 꺼낼 수 있도록 해두어야 한다.

그러나 이 파일을 제대로 활용하는 사람이 매우 드물다. 그래서 파일을 잘하는 방법을 소개하기로 한다.

★파일화의 포인트

①업무를 중심으로 관계되는 서류를 분류 종합하여 홀더에 넣고 견출지를 붙여 파일화한다.

②서류가 접수되면 분류 항목에 따라 철한다.

③서류를 정리하지 않고 쌓아두면 나중에 정리하기가 힘들어진다. 반드시 그날그날 분류해서 정리해둔다.

④정기적으로 필요하지 않은 서류는 정리해서 따로 보관한다.

⑤서류를 서랍 속에 방치해 두거나 마구잡이로 홀더에 보관해두면 서류를 찾아내기가 어렵다. 그러므로 정확하게 정리해둔다.

신입사원시절에는 그다지 서류의 양이 많지 않을 것이다. 그래도 한 달에 한 번이라든지, 석 달에 한 번 정도는 서랍 정리를 겸해서 홀더 안에 있는 쓸데없는 서류는 버리거나 정리하는 습관을 기르도록 한다. 무엇이든지 처음이 중요하다.

용어를 파악한다

앞장의 〈현장어를 빨리 익혀라〉에서 언급한 바와 같이 회사에는 그 회사 특유의 용어가 있다. 회사마다, 업종별 특수 용어가 있는 것은 지극히 당연하다. 업종의 용어, 그 회사 특유의 용어를 빨리 머릿속에 넣어둘 필요가 있다. 회사에 따라서는 약간씩 용어가 다르기도 하지만, 어쨌든 빨리 그 회사, 그 사업소, 그 사무실에서 동료들이 쓰고 있는 용어를 익히도록 하자.

규정을 파악한다

회사에는 일반적으로 규정이 마련되어 있다. 회사의 정관(定款)을 비롯하여 조직이나 사무 분담 규정 등 각종 규정이 있다. 그러한 규정을 우선적으로 머릿속에 넣도록 한다. 개인적으로 흥미가 있는 급여나 휴가 규정에만 관심을 갖지 말고 회사 전체의 규정을 빨리 머릿속에 넣도록 한다.

앞장의 〈제도를 파악한다〉에서 설명한 것처럼 규정에 따라서는 실제와 동떨어진 것도 있을지 모르지만, 어쨌든 상식적인 규정은 빨리 머릿속에 넣도록 한다.

참고 자기 회사에 대한 기초 지식

  신입사원은 우선 자신의 회사에 대해 알아두어야 할 필수 지식이 몇 가지 있다. 중요한 것을 추려보면 다음과 같다.

- 회사 창립일
- 자본금
- 사업 내용(업종, 취급 상품, 연간 매출액 등)
- 임원들의 이름(사장, 부사장, 전무, 상무 등)
- 종업원 수(인원 수, 남녀비, 평균연령)
- 조직기구(공장, 지점, 영업소 등을 포함한 조직 구성)
- 영업이념, 사시(社是)나 사훈(社訓)
- 기타 취업 규정 등

5. 배우려고 노력한다

기록하는 습관

　기억을 위해서는 반드시 메모를 해야 한다. 막연히 듣기만 해서는 머리에 들어오지 않는다. 요즘 젊은이들은 메모하는 습관이 일반적으로 약하다.

　"메모를 하라"고 하면 "메모를 하는 데 정신이 팔려 오히려 이야기가 머리에 들어오지 않는다"고 불평한다. 또는 "메모를 하는 것보다 열심히 듣는 것이 훨씬 머리에 오래 남는다"고 고집한다. 그러나 이런 말은 납득이 잘 안 된다. 머릿속에 기억시키는 데에는 한계가 있다. 요점을 파악하는 것은 듣는 것만으로도 충분할지 모른다. 그러나 수치나 체계적인 것, 나아가서 들은 것을 기억해 내려면 아무래도 메모를 해두지 않으면 안 된다.

　지식을 자기 것으로 만들기 위해서는 먼저 '기록을 하는' 노력이 필요하다. '막연히 기억하면 된다'는 생각도 옳지 않다. 일에 관한 것, 회사에 관한 것은 우선적으로 기억해야 한다.

　신입사원은 남의 이야기를 열심히 듣고 깊이 이해하고 판단하는 것조차도 뜻대로 안 된다는 사실을 염두에 두어야 한다. 따라서 일단 메모를 해 두었다가 나중에 차분히 체크하고, 생각할 필요가 있다.

자료 수집

　회사에는 일에 관한 여러 가지 자료가 있다. 앞에서도 언급했지만 제도의 설명서나 규정도 있다. 그러한 자료를 모으려면 그 자료가 있는 장소를 알아야 한다. 그리고 자료를 수집하려면 남에게 물어보고

제3부 효율적인 사무처리 방법 199

기록하는 습관을 기른다

부탁하지 않으면 안 된다. 그래서 사람을 알아둘 필요가 있다.
 자료를 빌려다 보거나 수집한 것을 읽어보아도 좀처럼 이해가 되지 않는 부분도 있다. 어쨌든 회사를 알고, 사람을 아는 것은 당신이 그만큼 성장해가고 있다는 것을 말해준다.

자기 업무와의 관계를 생각한다

 일의 내용을 알기만 하면 그것으로 끝나는 것이 아니다. 그저 단순히 아는 것만 가지고는 일에 흥미를 느끼지 못한다. 무엇 때문에 알아야 하는가, 안 뒤에는 어떻게 해야 하는가를 먼저 충분히 생각하고 신념을 가져야 한다. 우선 알고 있는 것을 바탕으로 자신의 부서나 자기 업무를 중심으로 그것들을 연결지어 생각해보는 일이다.
 경리를 담당한다면 경리라는 일을 통해 경리 실무와 연관해서 여러 가지 일들을 생각해본다. 설계를 담당한다면 설계라는 일을 통해 제도나 품질 관리, 원가 등을 자기 일과 연관시켜 생각해본다.

  자기 부서나 자기 일에만 몰두할 것이 아니라 자기 일이 회사 전체와 어떻게 유기적으로 연결되어 있는가 하는 관점에서 좌우상하로 폭넓게 생각해야 한다.

부드러운 인간관계를 만든다

  확실히 이해하기 위해서는 남들에게 집요하게 질문해보는 것이다. 지나치게 알려고 하다 보면 주위 사람들에게서 나쁜 감정을 살 수도 있다. 신입사원시절에는 물어보고, 또 물어보는 자세가 중요하지만, 단지 묻는 데에만 열중할 것이 아니라 상대의 입장이나 감정도 생각해야 된다는 것을 잊어서는 안 된다.

  재치있게 습득하는 지혜도 필요하다. 그러기 위해서는 많은 사람들과 기분좋은 대인관계를 만들어야 한다. 늘 자기 주변 사람들과 좋은 유대관계를 맺고, 항상 원만한 인간적인 협조를 받으면서 정보를 확보하는 노력이 필요하다.

참고 **사무기기와 사무용구들**

  사무실에는 여러 가지 사무기기와 사무용품이 있다. 중요한 것들을 들어보면 다음과 같은데, 다룰 줄 모르는 기종이 있으면 선배에게 물어보고 빨리 익혀야 한다.

  ① 주요 사무기기

  컴퓨터, 복사기, 팩시밀리, 전자계산기, 문서재단기, 전화, 인터폰, 텔렉스 등

  ② 주요 사무용품

  바인더, 사무용지, 전표, 장부, 봉투, 필기용구, 명함집 등

 **이 장의 요약**

일을 파악하기 전에 먼저 회사를 알아야 한다. 우선 알아야 할 것은 회사의 상품(서비스)이다. 그것을 모르고는 회사도, 자기 부서도, 자기 일의 의미도 알 수가 없다. 그러므로 상품(서비스)을 알고 회사를 아는 것이 신입사원의 필수 요건이다. 그 다음으로 조직의 구조를 알고 사람을 알고 시설물을 알도록 해야 한다.

또한 자신의 업무를 중심으로 지금까지 알게 된 모든 것들과 연결시켜 자신의 위치를 명확히 이해하도록 해야 한다.

신입사원시절에는 단지 머릿속에 넣어두는 것만으로는 완전히 자기 것이 되지 못한다. 무엇보다도 경험하여 몸에 지니는 노력이 필요하다. 매일 조금씩이라도 좋으니 완벽하게 알도록 노력을 쌓아야 한다.

학습성과확인테스트

【Q 1-1】

다음 문장 중에서 옳은 것에는 ○표를, 틀린 것에는 ×표를 하라.

☐ (1) 회사를 알기 위해서는 먼저 조직기구를 파악하는 것이 기본이다.

☐ (2) 회사의 구조는 규정을 보면 잘 알 수 있다.

☐ (3) 사람들과의 교제는 동료들과 잘 어울리기만 하면 되는 것이다.

☐ (4) 회사의 각종 설비나 기구에 대해 잘 알고 있어야 한다.

☐ (5) 회사에서 쓰는 용어는 학창시절의 것과 비슷하다.

☐ (6) 신입사원시절에는 무엇보다도 기록과 메모가 중요하다.

【Q 1-2】

자신이 배속되어 있는 부서가 어떤 위치에 있는지 조직기구표로 나타내어 보라.

제2장

계획하는 습관을 지닌다

 **학습포인트**

　신입사원이라고 해서 주어진 일만 하면 되는 것이 아니다. 주어진 일은 물론, 앞장에서 말한 것들을 파악하기 위해 열심히 노력해야 한다. 그러기 위해서는 먼저 '주어진 일'과 '파악하는 일'을 잘해야만 된다.
　나아가서 일의 효율은 일의 계획 수립 여하에 따라 크게 달라진다. 계획을 세우고 필요한 것들을 준비하고 원활하게 일을 소화시키는 것이 중요하다. 닥치는 대로, 생각나는 대로 일을 하는 것이 아니라 될 수 있는 대로 사전에 계획을 세우는 것이 중요하다. 그리고 항상 일을 효율적으로 해 나가도록 하자.

■ 이 장의 내용
1. 하루의 스케줄을 생각한다
2. 앞으로의 일을 계획한다
3. 일의 순서와 시간을 할당한다

1. 하루의 스케줄을 생각한다

오늘은 무엇을 할 것인가

오늘은 어떤 일을 어떤 순서로 얼마만큼의 시간을 들여서 할 것인가를 언제나 머릿속에 생각해두지 않으면 안 된다. 닥치는 대로 생각나는 대로 일을 해서는 능률적으로 일을 소화시키기가 어렵다.

상사가 일을 주지 않으면 구태여 계획을 세울 필요가 없지 않은가 하고 반문할지도 모른다. 그러나 일을 주지 않더라도 신입사원들이 계획해야 할 일은 너무나도 많다. 먼저 '알아야 할 일'을 스스로 계획을 세워 소화해 나가는 것이 필요하다.

그날 하루의 스케줄을 항상 염두에 두고 일하는 것이 능률적으로 일하는 기본이 된다는 것을 잊지 않도록 한다.

자리에 앉기 전에 일을 계획한다

다음은 언제 계획을 세우느냐 하는 문제이다. 다음날의 일을 그 전날에 생각해두는 것이 바람직하지만, 최소한 출근하여 자리에 앉기 전까지는 그날 하루의 스케줄을 생각해 두어야 한다. 적어도 아침에 일어나 사무실에 출근하기 전까지 하루의 일정을 계획해야 한다.

아침에 일어났을 때, 또는 잠자리 속에서 생각하는 것도 좋다. 통근버스나 전철 안에서도 좋다. 어디서든 출근하기 전에 미리미리 그날 하루의 스케줄을 생각하는 습관을 몸에 지니도록 해야 한다.

자리에 앉게 되면 그때부터 그곳은 전쟁터가 된다. 거기서 그날의 스케줄을 생각할 여유 같은 것이 있을 리가 없다. 자리에 앉아 여사원이 가져다 준 차를 한잔 마시며 신문을 보면서 천천히 할일을 생각

하루의 스케줄을 생각한다

하는 태도는 10년 전, 아니 20년 전의 자세이다. 일단 자리에 앉으면 그때부터는 치열한 전투가 시작된다.

스케줄은 유동적이다

특히 신입사원시절에는 자기가 원하는 일만을 배정받을 수 없다. 수습기간이어서 선배나 상사들은 신입사원에게 잡일을 시킨다. 그래서 신입사원들은 생각지도 않은 일을 경험하게 된다. 심할 경우에는 한꺼번에 여러 사람들로부터 일을 떠맡기도 한다. 그래서 아침에 계획한 일은 산산조각이 나버린다. 이와같이 돌발적인 일을 처리하면서 자신의 계획을 어떻게 추진해 나가느냐 하는 것이 문제가 된다.

지시받은 일은 한정된 시간 내에 마쳐야 한다. 그리고 지시받은 일이 겹치면 당사자에게 양해를 구해 완료시간을 늦춘다.

이런 일들을 끝낸 뒤에 자신의 스케줄을 실천해 나간다. 그런 가운데에서도 아침에 세운 계획을 어떻게 해서든 실행할 수 있도록 노력해야 한다. 물론 이것은 간단치가 않다.

그러나 그런 노력을 하는 가운데 자신의 능력은 급속히 향상되어 간다. 한 가지 일이 끝났으니 잠시 차나 한잔 마시자…… 하는 따위의 여유는 없다.

아무튼 신입사원시절은 고달프다. 그러나 이와 같은 과정을 거치지 않고서는 결코 프로 비즈니스맨이 되기 어렵다.

2. 앞으로의 일을 계획한다

항상 내일의 계획을

'그날 하루의 스케줄만 생각한다'는 것은 극히 소극적인 생각에서 벗어나지 못한 것이다. 점점 익숙해지면 미래에 대한 계획도 구상을 해야 하며, 그런 것이 잘되어야만 발전의 길이 열린다.

앞장에서 설명했듯이 계획이 계획대로 잘 추진되는 일은 적다. 계획이 형편없이 바뀌어 버리는 일도 있다. 그렇기 때문에 현실성 있는 계획을 세워 나가지 않으면 급변하는 실정에 적응해 나가지 못한다.

신입사원도 1, 2개월쯤 지나면 어떤 일이 어느 시기에 발생하는지 대충 짐작할 수 있게 된다. 만일 뜻밖의 일이 생기면 그날 하루의 스케줄은 깨져버리고 만다. 그러나 현실성 있는 계획이 짜여 있으면 어느 정도 조정도 가능하다.

될 수 있는 한 주 단위로 계획을 세워두면 뜻밖의 일이 생기더라도 무난히 해 나갈 수 있다. 욕심을 내서 다음주의 계획을 금주중에 준비해두는 것도 좋지만 그것도 그리 쉬운 일이 아니다.

탄력성 있는 계획

신입사원시절에는 주어진 일뿐만 아니라 '알아두어야 할 일'도 많

탄력성 있는 계획

다. 주간 계획 중에는 다음주에 반드시 해야 할 일, '알아두어야 할 일'을 명확히 해둔다. 그리고 '이것만은 잔업을 해서라도, 아니면 집에 가지고 가서라도 꼭 해야 한다'는 투지로 임해야 한다.

그런가 하면 '가능하다면 해보고 싶다'는 성격의 일도 갖도록 한다. 그러나 처음부터 꼭 다음주에 해야겠다고 계획을 세웠다가 못 하게 되면 초조해지게 되어, 결국은 '계획 같은 것은 세워보았자 아무 소용이 없다'라는 식이 되어 계획을 체념하게 된다.

또한 신입사원시절에는 어떤 일에 얼마만큼의 시간이 소요되는지 예측하기도 힘들다. 그래서 종이에 써놓고 '이 일을 몇 시에서 몇 시까지 어떤 순서로 할 것인가' 하는 것을 확실히 세우는 것도 중요하다. 그러기 위해서는 먼저 종이에다 계획을 세우는 것부터 시작해야 한다.

3. 일의 순서와 시간을 할당한다

일의 순서를 빈틈없이

　신입사원시절에는 일의 순서에 대해 처음부터 감을 잡을 수가 없다. 그러나 일을 해 나가는 데 있어서 요령있게 순서를 계획해두는 것이 중요하다. 그렇게 하려면 '어떤 순서로 할 것인가?'를 항상 생각하는 것이 중요하다. 요령있다는 것은 무엇을 말하는가? 즉 바르고, 빠르게, 쉽게, 편하게 하는 것이다.

　일을 해보고 제대로 잘 안 되면 '잘못되었구나'라고 생각하게 된다. 이럴 경우 중요한 것은 이 '잘못되었다'는 과오를 두번 다시 되풀이하지 않도록 노력하는 일이다.

　신입사원시절의 실패는 어쩔 도리가 없다. 실패를 겁내지 말고, 용기를 가지고 실행해야 한다. 그러나 똑같은 실패를 두번 다시 되풀이해서는 안 된다.

적절한 시간 할당을

　학창시절 때부터 시간 할당에 대해서는 숙달되어 있을 것이다. 일도 공부와 마찬가지로 시간 할당이 중요하다.

　시간표를 만들려면 일의 순서와 결과에 대한 예상이 서 있지 않으면 안 된다. 그러나 어쨌든 시간표를 만들어 보아야 한다. 순서를 잘 몰라 시간표를 만들 수 없다고 생각하면 좀처럼 발전하지 못한다. 미숙해도 좋으며, 잘 몰라도 좋다. 현재의 자기 역량으로는 막연하다고 하더라도 시간표를 작성해보는 것이 좋다.

　시간표를 만들어 놓고 구체적으로 일을 해보면 일의 순서와 시간의

일의 순서와 시간의 관계

관계를 조금씩 알게 될 것이다.

예를 들어, 정서(淨書)하는 일을 지시받았다고 하자. 원고를 훑어보고 30분 정도 걸릴 것이라고 예상했다. 그런데 실제로 정서를 해보니 한 시간 정도 걸렸다. 이때 무엇 때문일까 하고 생각해본다.

30분이라는 예측이 잘못된 것일까? 제대로 했더라면 30분 내에 완료했을까? 일하는 방법이 잘못된 것일까? 이렇듯 원인을 생각해보면 다음 기회에 이것들을 참고해서 잘하게 된다.

일에 필요한 시간 예측은 경험을 쌓아감에 따라 정확성을 기하게 된다. 일을 지시받았을 경우 그 일에 대해 잘 알고 있을 때에는 완성시키는 시간을 예상할 수가 있다. 베테랑은 이것이 가능하다. 그리고 이것이 신입사원과 베테랑의 차이점이다. 따라서 신입사원은 항상 시간 예측을 신중히 해야 한다.

순서나 일정을 세밀하게

 단지 순서만 세워놓고 계획적으로 한다고 해서 그것으로 다 되는 것은 아니다. 순서나 일정 수립에는 치밀성이 요구된다. 될 수 있는 대로 세밀하게 세워야 한다. 융통성 있게, 평범하게 적당히 조정하기 쉽도록 만든다면 거기에는 진보가 없다. 세밀하게 세워야만 계획의 졸렬성이나 예측의 불확실성을 알게 된다. 경험이 풍부한 사람일수록 계획을 자세히 세운다. 적절하고 자세한 계획을 세워 나가는 능력을 기르자.

제3부 효율적인 사무처리 방법 211

참고 1주간의 시간표

스케줄을 계획한다는 것은 비즈니스맨의 기본적인 요소이다. 1주간의 계획은 늦어도 지난주 말까지는 세워서 확실하게 머릿속에 넣어두어야 한다.

스케줄은 흔히 사용하는 수첩이나 다이어리 등에 기입하면 된다. '1주간의 시간계획표'를 수첩에 기입하는 예를 다음에 소개한다.

```
4월 APR                                          15주
     일    8 9 10 11 12 13 14 15 16 17 18 19 20 21 22 23 24시
 5   SUN              B선생님댁
                      입사인사

     월    8 9 10 11 12 13 14 15 16 17 18 19 20 21 22 23 24
 6   MON         부서 오리엔테이션      신입사원
                                      환영회

     화    8 9 10 11 12 13 14 15 16 17 18 19 20 21 22 23 24
 7   TUE         신입사원 연수회 (A연구소)

     수    8 9 10 11 12 13 14 15 16 17 18 19 20 21 22 23 24
 8   WED         신입사원 연수회 (  〃  )

     목    8 9 10 11 12 13 14 15 16 17 18 19 20 21 22 23 24
 9   THU         신입사원   수공장 견학
                 연수회

     금    8 9 10 11 12 13 14 15 16 17 18 19 20 21 22 23 24
10   FRI         부서회의

     토    8 9 10 11 12 13 14 15 16 17 18 19 20 21 22 23 24
11   SAT         신입사원 연수회
                 참가보고서 작성
```

 **이 장의 요약**

　그날그날의 일을 효율적으로 소화시키려면 계획을 자세하게 세워야 한다.

　처음에는 그날 하루의 스케줄을 세우는 것부터 시작하여 차츰차츰 날짜를 확대해 나가는 습관을 길러야 한다. 그래서 내일의 계획, 모레의 계획으로 확대해 나가다가 마침내 주간 계획을 세우는 것이다. 그리고 계획표는 가급적 자세하게 순서와 일정, 시간 등을 기재한다.

　계획은 반드시 기록하되 계획과 실적을 비교해 가는 과정에서 더욱더 계획을 잘 세우게 된다.

　신입사원시절에는 다소 무리한 계획도 좋으니 단념하지 말고 끈기있게 구체적으로 작성해보자.

학습성과확인테스트

【Q 2-1】

다음 문장을 읽고 옳은 것에는 ○표를, 틀린 것에는 ×표를 하라.

- (1) 오늘은 무엇을 해야 할까? 그런 것은 통 알 수가 없다. 그러므로 계획을 세울 수 없다.
- (2) 출근해서 자리에 앉을 때까지 그날의 일과에 대한 스케줄을 세우도록 한다.
- (3) 주말에는 다음주 일과에 대해 생각할 필요가 있다.
- (4) 계획은 반드시 기록한다.
- (5) 일은 획일적이지 않으므로 일의 순서나 일정을 계획할 수 없다.

【Q 2-2】

당신의 내일 계획과 다음주의 계획을 구체적으로 써보라.

제3장

사실을 파악한다

 학습포인트

　일을 배우고 그것을 잘 소화시키며 개선해 나가기 위해서는 사실을 파악하는 것이 필요하다. 현재 매뉴얼을 만들어놓고 사용하는 회사는 극히 드물다. 설사 매뉴얼이 있다 해도 비현실적인 것이 많다. 만일 매뉴얼이 준비되어 있지 않으면 실지로 사실을 파악하는 능력을 몸에 지니도록 하는 것이 중요하다. 다시 말해 신입사원시절부터 사실을 파악하는 능력을 갖도록 해야 한다.
　특히 사무실 안에서는 사실을 완전히 포착하기가 힘들다. 사실은 굴러다니는 것이 아니다. 그래서 눈으로 볼 수가 없다. 어디까지나 사실을 찾아내는 노력이 필요하다. 이것이야말로 일을 제대로 소화시키는 기본이 된다.

　■이 장의 내용
　1. 애매모호한 사실
　2. 사실 파악의 방법
　3. 일을 정량적으로 분석한다
　4. 방법뿐만 아니라 목적과 효과까지도

1. 애매모호한 사실

지난날의 당신은?

"당신은 회사에 입사한 지 얼마나 되었습니까?"

물론 회사에 입사하지 않았다면 대답을 할 수가 없다. 그러나 회사에 입사했다면 "지금 당신이 하고 있는 일은?" 하고 질문을 받게 되면 당신은 자신있게 대답할 수 있는지 한번 생각해볼 필요가 있다.

만일 담당 업무가 정해져 있지 않아 그때그때의 지시에 따라 일을 하고 있다면 지난 한달도 좋고 한주일도 좋으니 그 일들을 생각해내어 종이에 써보도록 한다. 과연 그 일들을 빠짐없이 쓸 수 있겠는가? 자기가 한 일은 다 알고 있는 것 같지만 좀처럼 모르는 것이 현실이다. 새삼스럽게 기억을 되살려서 써보려고 해도 쓰기가 힘들다.

애매모호한 일

각 개인이 하고 있는 업무는 회사의 업적과 직결된다. 그래서 당신이 하고 있는 일이 회사의 업적과 어떠한 형태로 연결되어 있는지 생각해볼 필요가 있다. 결국 "당신이 하고 있는 일은?" 하는 질문이 나오게 된다.

신입사원시절의 일은 잡일이 많고 명령이나 지시에 따라 하는 일이 많다. 그렇기 때문에 '업적과의 연결'이라는 관점에서 생각한다면 지나치게 거창하여 무엇이라고 말하기가 힘들다.

그러나 주어진 일의 목적을 효과적으로 달성하기 위해서는 '주어진 일은 틀림없이 회사의 업적에 도움이 되고 있다'라고 생각하지 않으면 안 된다. '그런 일은 상사나 선배가 하는 것이다'라는 생각을 가지

애매한 일의 양

고 있다면 자신뿐만 아니라 회사도 발전하지 못한다.

요컨대 자신에게 주어진 일의 목적을 충분히 이해하고 그 목적에 가장 적합한 일로 성과를 창출해내야 한다. 예를 들어, 정서 한 가지만 해도 깨끗하고 정성스러운 글씨로 상대가 읽기 쉽고 이해하기 쉽도록 글씨 크기, 행간, 띄어쓰기, 구두점(句讀點) 등에 유의해야 한다.

애매모호한 일의 분량

"당신이 하고 있는 일의 분량은?" 하고 질문을 받는다면 당신은 어떻게 대답할 것인가? 일의 양이란 어떤 일을 몇 가지, 얼마만큼의 시간을 들여서 하는가이다. 그런데 우리들은 이런 질문을 받으면 자신이 하고 있는 일에 거침없이 대답하지 못한다. 현장의 작업자처럼 매일 작업일지를 쓰는 사무원은 그리 많지 않다. 만일 그런 일지를 쓰고 있다면 "이것을 집계하면 한 달 또는 일 년 동안 이러이러한 일을 이만큼의 시간을 들여서 했습니다" 하고 대답할 수가 있을 것이다.

사실의 중요성

이처럼 업무를 제대로 파악하지 못하고 있기 때문에 그 사실을 아는 것이 매우 중요하다.

일을 개선하려면 일의 내용을 잘 알고 있는 것이 중요하다. 그런데 일의 내용에 대해 별도로 기록해둔 것이 거의 없다. 그래서 일에 대한 사실을 파악하기가 힘들다. 요컨대 '일에 대한 사실을 파악하는 것'이 중요하다.

2. 사실 파악의 방법

현장에 가본다

사실을 알기 위해서는 현장에 가보지 않으면 안 된다. 사실을 알기 위해서는 자기 방에 웅크리고 앉아 있거나 데이터를 노려보고 있는 것만으로는 충분치 않다. 먼저 그 일을 하고 있는 현장에 가보아야 한다. 현장에서만이 사실이 존재한다는 것을 명심해야 한다.

예를 들어, 제품이나 상품 또는 원재료, 부품의 현황을 알고 싶다면 먼저 창고에 가보아야 한다. 창고에 가지도 않고 '창고는 아마도 이럴 것이다'라는 짐작으로 이것저것을 생각하는 것은 매우 위험한 일이다. 설사 '틀림없다'고 생각하더라도 일단은 현장에 가보는 것이 좋다.

눈으로 확인한다

현장에 가면 당연히 눈으로 확인하게 된다. 그러나 단지 눈으로 보는 것만으로는 아무런 의미가 없다. 현장을 돌아다니며 하나하나 확인해 보아야 한다.

제3부 효율적인 사무처리 방법 219

현장에 가서 눈으로 확인하고 귀로 듣는다

앞서의 창고의 경우, 창고의 배치, 물건의 양, 보존 방법, 정리 상황 등을 보는 것만이 아니라 그 창고를 관리하는 사람들의 활동 상황까지도 눈여겨보아야 한다.

물론 무엇을 보고 무엇을 확인해야 할 것인가는 현장을 보러가는 목적에 따라 다를 것이다.

귀로 듣는다

특히 사무실에서 하는 일은 눈으로 보는 영역이 좁다. 또 현장에 가서 눈으로 보는 것만으로는 충분한 정보를 얻기 힘들 때가 있다. 그래서 실제로 그 일을 하고 있는 사람들과 대화를 나누는 것이 무엇보다 중요하다.

앞에서 말한 것처럼 그들에게는 매뉴얼이 없기 때문에 그들의 일을 알고 사실을 알기 위해서는 그 일의 담당자에게 직접 물어보고 듣는 것이 매우 중요한 수단이 된다. 이때 해야 할 일이나 예정되어 있는 일을 물어보는 것은 별 의미가 없다. 지금 담당자가 하고 있는 일, 그 사실을 듣도록 한다.

회사의 활동은 한 사람 한 사람의 사원들이 하고 있는 일의 집적으로 이루어진다. 그러므로 '할 예정이나 해야 할 일'에 대한 이야기를 듣는 것은 아무런 의미가 없다. 현재 하고 있는 일의 사실을 듣는 것이 중심이 되어야 한다.

또한 그 사실을 말하는 상대는 그 일을 하고 있는 당사자라야 한다는 것을 잊어서는 안 된다. 지금 그 일을 하고 있지 않은 사람이 아무리 자세하게 이야기해 준다 해도 그 말을 완전히 믿어서는 안 된다. 어디까지나 현재 일하고 있는 그 사람의 이야기가 신빙성이 크다.

3. 일을 정량적으로 분석한다

데이터로 확인한다

사무실 책상에만 앉아 있으면 업무를 파악하기 힘들다. 앞에서 말했듯이 갑자기 하고 있는 업무의 내용을 물으면 대답을 잘 못하고 우물거린다. 따라서 이들로부터 들은 내용은 가능한 한 데이터로 확인하는 것이 중요하다.

예를 들어, 불량품 때문에 클레임이 늘고 있다는 이야기를 들으면 그것을 액면 그대로 받아들이지 말고 정말 그런지 데이터로 확인하는 노력을 잊어서는 안 된다. 이른바 정량적인 파악이 중요하다.

세분해서 관찰한다

일을 정량적으로 파악할 경우 또 하나 주의해야 할 일이 있다. 그것은 문제의 내용을 세분하여 관찰해야 한다는 것이다.

일을 정량적으로 파악한다

예를 들어, 앞서의 예와 같이 요즘 클레임이 많이 늘어나고 있다는 말을 들었을 때 어느 때에 비해 많다는 것인지, 또 어떤 제품, 어떤 상품에 대해 많다는 말인지, 전체적인 면에서 말하고 있는지, 또 클레임이라면 어떤 클레임의 종류인지 등등에 대해 문제를 세분하여 관찰하는 것이 중요하다.

문과계열 출신자가 특히 주의해야 할 점

일을 정량적인 측면에서 파악하는 데에는 문과계열 출신자가 특히 약한 편이다. 문과계열 출신자들은 사물을 추상적, 개괄적으로 파악하는 경향이 있다. 그들은 단순히 "요즘은 클레임이 많다"라고 직감적, 포괄적으로 말해버린다.

그러나 좀더 파고들어가서 "클레임이 많다는 것은 어느 때와 비교해서인가" "어떤 제품과 상품에 대해서인가" "어떤 클레임이 많아지고 있는가"라고 질문을 하면 대답을 못 하는 경우가 많다. "어쩐지 그렇게 생각된다"는 대답밖에 못 한다.

  이래서는 발언에 대한 아무런 근거도 설득력도 없다. "신입사원이니까" 하고 가볍게 넘길지도 모른다. 그러나 문과계열 출신자들은 빨리 모든 일을 정량적으로 파악할 수 있는 체질을 몸에 지니도록 해야 한다. 그렇다고 해서 이공계열 출신자들이 모두 분석력이 뛰어난가 하면 그렇지도 않다. 어쨌든 이공계열이든 문과계열이든 자신을 돌이켜보고 정량적인 분석력이 부족하다면 빨리 몸에 지니도록 노력해야 할 것이다.

---

coffee time

책상과 캐비닛 수

  당신 사무실에는 책상이 몇 개나 있는가? 그리고 캐비닛은? 언젠가 시간이 날 때 한번 세어보도록 하라.

  또 자신의 부서와 접촉이 잦은 부서의 책상 수와 캐비닛 수를 세어보는 것도 좋다. 그리고 그 책상의 주인 이름을 몇 명이나 기억하고 있는지 생각해 보라. 사람과 장소를 기억하고 있으면 일을 잘 진행시켜 나갈 수 있다.

4. 방법뿐만 아니라 목적과 효과까지도

방법이 출발점

　일을 효과적으로 수행하기 위해서는 방법부터 먼저 알아야 한다. 방법을 알면 비교적 쉽게 일할 수 있기 때문이다. 그러나 이는 '비교적'일 뿐, 일 전부를 익히려면 대단히 오랜 기간 경험하지 않으면 안 된다.

　결국 성과라는 것은 방법의 결과라고 할 수 있다. 사무라고 하면 종이가 중심이 된 장표류(帳票類)이다. 따라서 이같은 장표류를 차분하게 관찰하는 것이 출발점이라고 하겠다.

목적과 효과를 확인한다

　일을 효과적으로 수행하기 위해서는 '방법'만 알아서는 안 된다. 목적을 명확히 파악하고 있지 않으면 안 된다. 그리고 일의 목적에 맞추어서 효율적으로 추진해야 한다.

　정형적인 일이라면 방법을 알면 대체적으로 가능하다. 그러나 정형적인 일이란 그다지 많지 않다. 그것은 얼핏 정형적으로 보이지만, 예외적인 처리를 필요로 하는 경우가 많으며 응용이 필요하다. 그렇기 때문에 목적을 충분히 이해하지 못하면 응용이 어렵거나 잘못된 응용을 하게 된다.

　또한 목적을 생각해서 일을 하는 것만으로는 아직 충분하지 못하다. 목적에 맞추어서 일을 했다 해도 사람이 하는 일이다. 때에 따라서는 조건도 변한다. 따라서 목적을 생각해서 일한다 해도 생각한 대로의 성적을 올릴 수 있다고는 할 수 없다.

그렇기 때문에 '목적을 충분히 생각해서 일을 했다' 해도 정말로 소기의 효과를 올렸는지 체크해볼 필요가 있다.

 **이 장의 요약**

사무란 양적으로나 질적으로나 파악하기가 어렵다. 이러한 것들을 정확하게 인식하지 못하면 효과적으로 일을 할 수가 없다. 그래서 사실을 알아야 한다는 중요성을 충분히 이해한 다음 '현장에 나가 직접 눈으로 보고 귀로 듣는' 자세가 기본이 되어야 한다. 그리고 그 사실을 데이터에 의해 입증한다는 마음가짐이 필요하다. 사실을 증명하는 가장 확실한 것이 데이터이다.

또한 사실은 방법뿐만 아니라 목적과 효과까지 포함하여 사실을 생각하지 않으면 사실을 파악하지도 개선하지도 못한다.

사실을 알아야 한다는 중요성을 이해하고 사실을 정확히 파악하는 능력을 몸에 지니도록 한다.

학습성과확인테스트

【Q 3-1】

다음 문장을 읽고 옳은 것에는 ○표를, 틀린 것에는 ×표를 하라.

☐ (1) 업무가 종이에 쓰여 있는 경우는 거의 없다.

☐ (2) 일의 분량은 바로 알 수 있는 것이 보통이다.

☐ (3) 사실을 알려면 먼저 현장에 나가보아야 한다. 현장에는 사실이 있다.

☐ (4) 남의 이야기를 들어보면 사실을 정확히 알 수 있다.

☐ (5) 일의 사실을 알려면 찾으면 된다.

【Q 3-2】

지난 1주일 동안의 일을 생각해보라. 그리고 일을 건수, 시간, 일의 목적과 효과 등으로 나누어 한번 써보라.

제4장

문제해결 능력을 기른다

 **학습포인트**

회사에는 문제가 많이 발생한다. 현대인들은 문제의식이 대단히 높기 때문에 문제가 눈에 잘 띈다. 우리나라의 산업이 나날이 발전해가고 있는 것도 다 이 때문이라고 하겠다.

그러나 문제의식이 아무리 높아도 문제를 해결하는 능력이 없으면 효과가 없다. 그래서 이 장에서는 신입사원들이 사실을 파악하는 포인트와 사실에 기초를 둔 데이터에 의해 문제를 해결하는 방법의 기본을 다루어 보기로 한다.

■이 장의 내용
1. 문제의식을 갖는다
2. 결과를 분석한다
3. 원인을 찾아낸다

1. 문제의식을 갖는다

불평불만이 아니다

 문제해결 능력을 신입사원에게 요구한다는 것은 좀 이른 일인지도 모른다. 현실적으로 입사하자마자 문제해결 요구를 제의받는 것도 그다지 흔한 일은 아니다.

 그러나 회사 안에서 일을 할 때 항상 문제의식을 갖는다는 것은 비즈니스맨의 중요한 조건이라고 해도 과언이 아니다. 다만 문제의식이라고 했을 때 주의해야 할 점은 그것이 불평불만과는 다르다는 것이다.

 예를 들어, 급여가 적다든가, 너무 일이 많다든가, 상사가 귀찮게 군다는 등의 것들은 그저 단순한 불평불만이어서 회사의 발전이나 개인의 능력 향상에도 연결되지 못한다. '진정 이것이 문제이다'라고 진지하게 생각해볼 필요가 있다.

문제의식을 갖고 회사를 본다

 문제의식의 범위는 자기 주변의 것에만 국한되는 것은 아니다. 회사의 방향이나 경영에 대해서도 의식적으로 문제점을 생각해보는 것이 좋다. 다만 문제를 지적할 뿐만 아니라 '이렇게 하면 어떨까?' 하는 해결책도 아울러 생각해야 할 것이다. 이것은 주제넘는 일이 아니다. 신입사원이라 해도 항상 회사를 염려하고 '나 같으면 이렇게 해보겠다'라는 문제의식을 갖는다는 것은 결코 쓸데없는 일이 아니다.

문제의식은 불평불만과는 다르다

업적과 직결된 일은 효율적으로 진행시킨다

가장 비근한 예로, 지금 자신이 하고 있는 일에 대해 문제의식을 갖는다는 것은 참으로 현실적이며 효과적인 것이라고 하겠다. 자신의 업무를 '가장 효과적으로 처리하기 위해서……'라고 생각할 때에 문제의식이 발생한다. 어디까지나 '좀더 잘하기 위해'라는 것이 기초가 되어야 한다. 회사 실적에 효과적으로 연결시키기 위해서이다.

자신의 성장을 위해

그러나 문제의식을 갖는다는 것은 단순히 회사의 실적에 연결시키기 위해서만이 아니다. 자신의 일을 능률적으로 하는 동시에 자신의 성장에도 도움이 되지 않으면 아무 소용이 없다. 자신이 성장하기 위해 거기에 문제의식이 있어야 한다. 회사를 위해, 일을 위해 자신이 존재해 있다는 생각을 가져야 한다.

자신을 위해, 자신의 성장을 위해 일이 있다고 생각할 때에 거기에 반드시 문제의식이 생겨난다. 따라서 '이런 곳에서 이런 쓸데없는 일만 하고 있다니……' 하고 생각하는 것은 문제의식이 아니라 불평불만에 지나지 않는다.

　신입사원시절에는 어디까지나 주어진 업무 범위 내에서 최대한으로 자기 자신을 살려 나가는 방법을 생각해야 한다. 이웃집 꽃이 더 아름답게 보이는 식으로 자신에게 주어진 일은 하찮게 생각하고 남의 일에 매력을 갖는 것은 문제의식이라고 할 수 없다. 현재 자신에게 주어진 일에 전력 질주하고 그 과정에서 문제의식을 찾아내야 한다.

2. 결과를 분석한다

구체적인 문제 파악

　진정 문제가 되는 것은 결과 속에 '잘못'이 있다는 것이다. 결과 속에서 '잘못'이 밝혀지지 않으면 문제의식은 필요없을지도 모른다. 또한 애매모호한 문제는 생각해 보았자 시원한 결과도 나오지 않으며, 핵심적인 문제해결의 실마리도 되지 않는다.

　예를 들어, '재고가 많다'는 문제의식에 대해 '재고가 많다'는 것은 무엇을 말하며, 어디에다 기준을 두고 하는 말인지 명확한 개념에서부터 출발하지 않으면 안 된다.

　타사에 비해서 많다는 말인가? 슈미레이션의 결과에 의해서 많다는 말인가? 많다면 얼마만큼 많다는 말인가? 이에 따라서 결과의 '잘못'이 명확해진다. 그래서 결론적으로 재고가 이렇게 많기 때문에 금리면에서나 창고 관리비면에서나 이렇게 '손실'이 크다고 하는 것이다.

해결할 가치가 있는 문제인가

 그러나 문제를 해결하기 위해서는 코스트가 들게 된다. 코스트만이 아니다. 여러 사람들의 노력도 필요하게 된다. 뿐만 아니라 문제를 해결할 수 있다는 확신이 없으면 문제를 해결할 수 없을지도 모른다. 그래서 노력이라든가, 투자한 만큼의 효과를 얻을 수 있는지의 여부가 이 문제를 문제로써 다루어볼 만한 가치가 있는 것인지의 여부가 결정된다.

 회사 내에는 해결하지 않으면 안 될 문제가 산적해 있다. 다루어야 할 문제는 효과가 크고 해결될 전망도 있으며 해결을 위해 투입되는 노력이나 투자도 적어야 하는데, 이것들을 정리하여 순위를 매긴 뒤에 선택해야 한다. 즉 효과와 리스크라는 면을 감안하여 선택해야 하는 것이다.

3. 원인을 찾아낸다

원인은 많다

 문제를 해결하기 위해서는 그 원인을 추구하는 것이 가장 기본적인 요소이다. 그러나 문제의 원인은 그렇게 단순하지 않다. 많은 원인들이 서로 얽혀서 문제를 만들어내고 있는 것이다. 그래서 문제해결을 위해서는 이 얽혀 있는 원인을 찾아내야 한다.

 일반적으로 자신의 지식이나 경험에 의해 직감적으로 원인을 찾아내려고 하는 경향이 있다. 그러나 원인 규명은 그리 간단한 것이 아니다.

원인을 구체적으로 써본다

많은 원인을 머릿속에서 생각해본들 제대로 정리되지 못한다. 우선 종이에 써보도록 한다. 이것을 '원인과 결과의 계열도'라고 한다.

예를 들어, '재고가 많다'는 문제가 제기되었다고 하자. 이럴 경우, 많은 원인과 얽혀 있는 상황을 일단 그림으로 표시해보는 것이다. 재고가 많은 것은 '물건을 너무 많이 사입했기 때문이다'라는 식의 단순한 것이 아니다. 영업에도 문제가 있고, 생산관리에도 문제가 있다.

또한 다른 면에서는 사람의 문제도 있다. 조직 분담의 문제도 있다. 제도에도 문제가 있다.

이런 식으로 매우 복잡하다. 이것을 종이에다 계열도로 나타내어 풀어 나가는 것이 필요하다.

업무 내용을 파악하는 것이 전제

이러한 계열도를 정확하게 그리려면 회사 내부의 업무를 잘 알고 있어야 한다는 것이 전제 조건이 된다. '일을 안다'는 것에 대해서는 제1장에서 이미 배웠지만 한번 더 생각해보기 바란다.

일을 완전히 파악하지 못하면 '재고가 많다'는 원인에 대해 '너무 많이 사입했기 때문에'라는 대답밖에 하지 못한다. 앞에서 말한 것처럼 여러 부문의 업무 내용과 서로간의 연계 내용을 모르면 이와 같은 계열도는 만들 수가 없다. 그런 것을 잘 알고 있어야만 만들 수가 있는 것이다.

'그 원인이 무엇인가?' '그 원인이 왜 생겼는가?'라는 식으로 생각해 나가면 쉽게 계열도가 만들어진다. 일단 만들어지면 반대로 '이 원인이 없어진다면' 하는 식으로 검증해 나가면 계열도의 정확도를 체크할 수 있게 된다(원인과 결과의 계열도 참조).

제3부 효율적인 사무처리 방법 233

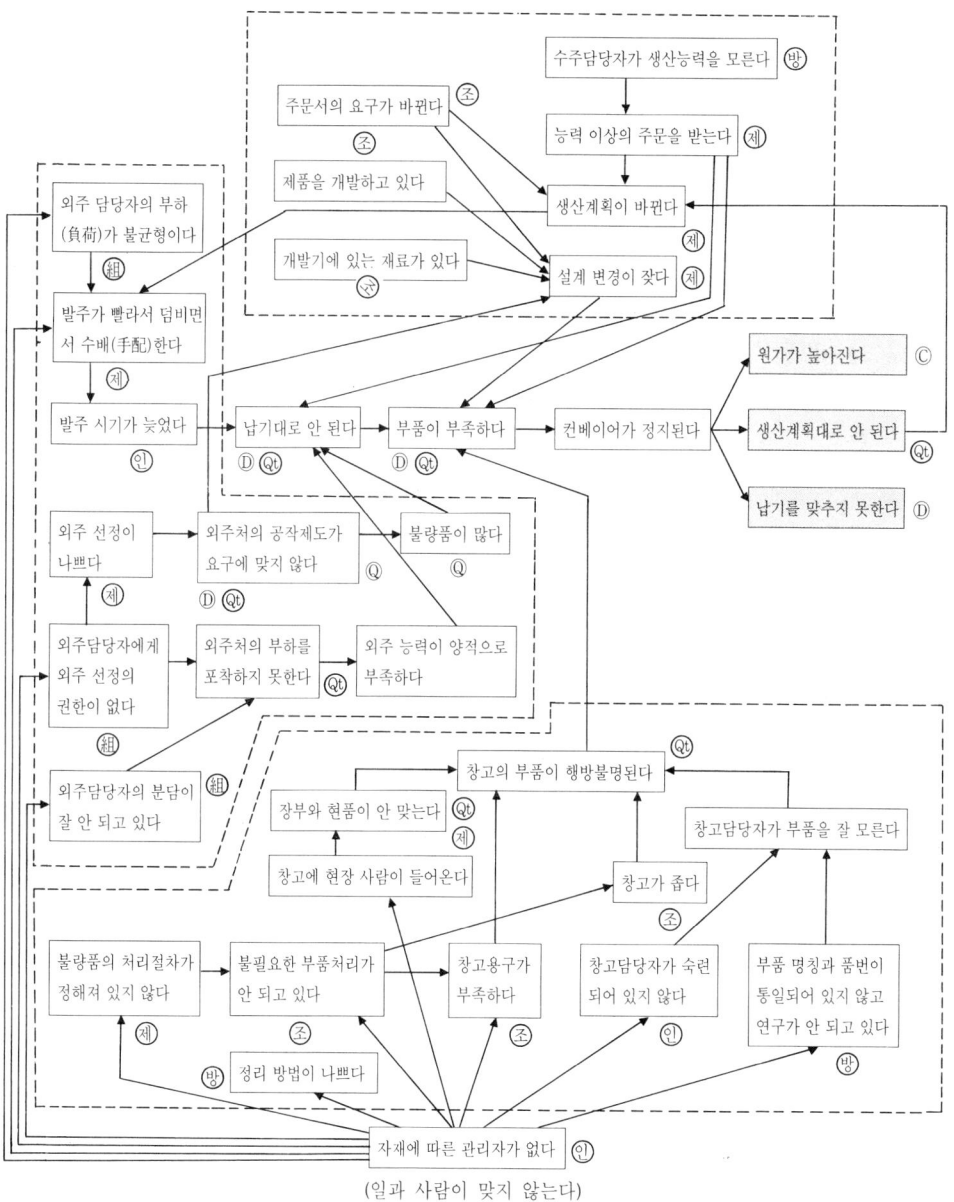

(주) Qt … 양, Q … 품질, D … 납기, C … 코스트, ▨ … 발단이 된 문제, 組 … 조직, 제 … 제도, 인 … 인간, 조 … 조건, 방 … 방법

원인과 결과의 계열도

해결의 가능성과 성과 분석

문제의 해결을 위해 원인의 계열도만 그리면 다 되는 것은 아니다. 요컨대 문제해결인 것이다. 문제를 해결하기 위해서는 이 원인을 제거해 버리지 않으면 안 된다. 물론 이것은 그리 간단하지가 않다.

모든 원인을 완전히 없애버리는 것은 불가능하다. 거기에서 문제를 해결하는 데에 가능성이 크고, 해결하면 성과가 큰 원인을 골라내야 한다. 그리고 그것들을 다룸으로써 어느 정도 성과를 가져오느냐 하는 것을 체크해야 한다.

중요한 것은 실행력

이상과 같이 문제의식이 있고 분석력이 있다 해도 그것만으로는 효과가 오르지 않는다. 어디까지나 문제해결의 실행력이 필요하다. 실행을 해야만 비로소 성과가 오른다. 문제해결은 토론이나 책상 앞에서의 연구가 아니다. 문제의식이나 분석만 가지고는 아무런 의미가 없다.

일반적으로 문제의식은 높다. 그러나 더욱 필요한 것은 실행력이다. 그러므로 실행력을 몸에 지니도록 노력해야 한다

참고 **원가의식이란?**

원가의식을 코스트의식이라고도 하는데, 불필요한 코스트를 억제하고 필요한 코스트를 최소화한다는 생각이다.

① 불필요한 코스트란 성과(out put)에 조금도 연결되지 못하는 코스트를 말하는데 그것은 어느 곳에서나 발생한다.

② 코스트에는 금전적인 코스트뿐만 아니라 시간 낭비, 인력 낭비

등도 있다. 일에는 효율이라든가, 능률이라든가 하는 의식이 필요한데 경영 실적은 결국 숫자로 측정되는 것이다.

낭비가 없는 효율적인 일을 해 나가기 위해서는 신입사원시절부터 각별히 노력해야 한다.

★ 불필요한 코스트의 예

- 개인 용무로 인한 외출
- 회사의 전화, 승용차, 소모품 등의 개인적인 사용
- 필요 이상의 회의나 협의에 소요된 시간
- 필요 이상의 과다한 물품 사입, 보관, 발주
- 필요 이상의 인쇄물 작성 및 배포
- 부주의로 인해 빼앗긴 캔슬료
- 남긴 식사, 남아도는 선물 등
- 아무도 없는 방에 켜져 있는 전기불, 냉난방 기구 등의 에너지
- 점검 소홀로 지불된 수리 비용
- 공금으로 지불된 개인 식대 등

 이 장의 요약

문제를 해결하기 위해서는 먼저 문제점이 무엇인가를 명확히 파악하고 그 문제를 회사 내에서 다루어야 할 것인지의 여부를 결정하지 않으면 안 된다. 그리고 나서 해결하는 데 소요되는 노력이나 투자에 대해 해결된 후의 메리트(merit)를 비교해보는 것이다. 일단 다루기로 결정이 내려지면 원인을 철저히 추구하지 않으면 안 된다.

원인을 추구하는 것 자체는 문제가 되지 않는다. 많은 원인들을 체계적, 논리적, 실무적으로 연계시켜 계열도를 만든다. 그 계열도를 보고 빠진 것은 없는지 충분히 체크한 다음, 해결의 가능성이 크고 효과가 큰 원인을 찾아내어 문제해결과 연계되도록 하나하나 손을 써 나가는 것이 필요하다.

신입사원에게는 이러한 기회가 없을지도 모른다. 그러나 스스로 문제의식을 가지고 퇴근 후 집에 돌아가서라도 사례의 원인과 결과의 계열도를 그려보면서 원인을 철저히 파악해보는 것이 바람직하다.

학습성과확인테스트

【Q 4-1】

다음 문장 중 옳은 것에는 ○표를, 틀린 것에는 ×표를 하라.

☐ (1) 문제의식이란 불평불만과는 다르다.
☐ (2) 문제의식은 회사뿐만 아니라 자신의 성장에도 도움이 된다.
☐ (3) 문제의식은 결과를 철저히 분석하여 진정 문제가 되고 있는 것을 명확히 밝히는 데 있다.
☐ (4) 문제의 원인은 비교적 간단히 찾아낼 수 있다.
☐ (5) 원인의 계열도만 정확히 그려내면 문제는 해결된 것이나 다름없다.

【Q 4-2】

자신이 갖고 있는 문제의식 중에서 하나를 끄집어내어 구체적으로 '원인과 결과의 계열도'를 만들어보라.

제5장

바르고, 빠르고, 값싸게

 학습포인트

이 장에서는 업무를 소화시켜 나가는 데 필요한 기본적인 포인트에 중점을 두었다. 그 첫번째 포인트는 목적에 따라 '올바르게' 일을 하는 것이다. 두번째는 '빨리' 타이밍을 맞추어서 일을 하는 것이다. 세번째는 '값싸게' 일을 하는 것이다. 코스트가 높으면 채산이 맞지 않는다.

'바르고' '빠르고' '값싸게'. 이것이 업무를 추진해 나가는 기본이다.

■ 이 장의 내용
1. '바르게' 한다
2. '빠르게' 한다
3. '값싸게' 한다

1. '바르게' 한다

먼저 일의 목적을 파악한다

일을 추진하려면 먼저 그 일을 충분히 이해하지 않으면 안 된다. 일을 이해하는 것이 첫번째 목적이다. '무엇 때문에 이 일을 하는가?'라는 것이다. 일을 맡기는 사람은 경우에 따라서는 목적을 설명하지 않는 경우도 있다. 단지 해야 할 일만 지시해주고 방법에 대해서는 설명을 안 해줄지도 모른다. 그러나 항상 생각해야 할 것은 '이 일을 무엇 때문에 하는가?'이다.

예를 들어, 도표 작성을 부탁받았다고 하자. 시키는 대로 하면 된다는 사고는 '노'이다. '노'라는 말이 지나친 표현일지는 몰라도, 자기 성장에는 거의 연결되지 못한다. 이 표는 과연 무슨 목적으로 작성하는 것일까 하고 생각해 보아야 한다.

그렇다고 해서 일을 맡긴 사람에게 "이 표의 목적은?" 하고 물어보라는 말이 아니다. 이러한 질문을 하면 "하라는 대로 잠자코 해!"라고 핀잔을 들을지도 모른다.

주어진 자신의 일의 목적을 이해하기 위해서는 일을 시작하기 전에 먼저 깊이 생각해보는 것이 필요하다.

누구를 위한 일인가

어떤 일의 목적의 일부이기는 하지만 '이 일은 누구를 위해 하는가?' 하는 것도 생각해보지 않으면 안 된다. 도표 작성을 지시받았을 때 이 도표는 누구에게 보여주기 위해 작성하는가까지 염두에 두고 작성하는 것이 좋다. 왜냐하면 누구에게 보일 것이냐에 따라서 도표의 작성

목적에 맞추어서 '바르게' 한다

방법이 달라질 수도 있기 때문이다. 도표 그 자체의 작성에는 다름이 없다 해도 글씨의 크기, 도표의 레이아웃 등 그 표를 사용하는 상대를 생각하면서 일을 할 필요가 있다.

어느 회사의 부장이 "난 작은 글씨는 잘 보이지 않아. 그런 글씨를 보면 괜히 초조해진단 말이야"라고 말하는 것을 들은 적이 있다.

그러므로 도표 작성을 요구해 왔을 때에는 그 도표를 이용하는 상대와 목적에 따라 그 표의 어느 난에다 어떤 숫자를 강조해야 하는지, 또 어느 난의 어떤 숫자를 크게 해야 하는지를 생각해야 한다. 그렇다면 그러한 포인트를 강조하는 표를 어떻게 만드느냐 하는 방법도 연구해야 할 것이다.

성과는 올랐는가

　일의 목적을 명확히 이해하고 난 다음에는 목적을 달성하는 데 집중해야 한다. 바꿔 말해, 자신이 끝낸 일이 목적대로 성과를 올렸는지 못 올렸는지의 결과를 본다.

　예를 들어, 선배로부터 "이런 자료를 정리해서 표를 만들어 달라"는 부탁을 받고 20여 개의 표를 만들어 주었더니 그 선배는 그 중에서 한 장만을 골라 "이것밖에 쓸 것이 없다"고 말했다. 이렇게 되면 실망도 크지만 동시에 부끄럽기도 하다. 목적을 생각하는 동시에 진정 목적한 대로 성과가 나올 수 있는지의 여부도 생각해볼 필요가 있다.

2. '빠르게' 한다

시간을 생산적으로 사용한다

　업무를 잘 소화시키려면 '바르게' 하는 것도 중요하지만 '빠르게' 해야 한다. 일을 빨리 소화시키는 데에는 시간을 어떻게 사용하느냐의 문제와 관계된다. 제한된 시간을 생산적으로 쓰지 않으면 안 된다.

　여기에서 말하는 '시간을 생산적으로'라는 말은 일터에서 사용하는 일에 대한 시간적 개념이다. 우선 회사에 출근하여 퇴근할 때까지의 시간이 어떻게 쓰이고 있는가 돌이켜볼 필요가 있다.

> ★시간을 생산적으로 사용하고 있는가
> 　①작업 개시시간에는 어김없이 일을 시작하고 있는가?
> 　자리에 앉고 나서 '자아, 오늘은 무슨 일부터 하지?' 하면서 생각에 잠기는 일은 없는가?

②회의시간에 늦는 일은 없는가?

회의시간은 정해져 있다. 그 시간을 지키지 않고 늦게 참석하면 상사로부터 미움을 사게 되고 시간 낭비도 생긴다.

③전화로 긴 이야기를 하고 있지는 않은가?

전화로 오랫동안 잡담을 나누는 경우를 흔히 볼 수 있다. 또 전화로 의논을 하다가 상대를 마냥 기다리게 해놓고 서류를 찾거나 조사를 하는 경우도 있는데, 전화는 용건만 간단하고 짧게 끝내야 한다.

④개인적인 일로 시간을 사용하고 있지는 않은가?

사적인 이야기나 일로 시간을 낭비하고 있지 않은가? 예를 들어, 근무시간중에 담배를 사러 나가는 사람을 볼 수 있는데, 이런 일은 휴식시간에 해야 한다.

이상과 같이 우리 주위를 살펴보면 시간을 함부로 허비하는 일이 많이 있다. 시간을 의식하는 마음가짐이 생산적으로 업무를 처리하고 시간을 잘 쓰기 위한 기초가 된다.

남의 시간도 소중히 여긴다

시간을 소중히 여기는 것은 자신만의 일이 아니다. 남의 시간도 동시에 소중히 여겨야 한다. 남의 시간을 소중히 여긴다는 것은 남에게 폐를 끼치지 않는다는 뜻이 된다.

자신의 시간뿐만 아니라 남의 시간까지 낭비하는 일이 없도록 각별히 주의를 해야 한다.

★남의 시간을 소중히 여기고 있는가

①행선지를 분명히 밝히고 있는가?

> 상사로부터 호출을 받거나 전화가 걸려왔을 때 행방이 묘연하면 주위 사람들은 그를 찾느라고 법석을 떨게 된다. 이것은 남의 시간을 빼앗는 일이 된다.
>
> ② 자신이 충분히 할 수 있는 일을 남에게 부탁하지는 않는가?
>
> 복사를 2장 하고 싶다고 하자. 자신은 그다지 바쁘지도 않은데 공연히 열심히 일하고 있는 사원에게 부탁을 한다. 여사원은 심부름꾼이 아니다.
>
> ③ 남의 일을 방해하고 있지는 않는가?
>
> 남이 일을 하고 있을 때 공연히 말을 걸어 상대의 일을 방해한다. 급한 일이라면 어쩔 수 없겠지만 사소한 개인 일로 방해해서는 안 된다.
>
> ④ 자기의 실수로 인해 남에게 피해를 주고 있지는 않은가?
>
> 잘못된 전표 발행, 자료의 착오 등으로 상대방에게 피해를 주거나 남의 시간을 낭비해서는 안 된다.

'타이밍'을 맞춘다

일은 빨리만 하면 되는 것이 아니다. 일을 타이밍에 맞추지 않으면 일 자체가 무의미해지고, 서둘러서 한 보람도 없이 피로만 남게 된다. 일은 그것을 필요로 하는 시기를 넘기게 되면 아무런 뜻도 의미도 없다.

일의 목적을 완수하기 위해서는 타이밍이 매우 중요하다는 것을 잊어서는 안 된다.

납기를 지킨다

'타이밍'이라는 것을 다른 측면에서 보면 '일의 납기를 지킨다'는 뜻

나쁜 습관에 물들지 않도록 주의한다

이 된다. 회사 안에서는 "이 일을 언제까지 해주십시오"라든가, "오후 몇 시까지 이 자료를 제출해 주십시오"라는 경우가 많다.

예를 들어, 상사로부터 "이 일을 내주 월요일 오후까지……"라는 식의 지시를 받을 때가 있다.

문제는 지시에 따라 지정된 시간 내에 일을 끝마쳐야 한다는 것이다. 그러나 일반적으로 사내 업무의 경우, 일의 납기를 적당히 생각해 버리는 나쁜 습관이 있다. 이와 같은 습관이 몸에 배지 않도록 해야 한다. "월요일이라고 지시해 보았자 언제나 늦으니 차라리 앞당겨 토요일이라고 해둘까"라든가, "지금까지 월요일로 시한이 정해져 왔는데 그렇게 바쁜 것도 아닌 듯싶고, 다소 늦어도 괜찮겠지"라는 식의 느슨한 사고가 자신도 모르는 사이에 몸에 젖어버리게 된다.

어쨌든 지시받은 약속의 시한은 반드시 지키도록 한다. 야근을 해서라도, 또는 집에 가지고 가는 일이 있더라도 반드시 해내는 책임감이 필요하다.

차분한 분위기를 유지한다

 분위기가 어수선한 사무실이 있다. 한쪽에서는 시끄럽게 전화를 받는가 하면, 한쪽에서는 여사원이 분주하게 돌아다닌다. 이와 같은 어수선한 모습을 보고 모두들 열심히 일하고 있다고는 생각하지 않을 것이다. "왜 저렇게 떠들썩하지?" 하고 의문을 가질 것이다.

 일을 능률적으로 처리하는 곳에서는 그토록 떠들썩하게 일하지 않는다. 일을 바르고, 빠르게, 타이밍을 맞추어서 하려면 차분한 분위기가 유지되어야 한다.

 당신의 사무실 분위기가 어수선하다면 그대로 지나치지 말고 그 원인에 대해 의문을 가져보도록 한다.

일을 계획적으로 진행시킨다

 일을 빨리 소화시키려면 제2장에서 이미 말한 바와 같이 먼저 무엇보다도 계획이 중요하다.

 계획의 첫번째는 '그 일을 하려면 어떤 준비가 필요한가?'라는 것이다. 예를 들어, 도표를 작성하는 일이라면 '어떤 용지를 사용해야 하는가?' '크기와 지질은 어떤 것으로 할 것인가' 등을 미리 생각해서 준비해두지 않으면 안 된다. 미리 준비를 해두어야 할 것을 일하다 말고 다른 부서로 구하러 간다. 구하러 갔더니 없어서 또 다른 부서로 구하러 돌아다닌다. 이렇게 해서는 일이 속도감 있게 될 리가 없다.

 둘째로, 구체적인 순서이다. 어떤 순서를 밟아서 일을 할 것인가 하는 것이다. 순서를 그르치면 경우에 따라서는 다시 해야 한다. 예를 들어, 숫자가 꽉 차 있는 실적표(實績表)의 정서를 지시받았다고 하자. 먼저 원자재를 집계해서 검산해보고 난 다음 전기(轉記)하는 것이 원칙이다. 그런데 무턱대고 전기한 뒤 검산하는 과정에서 실수를 발

일은 계획된 순서대로

견하고 실적표의 숫자와 대조해 보았더니 원고 자체가 잘못되었다는 것을 알아냈다. 이렇게 되면 "큰일났다! 다시 해야겠다"는 식이 되어 버리기 때문에 정서하기 전에 반드시 숫자를 검산해보는 것이 바람직하다.

준비나 능력 부족에 의해 일을 잘못했을 때에는 적당한 핑계로 얼버무리지 말고 자신의 미숙함을 솔직히 인정하고 진지한 마음으로 다시 하도록 한다.

정리, 정돈의 습관을 갖는다

책상 서랍을 한번 열어보자. 책상 안의 정리, 정돈이 어떻게 되어 있는가. 신입사원의 경우는 아직 서랍 속에 들어 있는 것들이 그다지 많지 않을지 모른다. 그러나 설사 양은 적다고 하더라도 깨끗하게 잘 정리되어 있어야 한다.

책상은 비즈니스맨에게 있어서 중요한 도구이다. 비단 책상만이 아니라 자신이 사용하고 있는 캐비닛도 중요한 기물이므로 책상 못지 않게 질서있는 정돈이 요구된다.

  왜 정리, 정돈이 필요한가는 말할 나위도 없다. 정리, 정돈이 잘되어 있으면 자료나 서류도 빨리 찾아낼 수 있고 시간 낭비도 줄일 수 있다.

★서랍 속은 잘 정돈되어 있는가
① 볼펜 등의 사무용품이 잘 정리되어 있는가?
② 홀더(holder)는 어떠한가?
③ 책상 속의 서류는 잘 철해져 있는가?
④ 혹시 사물이 어지럽게 흩어져 있지는 않은가?
⑤ 불필요한 것들이 들어 있지는 않은가?

---

3. '값싸게' 한다

코스트 절감과 절약정신

  모든 일은 값싼 코스트로 끝내야 한다. 코스트를 낮추려면 무엇보다도 일을 빨리 처리하는 것이 관건이 된다. 즉 낮은 코스트란 짧은 시간 내에 많은 사무량을 처리하는 것을 말한다.

  사람 다음으로 코스트를 줄여야 할 것으로는 사무에 따른 경비이다. 무슨 일이든 적은 경비로 처리해야 한다.

  주위를 한번 둘러보라. 모든 것이 코스트와 관계된다. 이 코스트를 될 수 있는 대로 적게 들여 일을 매듭지어야 한다. 그러기 위해서는 '코스트 절감 정신'이 필요하다. 일을 할 때 회사의 공금을 쓴다고 생각하지 말고 자신의 호주머니 속에서 돈을 꺼내 쓴다는 마음가짐으로 최소한의 경비로 일을 끝내는 연구와 노력을 기울이는 것이 필

주위의 모든 것이 코스트

요하다.

종이를 아껴쓰자

회사에서 사용하는 종이의 양은 실로 방대하다. 컴퓨터나 복사기의 보급으로 대량의 종이가 소요된다. 매일 쓰레기통으로 들어가는 종이의 양은 엄청나다. 과장된 표현으로 말한다면 사무원들은 매일 종이를 낭비하는 전쟁을 치르고 있는 듯하다.

어쨌든 종이의 사용량을 과감하게 줄이도록 노력해야 한다. 그러기 위해서는 각 부서에 공급하는 자료, 연락문서 등을 간략하게 할 필요가 있다. 또한 회의를 할 때에도 가급적 종이로 된 자료를 나누어주지 말고 OHP(Over Head Projecter)로 대신하는 것이 좋다. 복사를 할 때에도 앞뒤 양면을 사용하면 용지를 절반으로 줄일 수 있다. 그리고 이미 사용한 유인물이라도 뒷면이 공백으로 남아 있을 때에는 그 용지를 다시 활용한다.

새 종이를 메모지로 사용하는 일이 없도록 유의하고, 외부에 발송하는 것을 제외하고는 새 종이를 될 수 있는 대로 쓰지 않도록 한다.

사장이나 중역들이 한 번 사용한 용지의 뒷면을 메모용지로 잘라 쓰고 있는 것을 흔히 볼 수 있다. 이에 비해 젊은 사원들은 무절제하게 종이를 함부로 쓰는 경향이 있다. '회사 것은 함부로 사용해도 좋다'는 인식이 몸에 배면 좋지 않다. 신입사원시절부터 절약정신을 철저히 가져야겠다.

보고서는 간결하게

종이를 소중히 하고 적은 용지로 일을 해 내려면 보다 근본적으로 적은 양의 종이로 끝낼 수 있도록 문서를 작성해야 한다. 어느 회사에서는 '문서1매운동'까지 벌이고 있다. 문제는 불필요한 내용을 장황하게 쓸 필요가 없는데도 그렇지 못하다는 것이다.

한 장의 종이에 요령껏, 간결하게 요약해서 쓰면 이것보다 더 바람직한 일은 없을 것이다. 따라서 좀 무리기는 하지만 작성하는 서류는 어쨌든 한 장으로 끝내는 원칙을 세워 문서를 작성하도록 한다. 이런 것도 습관이 되면 그다지 문제가 되지 않는다. 물론 처음에는 어려움이 따를 것이다.

그러나 이것이 습관이 되어 한 장으로 쓸 수 있게 되면 종이는 눈에 띄게 줄어든다. 또한 작성하는 시간도 줄어들고 읽는 시간도 줄어든다. 대단히 큰 메리트가 있다.

캐비닛의 정리와 정돈

책상이나 캐비닛의 사용법에 대해서는 앞에서도 언급했지만, 시간이나 공간의 낭비를 줄이기 위해서라도 중요한 포인트가 된다.

언제나 캐비닛 안을 잘 정리하되 쓸데없는 물건은 버리는 것이 좋다. 관심을 갖지 않고 그대로 내버려두면 쓸데없는 종이가 쌓이기만 한다. 필요한 것을 찾아내는 시간도 문제지만, 또 하나의 큰 문제는 스페이스이다. 대부분의 사무실이 막대한 양의 자료 보관에 따른 공간 잠식에 골치를 썩고 있다. 아예 쓸데없는 자료는 처음부터 만들지 말고, 쓸데없는 것은 버리는 것이 좋다.

> ★ 서랍이나 캐비닛 안을 휴지더미로 만들지 않으려면
> ① 불필요한 자료는 그때그때 버린다.
> ② 중요한 자료는 문서보관 기준에 따라 보관한다.
> ③ 한 달에 한 번 정도는 정기적으로 캐비닛 안을 정리하여 불필요한 서류는 과감히 없앤다.
> ④ 갖고 있는 편이 낫다라는 생각을 하지 말고 버릴 것은 버린다.

에너지 절약시대에 적절히 대처한다

지금은 에너지 절약시대이다. 최근 사무실은 대단히 깨끗해지고 근대화되었다. 어느 사무실에서나 에너지를 마음껏 쓰고 있으며, 냉난방 시설도 완비되어 있다.

그런데 정부는 국가적인 차원에서 에너지 절약을 국민들에게 강력히 호소하고 있다. 회사도 예외가 아니다. 항상 에너지 절약에 힘써야 한다. 우선 불필요한 전기는 끄도록 한다. 어느 회사에서는 점심시간에 아예 전기를 꺼버리거나 형광등을 한 개씩만 켜두는 곳도 있다. 화장실의 경우, 사용하지 않을 때에는 소등하는 회사도 많다. 엘리베이터도 에너지 절약의 대상이다. 웬만한 사람들은 2, 3층 정도는 엘리베이터를 이용하지 않는다. 이런 일은 현대인의 운동 부족 해결에도 도움이 된다. "엘리베이터를 이용하는 것이 시간 절약이 된다"라고 말하는 것은 핑계에 불과하다. 가급적 엘리베이터를 사용하지 말고,

에너지 절약에 힘쓰자

사용 횟수도 줄인다.

당신 주위의 모든 것들이 코스트라는 사실을 명심하기 바란다.

통화는 간단히

통화를 짧고 요령있게 하는 것도 코스트 절감에 도움이 된다. 특히 국제전화나 시외전화의 경우는 코스트가 대단히 높다.

전화는 걸기 전에 통화 내용을 충분히 생각해두는 것이 좋다. 우선 간단한 인사와 용건의 설명, 결론 등을 요약하여 머릿속에 넣어두고 전화를 걸도록 한다. 이런 것에 익숙해지면 단 몇 분, 몇 초 만에도 통화를 끝낼 수 있다.

회사의 건전한 풍토 확립에 노력을

이 장에서는 '바르고' '빠르고' '값싸게'라는 문제에 대해 실무적인 차원에서 포인트를 설명했다. 이러한 것들은 회사의 건전한 풍토 확립에 직결된다. 한 사람 한 사람의 행동에는 개인차가 있겠지만, 회사

전체가 '바르고' '빠르고' '값싸게'라는 공감대 속에서 건전한 풍토와 전통을 확립해야 한다.

  자기가 몸담고 있는 회사의 분위기가 좋지 않다고 느낀다면 다함께 개선하도록 노력해야 한다. 사풍(社風)은 가풍과도 같은 성질을 지니고 있다.

  '바르고' '빠르고' '값싸게'라는 사고로 좋은 습관을 길러 나가도록 노력해야 한다.

---

coffee time

미인대회

  종이를 한 장 책상 위에 펴놓고 미인대회에 내보낼 후보자를 선발한다고 가정하자. 미인이라고 생각되는 여사원의 이름을 종이에 써본다. 과연 몇 사람이나 쓸 수 있을까? 이 정도의 관심도 없으면 일도 제대로 못 하는 사람일 것이다.

 이 장의 요약

　일을 효율적으로 하지 않으면 안 된다. 이것이 회사가 요구하는 기본자세이다. 회사는 이익을 추구하는 곳이다. 돈을 벌지 않고서는 사업을 지탱해 나가지 못한다.

　일을 효율적으로 하기 위해서는 먼저 목적에 맞추어서 성과를 올리지 않으면 안 된다. 그러나 일을 '바르게' 했다 해도 늦게 하면 결국 코스트가 필요 이상으로 들게 된다.

　사람에 대한 코스트뿐만 아니라 회사에는 여러 가지 경비가 소요된다. 시설물에 대한 코스트도 크지만 종이나 문구류의 코스트도 무시할 수 없다. 그리고 에너지 절약에도 힘쓰지 않으면 안 된다. 어쨌든 '값싸게'라는 문제가 일을 처리해 나가는 데 필수 요건의 하나가 된다.

　'바르고' '빠르고' '값싸게'.— 이 원칙을 어떻게 적용시켜 나갈 것인가 하는 것이 신입사원들의 기본적인 마음가짐이다.

학습성과 확인테스트

【Q 5-1】

다음 문장 중에서 옳은 것에는 ○표를, 틀린 것에는 ×표를 하라.

☐ (1) 목적을 잘 이해하면 성과 같은 것은 아무래도 좋다.
☐ (2) 글자나 숫자를 다루는 능력은 그다지 중요한 문제가 아니다.
☐ (3) 빠른 시일 내에 처리하는 것이 효율화의 기본이다.
☐ (4) '어수선한 근무 태도'에 대해 의문을 가져야 한다.
☐ (5) 일은 성과로 결정된다. 종이 같은 소모품에 코스트를 의식할 필요는 없다.

【Q 5-2】

자기 자신의 주변을 살펴보고 '바르고' '빠르고' '값싸게'라는 관점에서 개선할 여지가 있으면 무엇인지 구체적으로 생각해보라.

제6장

성장과 진보에 대한 도전

 **학습포인트**

이 장은 본 코스의 마지막 장으로 당신의 미래에 대한 도전을 생각해 보기로 하겠다. 신입사원이라고 해서 '수습 기간중이니까……' 하는 생각은 용납될 수 없다. 비즈니스맨으로서의 마음가짐도 중요하지만 사회를 살아가려면 투지가 있어야 한다.

화이트칼라도 '힘'이 있어야 한다. 그러기 위해서는 힘의 축적이 필요하다. 자랑스러운 미래를 내다보고 회사나 사회 어디에서도 인정받을 수 있는 '프로 비즈니스맨'의 능력을 갖는 것이 무엇보다도 중요하다.

■이 장의 내용
 1. 능력의 중요성
 2. 프로를 지향하는 능력
 3. 능력의 함양

1. 능력의 중요성

초일류 비즈니스맨이 되라

지금 당신은 비즈니스맨의 출발점에 서 있다. 사회인으로서의 첫출발이다. 지금은 주저하고 있을 때가 아니다. 힘차고 밝은 미래의 자기 모습을 그려보면서 목표를 향해 전진해야 한다.

이제 회사에 입사했으니 이 회사에서 초일류 비즈니스맨이 되어야 한다. 빛나는 미래를 확신하고, 전력 질주를 통해 초일류 비즈니스맨이 되는 길만 남아 있다.

초일류 비즈니스맨이 되는 길은 과장이 되고, 부장이 되고, 사장이 되는 것만을 의미하는 것은 아니다. 부하의 선두에 서서 리더십을 발휘하는 관리자나 지도자가 되는 것도 여기에 속한다. 당신의 꿈과 목표는 원대하다.

회사의 필요한 분야에서 훌륭한 전문가로서 힘과 능력을 발휘하는 방법도 있다. 일생 동안 자신감을 갖고 죽을 때까지 자랑스럽게 살아가기 위해서는 관리자보다는 오히려 전문가가 더 보람있을지도 모른다. 여하튼 큰 꿈을 가지고 힘차게 출발해야 한다.

지금 당신의 능력은

지금 당신이 지니고 있는 능력은 무엇인가? 당신이 내세울 만한 능력의 포인트는 무엇인가? 그저 일류대학을 졸업했다는 것 하나뿐인가? 그것만 가지고서는 사회에서 살아남지 못한다. 적자생존의 이 사회에서 의지할 것은 오직 '자신의 능력'뿐이다. 기술 분야에 몸담고 있는 사람은 이 점에 대해 뚜렷한 신념을 갖고 있을지 모른다.

제3부 효율적인 사무처리 방법 259

모든 일을 비약하여 생각해서는 안 된다

그러나 학교에서 배운 것은 이론적이어서 회사 업무에 얼마만큼 적용하느냐 하는 것은 미지수이다. 문과계열이든 이과계열이든 전문가로서의 첫걸음을 내딛으려면 무엇보다도 능력이 있어야 한다.

어쨌든 당신이 내세울 만한 능력은 무엇인가? 하고 냉철히 자문자답해 보아야 한다. 즉 당신이 이 회사에서 무엇을 해낼 수 있는가 하는 것이다. 도대체 무엇을 알고 있으며, 능력을 발휘하여 보수를 받는 만큼의 일을 할 수 있을 것인가이다. 우선 자기의 능력을 의식하는 것부터 출발해야 한다.

지금 하고 있는 일의 능력을 길러라

"하늘은 스스로 돕는 자를 돕는다"라는 영원한 진리를 가슴 깊이 새기고 장래를 내다볼 줄 알아야 한다. 장래는 자신의 능력에 의해 좌우된다.

그렇다고 해서 지금 하고 있는 일을 단숨에 뛰어넘어 이런 '전문가'가 되겠다, 이런 '프로'가 되겠다고 비약해서는 안 된다.

지금의 일터에서 자신의 능력을 의식하고 미래에 도전해야 한다. 회사 안에서는 신용이 제일이다. 지금 맡은 일도 제대로 못하는 주제에 "나는 장래에 이런 전문가가 되겠다"고 호언장담해도 아무도 믿어주지 않는다. "지금 하는 일도 제대로 못하는 주제에 건방지게"라는 소리만 듣게 된다.

무엇보다도 지금 하고 있는 일은 능력 향상의 첫걸음이 된다. 거기에서 신뢰가 생겨나고 적정이 인정되면 새로운 능력을 테스트해 볼 수 있는 일이 주어지게 된다. 바로 자신의 꿈을 성취시킬 수 있는 길이 열리게 되는 것이다.

2. 프로를 지향하는 능력

이상적인 자아상을 그리자

당신이 지향하는 미래는 무엇인가? 지금 회사에 갓 입사한 당신에게 이런 질문을 한다는 것은 무리한 일일지도 모른다. 그러나 지금 이 시점에서 장래에 어떤 꿈을 실현시키려고 하는지 생각해 보아야 한다. 지금 하는 일이나 현재의 능력만이 아니고, 장래의 자신의 미래상, 능력상을 그려보아야 한다.

당신이 모시고 있는 상사를 눈여겨보아도 좋다. 주위를 둘러보아도 좋다. 타사의 예도 좋다. '저런 사람이 되고 싶다' '저런 사람을 지향해야겠다'라는 생각으로 자신의 장래상을 그려보는 것이다. 이것을 셀프이미지(self image)라고 하는데, 셀프이미지를 긍정적으로 갖도록 해야 한다. 먼저 이상상인 셀프이미지를 그려보고, 그와 같은 사람이 되도록 힘차게 전진하자.

회사가 바라는 것

회사가 "이 사람은 이렇게 되었으면 좋겠다"고 바라는 방향으로 전진하는 것이 그 회사에서 출세하는 길이라고 해도 지나친 말은 아니다. 일반적으로 우리나라의 기업들은 큰 회사를 제외하고는 장기계획 같은 것을 갖고 있지 않기 때문에 회사가 바라는 그 길만 걸어갈 수도 없다.

자기 나름대로 세계의 동향, 국가의 장래를 생각해보고 자신의 회사가 발전해 나가는 길이 무엇이며, 회사가 무엇을 필요로 하고, 어떤 인재를 필요로 하는가를 자기 나름대로 가늠해 보아야 한다.

자신이 바라는 것

자기가 지향하는 능력이 회사가 원하는 것과 일치하는 것이 바람직하다고 하겠다.

회사의 실적은 기복이 있게 마련이다. 그래서 실적이 부진할 때에는 일선에 배치되는 경우도 있다. 이럴 때 회사의 니즈가 자신의 능력과 맞지 않는다면 모처럼 몸에 지닌 능력도 아무 소용이 없게 된다. 요컨대 회사에 도움이 되고, 그 대가로 생계를 유지하고 동시에 프라이드를 가지고 일에 전념할 수 있는 능력이 필요한 것이다.

지향하는 수준은?

'프로'란 단지 전문가가 되는 것만으로 족한 것이 아니다. 문제는 레벨이다. 능력을 몸에 지니기 위해서는 자신이 지향하는 분야의 능력 레벨이 중요하다.

회사나 사회를 바라다보고 자신이 지니고 있는 능력의 레벨을 진지하게 검토해 보아야 한다. 대학에서 전공했다고 해서 바로 그 분야의

지향하는 수준은?

전문가가 되는 것은 아니다. 그것은 전문 영역에 관한 기초지식에 불과하다.

따라서 프로로서의 능력을 가지고 있다고 할 때 자신이 지향하는 능력의 레벨이 어느 정도인가, 명확한 이미지를 그려보는 것이 필요하다. 막연한 레벨로는 목표 달성이 어렵다. 지향하는 것이 구체적일 경우, 그것을 달성하기 위한 '프로세스'나 수단이 명확해야 한다.

3. 능력의 함양

안테나를 높이 세운다

지향하는 분야에 대한 능력을 측정하고 레벨이 결정되면 그것을 달성하기 위해 안테나를 높이 세워야 한다.

능력개발의 안테나를 세우면 주위의 모든 것들이 교재가 되고, 교사가 된다. 심지어 신문이나 TV, 라디오도 모두 교재가 된다. 능력의

안테나를 높이 세워라

욕구를 가지고 있으면 그 욕구의 안테나에는 주위의 모든 정보가 이 안테나에 걸리게 된다. 만약 능력개발의 안테나를 세우지 않으면 주위의 어떠한 정보도 걸리지 않고 그대로 지나가버려 아무 소용도 없게 된다.

무엇보다도 먼저 안테나를 세운 뒤에 항상 능력개발을 의식해야 한다. 단지 안테나만 세워놓고 안테나만 믿고 기다려서는 안 된다. 지향하는 능력개발 소재를 안테나로 탐색하여 정보를 흡수하는 노력을 게을리 해서는 안 된다.

자료의 축적

안테나에 잡힌 것은 모두 자료로 축적해두는 것이 중요하다. 그리고 나서 전부터 자료로 모아둔 자료와 합쳐 적절한 시기에 분류 정리한다. 한편 신문이나 잡지에 실린 필요한 기사도 모두 오려서 모아둔다. 그러나 단지 모아서 분류 정리하는 것만으로는 정보로써의 이용가치가 없다. 예컨대 자료를 철저하게 요약한다든가, 자신의 의견이나 생각을 함께 덧붙여 기록해두는 것이 좋다.

또한 평소 능력개발에 관해 생각나는 것이 있으면 그때그때 메모해 둔다. 머릿속에서만 그대로 간직해 둔다는 것은 사실상 어렵다. 종이에 써 두어야만 기억이 가능하고 어느 시기에 정리하기도 쉬우므로 반드시 메모를 해두는 것이 필요하다.

한편 자신이 생각한 것을 남에게 이야기해 보는 것도 좋다. 이야기를 나누는 가운데 여러 가지 새로운 정보가 입수되어 지금까지의 것과 합쳐져서 새로운 생각이나 착상이 떠오르기 때문이다. 입수된 정보를 메모해두며, 다른 사람들과 이야기를 해본다. 이렇게 하는 동안 더욱 효과적인 능력개발의 길이 열리게 된다.

스승을 찾아낸다

능력개발을 더욱 효과적으로 하려면 자신의 혼자 힘으로는 안 된다. 회사 안팎에서 이끌어주는 사람, 도와주는 사람, 의논 상대가 되어주는 사람을 많이 찾아내야 한다. 즉 평소 사내에서 각별히 존경하던 사람, 또는 그런 능력을 지향하고자 노력하는 사람들을 찾아내는 일이다.

그렇다고 해서 당장 높은 능력을 기대한다는 것은 무리이다. 그러나 최소한 능력을 높이는 데는 도움이 될 것이다. 기회를 엿보다 이런 사람들에게 적극 접근하여 자신의 능력개발에 도움이 되게 하는 것이다. 이렇게 하려면 그들과의 대인관계를 두텁게 해 나가야 한다.

이들을 개인적으로 직접 접촉해도 좋다. 그것이 곤란하면 친구나 선배를 개입시켜 소개를 받는 것도 좋다. 어쨌든 목표로 하는 사람과의 인간관계가 첫출발이 된다.

한편 사외로도 적극적으로 눈을 돌려야 한다. 사내에는 한정된 사람, 한정된 정보밖에 없다. 앞에서 말한 대로 자료를 모으는 과정에서 반드시 사외에서 능력자를 발견하게 될 것이다. 이럴 경우, 그들의 모임인 세미나나 연구회에도 자주 기웃거려 본다.

물론 경비도 들 것이다. 그런 경비를 회사가 부담해 준다면 좋겠지만, 회사의 업무와 관계가 없는 개인의 능력개발 영역이라면 회사는 결코 경비를 부담하지 않을 것이다. 이런 일은 어디까지나 자기 자신을 위한 것이다. 그러므로 자신의 장래를 위해 적극적으로 투자한다는 마음가짐이 필요하다.

능력개발을 위한 끊임없는 노력

능력개발은 단숨에 향상되는 것이 아니다. 지식과 경험을 쌓아 올리는 동안에 폭넓고 깊게 차츰차츰 이루어져 나간다. 그러므로 끊임없이 적극적인 노력을 계속해 나가야만 한다.

능력 향상에는 여러 스텝과 수단이 있다. 첫번째 스텝은 자신의 능력개발을 어느 정도의 목표로 하느냐이다. 그러기 위해서는 어떤 일을 얼마만큼 경험하고 습득해야 하는가를 생각하고 실천해야 한다. 경험이 필수 조건이므로 머릿속으로 생각만 해서는 능력은 향상되지 않는다. 능력은 지식과 경험의 조화 가운데서 향상되는 것이다.

그러므로 경험의 기회를 반드시 가질 필요가 있다. 경험해보지 않으면 결국 향상의 템포는 그만큼 지연될 수밖에 없다.

경험도 하지 않고 실적도 올리지 못하고 단지 입으로만, 또는 머리로만 '나 같으면 이렇게 한다' '이렇게 해야만 한다' '다른 회사에서도 이렇게 하고 있다'라고 큰소리쳐 보았자 경험도 없는 당신의 말을 들어줄 리 만무하다.

따라서 경험을 얻는 기회를 항상 노리지 않으면 안 된다. 그러기 위해서는 남들과의 대인관계나 선배로부터의 신뢰나 호감을 사는 인격을 길러 나가는 노력이 병행되어야 한다.

젊은이여 야망을

 이 장을 끝맺으면서 꼭 한마디하고 싶은 말이 있다. 앞으로의 세계는 당신들의 세계이다. '신입사원이니까 이 정도면 되겠지' 하는 생각은 버려야 한다. 자신이 앞으로의 사회와 회사를 짊어지고 나간다는 확고한 투지가 있어야 한다.

 그리고 적극적으로 밀고 나가는 노력이 필요하다. 수동적인 자세로는 발전이 없다. 희망과 목표와 꿈을 가지고 힘찬 전진을 계속해야 한다. '신입사원시절에는 이 정도면 되겠지' '이 정도면 무방하겠지' 하는 생각은 버려야 한다. 그런 생각을 하고 있으면 결국 끝까지 그렇게 되고 만다. 어느 정도 경험이 쌓이면 적극적으로 실천한다.

 처음이 중요하듯 첫걸음도 중요하다. 인격을 갈고 닦고, 능력을 길러 자기가 지향하는 길을 향해 자신감과 신념을 가지고 힘차게 전진하도록 해야 할 것이다.

참고 개선의식을 갖자(개선의 스텝)

경비를 쓰지 않으면 안 된다는 사고는 잘못된 생각이다. '개선의 씨앗은 여기저기에 있다'는 마음가짐이 중요하다.

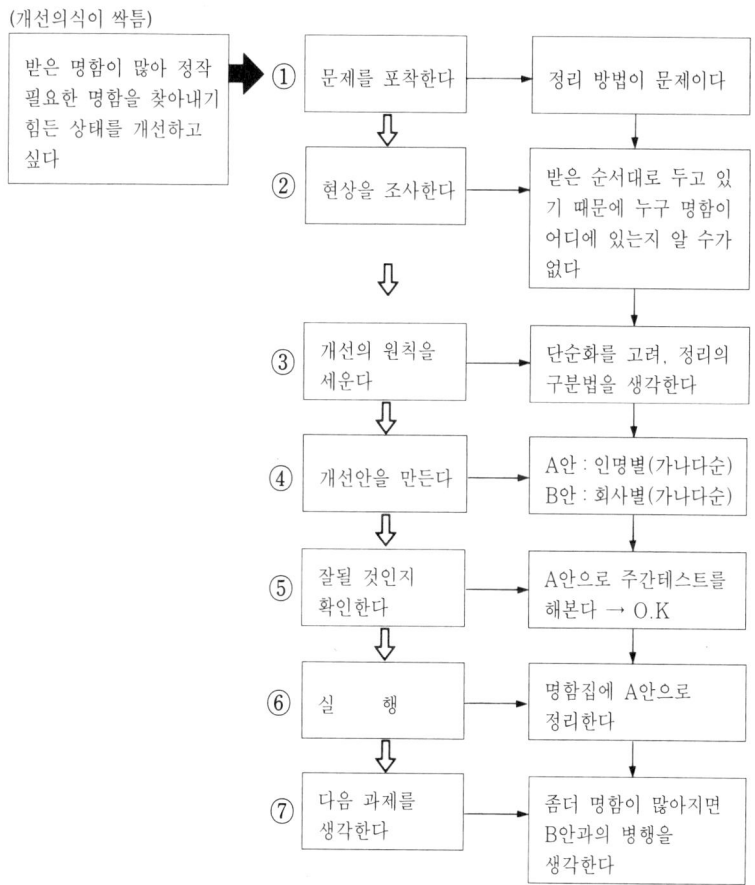

(주) 개선의 원칙에는 배제, 결합, 교환, 단순화의 4원칙이 있다.

이 장의 요약

　인생의 승부는 능력에 의해 좌우된다. 사회는 실적에 의해 평가한다. 이러한 적자생존의 사회에서의 실적은 능력에 의해 좌우된다. 우리에게는 능력이 필요하다.

　책상에 앉아 있기만 하면 다 되는 것이 아니다. 철저한 능력 의식을 신입사원시절부터 확립해 나가야 한다.

　능력개발을 지향하는 힘찬 전진을 결심하고 성취해야 할 셀프 이미지, 능력개발의 목표를 확립하고 스텝에 따라 착실히 힘차게 성과를 추구해 나가야 한다.

학습성과확인테스트

【Q 6-1】

다음 문장 중에서 옳은 것에는 ○표를, 틀린 것에는 ×표를 하라.

- □ (1) 화이트칼라에게는 능력 의식 같은 것은 필요없다. 우리들은 기능직이 아닌 이상 능력이나 기술 같은 것과는 거리가 멀다.
- □ (2) 큰소리만 칠 것이 아니라 지금 하고 있는 업무에 대해 능력을 기르는 것이 중요하다.
- □ (3) 장래를 위한 능력개발 같은 것은 좀처럼 생각하기 힘들다.
- □ (4) 항상 능력개발을 위해 안테나를 높이 세우는 것이 성장의 기본이다.
- □ (5) 성장을 위한 계획을 단계적으로 세밀히 세우고 실천하는 것이 중요하다.

【Q 6-2】

현재 담당하고 있는 일의 능력을 개발하기 위한 포인트를 4가지만 들어보라.

부록 1

비즈니스맨을 위한 예절 입문

1. 예절의 기본
2. 전화 예절
3. 경조사에 관한 상식

1. 예절의 기본

예절의 기본 정신

예절의 기본은 상대방을 중심으로 모든 것을 생각하고 행동하는 일이다. 즉 상대방에 대한 배려가 예절의 기본이 된다.

따라서 "이럴 때에는 어떻게 하면 좋을까?" 하고 망설이게 될 때에는 상대의 입장이 되어 모든 것을 생각하면 대개의 경우 순조롭게 해결된다.

그리고 예절은 상대를 위해서만이 아니라, 자신을 위해서도 지키지 않으면 안 된다. 이 점을 잊어서는 안 된다.

모든 일이 그렇지만, 기본을 익히지 않으면 안 된다. 예절의 경우도 예외는 아니다. 상대의 입장이 되어 생각하면 대개의 경우 순조롭게 해결된다고 말했는데, 그런 것을 몰랐기 때문에 상대에게 불쾌감을 주고 심지어는 창피를 당하는 일도 있다.

최소한 예절의 기본은 하루속히 알아두어야 한다. 특히 예절은 사회에 첫걸음을 내딛는 신입사원들에게는 기초적인 A, B, C가 되는 것이다. 그래서 특히 이 문제를 부록으로 다루기로 한다.

또한 예절에만 국한되는 것이 아니라, 자기 나름대로 바람직한 태도나 행동의 기본을 충분히 마스터해야 한다. 기본이 몸에 배기 전까지는 좀 힘이 들더라도 기본이나 틀 속에 자신을 가두어두는 것이 좋다. 기본이나 틀은 토대와도 같은 것이므로 꼭 몸에 배도록 해야 한다.

그것이 부자유스럽지 않다고 느껴야만 비로소 예절이 몸에 배게 된다. 이러한 경지(?)에 도달해야 당신은 비로소 한 사람으로서 독특한

근무규칙을 지키는 것은 기본이다

멋을 지니게 되는 것이다.

먼저 근무규칙을 지킬 것

①출근시간 5분 전에 자리에 앉는다.

'5분 전의 마음가짐'이라는 말이 있다. 근무시간 5분 전에 모든 준비를 마치고 진지한 자세로 근무에 대비해야 한다는 말이다. 이와같이 5분 전에 모든 준비를 완료해두면 기분좋게 일을 할 수가 있다.

회사 일도 이런 마음가짐으로 시작해야 한다. 9시 정각에 일을 시작한다면 9시 5분 전에는 전원이 자리에 착석하여 9시부터 일제히 일을 시작해야 한다. 회의도 5분 전에 전원이 참석하여 정시에 회의가 시작되도록 해야 한다.

신입사원의 경우, 특히 5분 전의 마음가짐을 습관화해야 한다. 처음부터 긴장이 풀어져서 항상 지각하는 일이 반복되면 그것이 습관으로 굳어져 언제나 시간에 쫓겨 허둥지둥 자리에 앉게 된다.

②아침인사는 명랑하게 한다.

퇴근할 때는 책상 위를 깨끗이 정돈한다

아침에 동료들을 만나도 무표정하게 대하는 사람이 있다. 개인적으로 안 좋은 일이 있거나 대인관계에 익숙치 못해서 본의 아니게 그런 태도를 취하는 경우도 있겠지만, 그렇게 해서는 안 된다. 매일 아침 "안녕하십니까" 하고 활기찬 목소리로 인사를 하면 상대방도 기분 좋고 본인도 기분이 상쾌해질 것이다. 동시에 퇴근을 할 때에도 상사나 동료들에게 "먼저 실례합니다" 하고 인사를 해야 한다.

③ 지각이나 결근은 반드시 사전에 알린다.

아무런 말도 없이 결근하는 사람이 있는데, 이것은 좋지 않다. 상사나 동료들에게 걱정을 끼칠 뿐만 아니라, 일에도 지장을 준다. 부득이한 사정으로 30분 후에 출근한다는 것을 회사에 알리면 적절히 업무에 대처할 수 있지만, 출근을 할지 안 할지 모른다면 대책을 세울 수가 없다. 지각이나 결근을 할 때에는 사전에 전화로 연락을 취하는 것이 바람직하다. 신입사원들이 특히 유의해야 할 점이다.

④ 퇴근할 때는 책상을 깨끗이 정리한다.

선배들 중에는 책상에 서류를 잔뜩 쌓아놓고 일하는 사람이 있는가

하면, 책상 위를 깨끗이 정리해놓고 일하는 사람이 있다. 각자의 성격이 다르기 때문에 하는 수 없지만 퇴근시에는 깨끗이 정리하고 퇴근하도록 한다. 잔업을 한 후 책상 정돈을 하지 않고 그대로 퇴근하는 사람이 있는데 정리만은 꼭 해두는 것이 좋다. 집단의 규율을 존중하며 신입사원들은 꼭 그러한 습관을 길러야 한다.

복장을 단정히 할 것

비즈니스맨은 매일 남들과 접촉하게 된다. 복장을 단정히 하고 사람들을 대하는 것이 에티켓의 첫걸음이다. 복장에 관한 포인트는 다음과 같다.

> ★ 복장에 관한 기본 사항
> ① 남녀 공통 사항
> - 옷차림이 안 좋은 인상을 주지 않는가?
> - 지나치게 사치스러운 느낌을 주지 않는가?
> - 액세서리가 복장과 잘 어울리는가?
>
> ② 양복
> - 불결하지 않은가?
> - 단추나 지퍼는 잘 채워져 있는가?
> - 바지나 치마에 구김은 없는가?
> - 양복주머니에 무엇인가 가득 넣고 있지 않은가?
>
> ③ 와이셔츠·블라우스·양말
> - 더럽거나 보기에 흉하지 않은가?
> - 옷깃은 깨끗한가?
> - 양말에 구멍이 나 있거나 스타킹에 올이 풀려 있지 않은가?
> - 냄새가 나지 않는가?

④구두·허리띠
- 깨끗이 잘 닦여 있는가?
- 뒤축이 닳지 않았는가?
- 구멍이 나거나 닳은 곳은 없는가?
- 허리띠가 망가져 있지 않는가?

⑤넥타이·액세서리
- 넥타이가 지나치게 화려하지 않은가?
- 때가 묻거나 지나치게 낡지는 않았는가?
- 넥타이가 단정하게 매어져 있는가?
- 손수건이 더럽지 않은가?
- 넥타이핀이나 커프스버튼이 지나친 고급품은 아닌가?

★여성의 화장에 대한 기본 사항
① 화장이 너무 진하지 않는가?
② 눈화장이 너무 화려하지 않은가?
③ 머리는 언제나 깨끗하고 단정한가?
④ 진한 향수를 쓰고 있지 않은가?
⑤ 손톱이나 손은 깨끗한가?
⑥ 립스틱이나 매니큐어의 색상은 어떠한가?
⑦ 귀고리가 너무 화려하지 않은가?

공사의 구별을 확실히

조직생활에 있어서 '공사의 혼동'은 절대로 용납되지 않는다. 신입사원들은 공사의 구별을 분명히 하는 습관을 몸에 지니도록 한다.

★공사의 구별을 명확히 한다
① 회사의 전화를 사적으로 쓰지 말 것

> 회사의 전화는 업무를 위해 있는 것이므로 사적으로 사용해서
> 는 안 된다. 사적인 통화는 가급적 공중전화를 쓰도록 한다.
> ② 회사 소모품을 사적으로 쓰지 말 것
> 용지, 봉투 등 회사의 소모품을 사적으로 써서는 안 된다. 작은
> 것일수록 공사의 구별을 명확히 하도록 한다.
> ③ 근무시간을 사적으로 쓰지 말 것
> "친구가 찾아와서 잠시 커피 한잔 마시고 왔습니다."
> 이런 일은 점심시간이나 근무시간 이후에 하는 것이 바람직하
> 다. 근무시간은 일을 위한 시간이라는 것을 잊어서는 안 된다.

2. 전화 예절

전화의 효용성

오늘날 우리들의 생활에서 전화는 이제 절대로 없어서는 안 될 물건이 되었다. 특히 비즈니스사회에서의 전화의 가치는 말할 수 없을 만큼 크다.

그러나 이와같이 편리한 전화도 예절을 지키지 않으면 상대방에게 불쾌감을 주며, 오해나 불신을 사게 된다.

비즈니스사회에서 통화의 상대자는 대부분 중요한 고객들이다. 그리고 전화는 목소리만으로 상대를 짐작할 뿐이다. 따라서 서로의 목소리나 이야기의 내용, 표현 등은 매우 중요한 요소가 된다. 만일 그것이 만족하지 못하면 상대에게 자신의 진정한 의사가 전달되지 못한다.

이렇게 되면 편리해야 할 전화가 역효과를 낳게 된다. 요컨대 전화

전화의 효용성

의 편리함을 경시하지 말고 미리미리 효과적인 화법, 올바른 취급 요령, 전화의 예절을 확실히 익혀두는 것이 좋다.

전화의 메리트에는 여러 가지가 있지만, 특히 비즈니스맨의 바쁜 시간을 덜어주며 원거리의 공간을 메워주는 효용은 절대적이다. 말하자면 전화 덕분으로 비즈니스 활동을 원활하게, 효율적으로 진행시킬 수 있는 것이다. 이와 같은 전화의 효용성을 충분히 살려 나가야 할 것이다.

전화에 대한 기본 태도

이처럼 전화는 편리하기도 하지만 동시에 어려움도 따른다. 그러나 비즈니스를 위해 전화를 쓰는 이상 어려운 점을 모두 극복하지 않으면 안 된다.

다음은 전화를 다루는 기본적인 포인트에 대해 살펴보기로 한다.

① 전화기 옆에 준비해 두어야 할 것

- 메모지
- 필기도구
- 전화번호부
- 거래처의 전화번호리스트

②전화를 거는 시간

비즈니스에 관계되는 전화는 오전 9시부터 오후 6시(근무시간 내) 사이에 거는 것이 일반적이다. 점심시간에는 특별한 경우를 제외하고 피하는 것이 좋다.

③상대에 관해 잘 알도록 한다.

손윗사람에게 전화를 걸 경우에는 그를 직접 전화로 불러내게 되므로 실례가 되지 않도록 주의해야 한다. 즉 상대 회사의 직원에게 미리 그의 형편을 알아본 후 별도로 그에게 전화를 걸도록 한다.

또한 상대방의 특징을 비롯하여 성격이나 버릇도 사전에 파악해두는 것도 필요하다.

④통화중에 급한 용건이 생겼을 경우

통화중에 또 다른 전화가 걸려왔다든지, 방문객이 찾아왔다든지, 상사가 부르는 일이 있다. 이럴 경우에는 전화가 끝난 다음 그 일을 처리하는 것이 가장 좋지만, 전화가 길어질 경우에는 상대방에게 사정을 설명하고 일단 전화를 끊는다. 단, 상대가 손윗사람일 때는 실례가 되지 않도록 주의한다.

전화 예절

비즈니스사회에서의 전화는 학창시절에 친구들에게 가볍게 거는 전화와는 성질이 다르다. 우선 걸기 전에 충분한 준비가 필요하다.

★ 전화를 걸기 전의 준비

단계	이유
상대의 전화번호, 소속, 성명을 확인한다	• 시간이나 요금 낭비를 사전에 막는다 • 착오로 인해 폐를 끼치지 않기 위해
↓	
용건 순서를 메모한다	• 간단하고 요령있게 이야기하기 위해 • 빠뜨리는 것이 없도록 하기 위해
↓	
필요한 서류, 자료를 갖춘다	• 통화 도중에 상대를 기다리지 않게 하기 위해 • 확실한 정보를 전달하기 위해
↓	
장거리 전화일 경우에는 미리 만반의 준비를 해둔다	• 통화 요금을 절약하기 위해

이상과 같은 준비가 완료된 다음에 비로소 전화를 건다. 이렇게 해서 상대방이 전화를 받았다. 당신은 이때 어떻게 응대할 것인가?

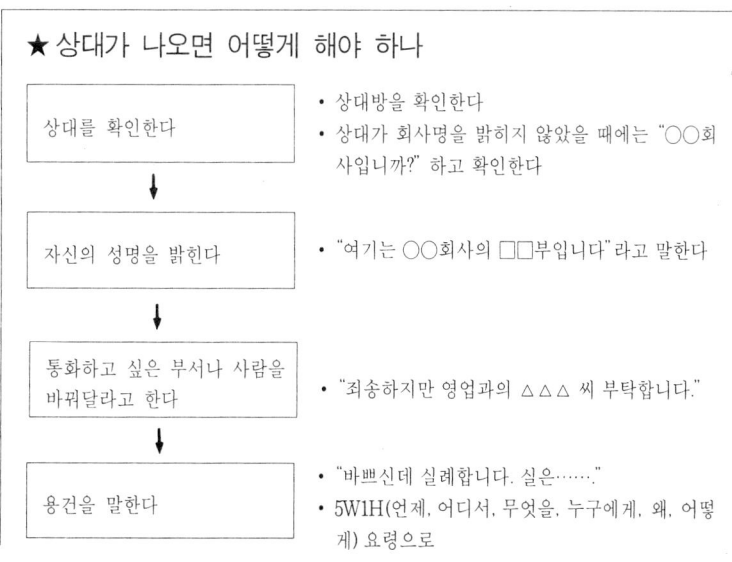

★ 상대가 나오면 어떻게 해야 하나

상대를 확인한다	• 상대방을 확인한다 • 상대가 회사명을 밝히지 않았을 때에는 "○○회사입니까?" 하고 확인한다
↓	
자신의 성명을 밝힌다	• "여기는 ○○회사의 □□부입니다"라고 말한다
↓	
통화하고 싶은 부서나 사람을 바꿔달라고 한다	• "죄송하지만 영업과의 △△△ 씨 부탁합니다."
↓	
용건을 말한다	• "바쁘신데 실례합니다. 실은……" • 5W1H(언제, 어디서, 무엇을, 누구에게, 왜, 어떻게) 요령으로

282 국제화시대의 신입사원 능력개발

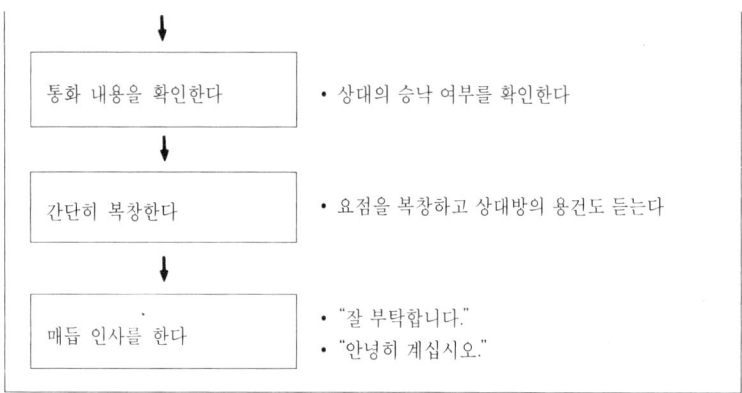

다음은 이쪽에서 전화를 받는 요령이다.

신입사원들은 자신이 직접 전화를 거는 것보다 전화를 받는 경우가 많다. 전화의 '벨소리'가 울리면 곧바로 전화를 받는다.

걸려온 전화를 받으면 그 순간부터 당신은 회사의 대표자라는 마음가짐으로 응대해야 한다.

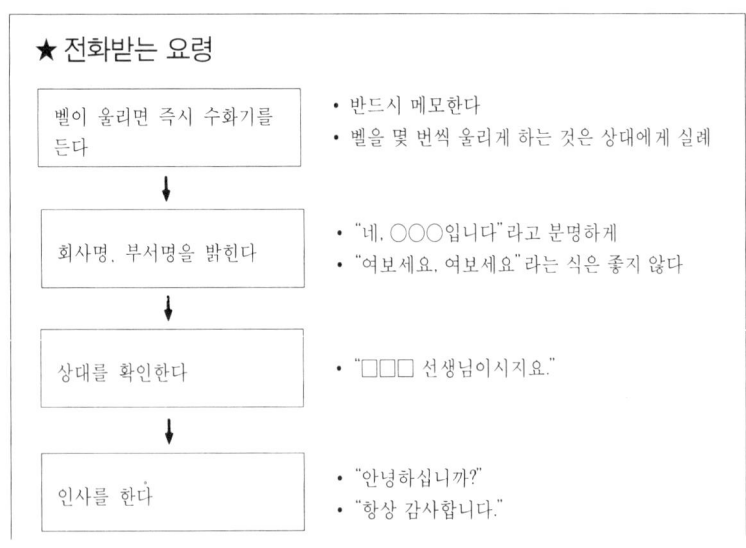

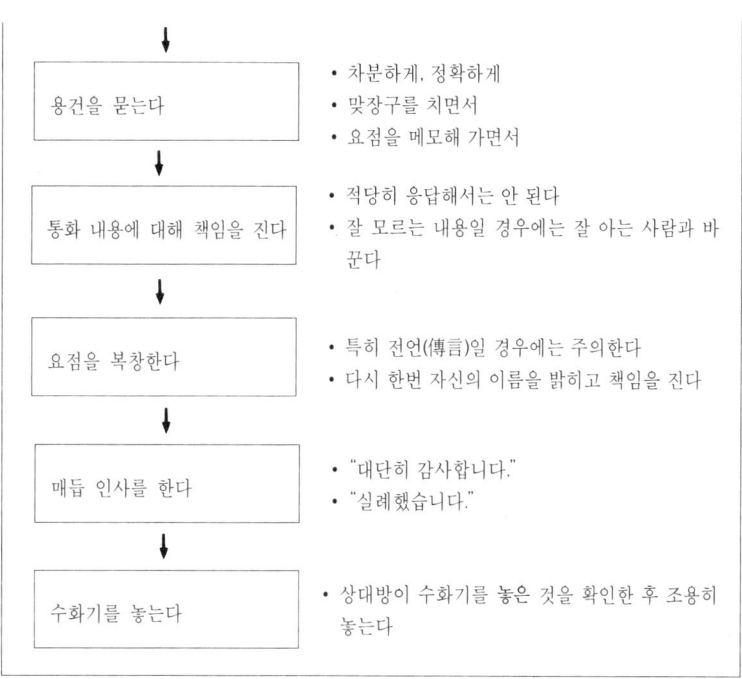

잘못 걸려온 전화의 응대법

걸려온 전화에는 가끔 '잘못 걸려온' 전화가 있다. 그런가 하면 이쪽에서도 잘못 거는 경우가 있다. 잘못 걸려온 전화를 받았을 때에는 친절히 응대해야 한다. "여기는 ○○회사입니다. 잘못 거신 것 같습니다"라는 식으로 공손히 대한다.

또한 이쪽에서 잘못 걸었을 때에는 정중하게 사과하고 끊는 것이 예의이다. 예를 들어, "실례했습니다. 잘못 건 것 같습니다" 하고 진심으로 미안해 하는 마음가짐이 필요하다.

또 사내의 다른 부서에서 받아야 할 전화가 잘못 걸려왔을 경우에는 정중히 그 뜻을 상대방에게 알려주고 해당 부서로 연결시켜 준다.

잘못 걸려온 전화를 받았을 때 당신은 어떻게 응대하는가

"여기는 ○○부입니다. 잘못 거신 듯하니 돌려드리겠습니다"라고 말한 다음 그 전화를 해당 부서로 돌려준다. 그렇지 않을 경우, "죄송하지만 ○○○○번으로 다시 걸어주시겠습니까?" 하고 해당 번호를 가르쳐준다.

　비즈니스맨의 전화응대는 개인적인 전화응대와 달라서 주의를 요구한다. 그렇다면 전화응대에 있어서 주의해야 할 점은 무엇인가 살펴보기로 하자. 그리고 끝으로 〈응답의 실례〉를 제시했음으로 연습해보기 바란다.

> ★ 전화응대의 유의점
> ① 이야기 내용을 모를 때에는 잘 아는 사람과 바꾸거나, 일단 전화를 끊고 내용을 확인한 다음 다시 이쪽에서 전화를 걸도록 한다. 몇 번이고 물어보는 것은 실례이다.
> ② 목소리가 작아 알아듣기 힘들 때에는 "감이 멉니다" 하고 말한다.

③ 전화가 통화중에 끊길 때에는 이쪽에서 즉시 다시 걸도록 한다. 가능하다면 다른 전화기를 사용한다.
④ 상대가 바쁜 듯하면 요점만 간단히 이야기하고 뒤에 다시 걸도록 한다.
⑤ 상대가 무례하게 나오더라도 이쪽에서는 끝까지 친절하게 응대한다.

전화응대 — 이럴 때는 어떻게 하나

사 례	응대 요령	적절한 용어
지명인 부재시	• 언제 돌아오는가를 묻는다. • 상대방의 이름을 물어본다. • 부재 이유를 말하고 적절하게 대응한다. • 용건을 듣는다. • 용건에 따라서는 대신 응대할 사람과 바꾼다. • 다른 전화로 통화중일 때는 다음과 같이 전한다. • 너무 오래 기다리게 할 때에는 양해를 구한다.	"몇 시경에 돌아오실까요." "그렇다면 ○시경에 다시 걸겠습니다." "돌아오시면 전화를 주시도록 말씀을 전해 주십시오." "돌아오시면 ○○건을 전해 주십시오." "○○○으로부터 전화가 있었다고 전해 주십시오." "실례지만 누구신지요?" "지금 외출중인데 ○시경에 돌아올 예정입니다. 그때 다시 한번 거시지 않겠습니까?" "전할 말씀이 있으신지요." "대신할 사람을 바꾸어 드릴까요?" "○○○ 씨는 지금 다른 전화를 받고 있는데 잠깐만 기다려 주시겠습니까?" "대단히 죄송하지만 잠시만 더 기다려 주시겠습니까?"
전언을 부탁받았을 때	• 용건을 메모하고 간단하게 복창한다. • 가능한 한 빨리 확실히 본인에게 알려준다.	5W1H에 의해 처리 "잘 알겠습니다. 저는 ○○○라고 하는데 확실하게 □□□에게 전하겠습니다."

사 례	응대 요령	적절한 용어
전화를 바꿀 때	• 누구로부터 누구에게라고 명확하게	"○○와 바꾸겠으니 잠시 기다려 주십시오." "○○○의 □□□ 씨로부터 전화입니다." "오래 기다리셨습니다. ○○○입니다."
보고·연락·내부 이야기 등으로 상대방을 기다리게 할 때	• 점잖게 양해를 구한다. • 오래 기다리게 하지 않는다. 만일 오래 기다리게 할 때에는 다음과 같이 말한다. • 반드시 송화구를 손으로 막는다.	"지금 △△를 하고 있으니 잠시 기다려 주십시오." "죄송하지만, 잠시 기다려 주십시오."
고객과 대화중 전화가 왔을 때	• 정중하게 양해를 구한다. • 자신이 고객과 이야기하고 있는 중이라면 "실례합니다" 하고 양해를 구하고 수화기를 든다.	"죄송하지만, 지금 손님과 상담중이기 때문에 잠시 후 전화를 올리겠습니다."
회사 업무에 대해 문의가 있었을 때	• 신중하게 다룬다(알고 있어도 함부로 말하지 않는다). • 상사의 지시를 받는다.	"저는 잘 모르기 때문에 다른 분을 바꾸어 드리겠습니다."
높은 사람에게 전화를 걸 때	• 반드시 상대방에게 양해를 구한다.	"지금 ○○○ 과장이 □□ 때문에 제가 대신해서 말씀드립니다만……." "과장으로부터 △△에 대해 □□□ 과장에게 연락하라는 부탁을 받고……."
상대가 통화중에 감정적이 되었을 때	• 상대방의 입장을 이해하며 냉정하게 • 침착하게 이야기한다.	"지금으로서는 이 이상 말씀드릴 수가 없으므로 상사가 돌아오면 의논해서 바로 전화드리겠습니다. 양해해 주시기 바랍니다."
상대의 이야기를 잘 알아들을 수 없을 때	• 내용을 잘 모를 때는 그 일에 대해 잘 알고 있는 사람과 바꾼다. • 상대방의 목소리가 잘 안 들릴 때	"실례지만 그 건에 대해서 잘 몰라 내용을 잘 아는 사람을 바꿔 드리겠습니다. 잠시 기다려 주십시오." "감이 먼 것 같습니다." "좀더 크게 말씀해 주셨으면 합니다."

3. 경조사에 관한 상식

축하의 말은 정성을 다해서

비즈니스에 아무리 탁월해도 경조사에 관한 매너를 모르면 '상식이 없는 사람' '예의를 모르는 사람'이라고 손가락질을 받게 된다. 먼저 경축에 관한 인사 및 축전에 대해 생각해보자.

예를 들어, 머지않아 경사를 앞두고 있는 거래처에 대해 문서나 전화를 할 때에는 우선 축하인사부터 서두에 앞세운다.

"이번에 사옥을 낙성하신다니, 진심으로 축하드립니다. 더욱더 발전하시기를……"

"신제품을 개발하셨다니 정말 축하합니다. 부디 히트상품이 되도록 빌겠습니다."

"이번에 영전을 하셨다니 진심으로 축하합니다. 앞으로도 잘 지도해 주십시오."

이와같이 축하해야 할 일에 대해서 먼저 인사를 한다. 그리고 나서 "그런데 △△건에 대해서 말씀드리려고 하는데요……" 하고 용건으로 들어가는 것이 예의이다. 그리고 용건이 끝난 다음에도 다시 한 번 "진심으로 축하합니다"라고 말하면 상대방은 한층 더 감명받을 것이다.

전화로 축하인사를 할 때에는 "축하합니다"라고 말하면서 실지로 머리를 숙이는 자세가 되어야 한다. 말만으로는 진심이 전달되지 못한다. 그리고 상대가 축하행사 등으로 바쁠 것이므로 "오늘은 우선 간단히 축하인사만 드립니다"라고 짧게 매듭을 짓고 전화를 끊도록 한다.

축전은 마음에 와닿는 것이 좋다

직장생활을 하게 되면 자주 선배나 동료들의 결혼식에 참석하게 된다. 그런데 부득이한 사정으로 결혼식에 참석하지 못할 때에는 축전을 보내는 것이 예의이다.

축전의 전문은 전화번호부에 그 문안이 많이 나와 있고, 손쉽기도 하며 값도 싸다.

> ★축전의 일반적인 인사말
> - 결혼을 축하하며 행복을 빕니다.
> - 진심으로 결혼을 축하합니다.
> - 축하합니다. 행운을 빕니다.

이러한 문안을 그대로 사용해도 좋지만 너무 평범하고 신선한 맛이 없다. 좀더 젊은이답게, 가능하다면 유머러스한 내용을 생각해서 전보를 치면 받는 쪽에서도 인상적일 것이다.

> ★유머러스한 축전의 문안
> - 동료에게
>   언제 그런 미인을 함락시켰는지 감탄했네. 진심으로 결혼을 축하하네.
> - 선배에게
>   ○○선배님, 축하합니다. 언제나 웃는 얼굴이 오늘은 더욱 빛나겠지요. 하루속히 아드님을!
> - 신랑에게
>   ○○군, 축하하네. 아들 딸 하나씩만 낳게. 행복을 비네. 아우로부터.

분향(불교식)　　　　　헌화(기독교식)

조문(弔問)의 말은 간결하게

상사나 동료들의 가족에게 불행한 일이 생겼을 때에도 진심으로 조의를 표하지 않으면 안 된다. 고별식이나 장례식에서 표하는 말은 짧고도 애절하게 하는 것이 좋다.

"얼마나 슬프시겠습니까?"

"무어라 위로의 말씀을 드려야 할지 모르겠습니다."

"진심으로 애도의 뜻을 표합니다."

이런 정도면 무난하다. 쓸데없이 기발한 말을 하려고 했다가는 오히려 역효과가 생긴다. 상주가 친한 동료라면 "자네 얼마나 비통하겠나?" 하고 진심으로 애도의 뜻을 표하는 것이 좋을 것이다.

문상을 하러 갈 때에는 부의금, 생화, 향, 술 같은 것을 가지고 가는 경우가 있는데, 상대방에 따라서 달라지는 것이므로 거기에 맞추어야 한다.

특히 우리나라의 경우는 장례식이 기독교식, 천주교식, 불교식, 유교식, 기타 여러 가지가 있으므로 거기에 대한 배려가 필요하다. 다음은 조전(弔電)의 일반적인 예이다.

> ★ 조전의 일반적인 예
> - 삼가 명복을 빕니다.
> - 비보를 접하고 삼가 애도의 뜻을 표합니다.

그리고 문상할 때는 분향(불교식), 헌화(기독교) 등의 방법이 있으므로 상가의 형편에 따라서 한다.

부의금은 정중히 봉투에 넣어 이름을 쓴 다음 접수처에 내도록 하고, 금액은 관계나 신분에 따라서 실례가 되지 않도록 하며, 부의금을 사절하는 경우에는 이를 생략한다.

경조금과 매너

결혼식장이나 상가집에 갈 때 축의금이나 부의금 전달에만 신경을 쓰고 경조인사는 형식에 흐르는 일이 많다.

이 점에 대해서는 깊이 반성해야 할 문제가 아닌가 생각되지만, 역시 신경 쓰이는 것이 경조금의 금액이다. 어디까지나 자기 나름대로 결정하면 되지만, 비즈니스사회에서는 꼭 그렇게만도 할 수 없다.

남들과의 균형, 자신의 입장 등을 고려하지 않을 수 없다. 따라서 금액은 지위가 높고 수입이 많은 사람일수록 많고, 지위가 낮고 수입이 적은 사람일수록 비례해서 적어지는 것이 일반적이다.

그 금액에는 어떠한 기준이 있는 것은 아니지만 그때그때의 사회적인 관례, 친분관계 등을 고려해서 정한다.

이와 같은 경조금은 우리 민족의 미덕인 상부상조 정신에 입각한 중요한 매너의 하나가 되기 때문에 T.P.O(Time, Place, Occasion)를 충분히 고려해서 정한다.

선물할 때의 유의점

비즈니스맨은 경조사 이외에도 평소 신세를 지고 있는 사람(상사, 선배, 동료, 친구 등)에게 선물을 보내는 일이 있다.

선물할 때 무엇보다 중요한 것은 '선물하는 마음가짐'이다. 그런 정성이 담겨져 있지 않으면 선물로서의 가치가 없다.

한편 선물을 받는 쪽은 감사하는 마음으로 기쁘게 받으며, 받은 즉시 사례전화를 거는 것이 예의이다.

마지막으로 기쁨을 주는 '선물의 비결'과 '삼가야 할 것'에 대해 참고로 부언한다.

★기쁨을 주는 선물의 비결
① 상대방의 입장에 서서 선물을 선택할 것 — 애주가에게는 술, 어린이가 있는 가정에는 과자, 노부모를 모시는 가정에는 고기나 생선을 선물하는 것이 좋다.
② 형편에 맞는 것을 선택할 것 — 받는 사람에게 부담을 주거나 인색한 선물을 주면 도리어 역효과가 난다.
③ 해마다 똑같은 물건을 보낼 것 — 이것을 의외로 좋아하는 사람이 많다.
④ 일급품을 보낼 것 — 일급품은 받은 사람에게 기쁨을 더해준다.
⑤ 타이밍을 맞출 것 — 시기를 놓치면 마이너스가 된다.
 • 송년이나 신년 선물은 12월 25일 전까지
 • 결혼축하 선물은 2, 3일 전까지

★삼가야 할 일
① 상대편 집 근처에서 선물을 사지 않는다.

②지위가 높은 사람에게 품위가 없는 것을 보내지 않는다.
③선물을 돌려치지 않는다(자신이 받은 선물의 재사용 금지).
④남들이 보는 자리에서 선물을 하지 않는다.
⑤13이나 4라는 숫자를 피한다.
⑥허례허식에 가까운 선물은 하지 않는다.

부록 2

글씨와 숫자 쓰는 요령

1. 글씨 쓰는 요령
2. 숫자 쓰는 요령
3. 글을 잘 쓰는 법

1. 글씨 쓰는 요령

달필은 비즈니스맨의 필수 요건

　알아볼 수 없는 글씨나 난잡한 글씨로 쓰여진 보고서는 보는 사람을 짜증나게 만든다. 다 그렇다고는 할 수 없지만, 지저분하고 난잡한 글씨를 보면 자신도 모르는 사이에 쓴 사람의 인격까지도 낮추어 보게 된다.

　악필이 신세를 망치게 한다는 말이 있듯이 글씨나 문장이 조잡하여 거래처나 상사에게 불쾌감을 주는 경우가 많다. 지금 막 사회에 첫발을 내딛는 신입사원들은 이 점에 특히 유의해야 한다.

　기안서, 일지, 보고서, 가족 전표, 연락메모 등등 비즈니스맨에게는 빼놓을 수 없는 이들 서류에는 반드시 글씨가 사용된다. 달필은 그야말로 비즈니스맨의 기본적인 수단이다.

　어느 회사의 중역은 글씨의 4가지 요건으로 다음과 같은 것을 들고 있다.

　①예쁘게 쓰지는 못해도 상대에게 호감을 줄 것
　②깨끗하고 읽기 편할 것
　③맞춤법이 정확할 것
　④한자에 자신이 없으면 차라리 한글로 쓸 것

　숫자 쓰는 요령에 대해서는 다음에서 언급하기로 하고 여기에서는 어떻게 하면 문장을 깨끗하고 올바르게 쓸 수 있는가에 대해 생각해 보기로 한다.

깨끗한 글씨는 비즈니스맨의 기본

글씨를 깨끗하게 쓰자

보다 좋은 글씨를 쓰려면 다음과 같은 3C의 원칙을 지켜야 한다. 즉,

- Clear…깨끗하게
- Correct…올바르게
- Concise…간결하게

와 같은 원칙이 가장 중요하다고 하겠다. 더 나아가서는 글씨를 아름답게 쓰도록 하는 것도 잊어서는 안 된다.

'올바르게' 쓰기만 하고 아름답지 않다든가, '빠르게'만 써서 글씨가 조잡하게 되어버리는 경우도 있다.

그러나 아무리 '빠르게'라고 해도 글씨가 아름답지 않으면 그 글은 읽기 힘들다. 그리고 '빠르게' 쓰는 것도 매우 중요하지만 알아보기 힘들다든가, 내용 구성이 미흡하면 오히려 상대에게 짜증을 불러일으킨다.

★ 글씨를 깨끗하게 쓰는 비결

① 정성스럽게 쓴다.

글씨체는 정자로 쓰는 것이 원칙이다. 비록 서툰 글씨라도 쓴 사람의 정성이 나타나므로 주의해야 한다.

② 짜임새 있게 쓴다.

글씨를 아무리 잘 썼다 해도 전체적으로 짜임새가 없으면 이해하기가 힘들다.

③ 줄을 맞추어서 쓴다.

보통 왼쪽에서부터 오른쪽으로 글을 써 나가는데 자칫 잘못하면 오른쪽으로 올라가거나 선이 고르지 못한 경우가 있으므로 신경을 써야 한다.

④ 적당히 여백을 남긴다.

문장을 작성할 때 글자를 종이에 가득 써 넣으면 아무래도 읽기에도 답답하고 싫증이 난다. 적당히 줄을 바꾸어 여백을 남겨 두는 것이 읽기에도 시원하다.

한자에 대한 주의

요즘 젊은이들은 한자를 잘 모른다. 그래서 오자나 탈자가 눈에 많이 띈다. 이렇게 쓰기 힘든 한자는 오히려 한글로 쓰는 것이 좋다. 신입사원들은 항상 옥편을 곁에 두고 이용해야 한다.

글자를 모르거나 자신이 없는 한자는 사전을 보고 익히는 습관을 젊었을 때부터 길러 나가야 한다. 하나의 사소한 오자가 회사의 신뢰를 떨어뜨린다면 얼마나 애석한 일인가.

다음은 비즈니스맨들이 흔히 실수를 범하는 오자를 열거해 보기로 한다. 어떤 글자가 틀리고 옳은지 가늠해보기 바란다. 아무래도 모르겠으면 사전을 찾아보고 꼭 익혀두기 바란다.

★ 틀리기 쉬운 오자의 예(오자 아래에는 바른 글자를 써보라)

① 講議　② 組識　③ 業積向上　④ 人事異同　⑤ 訪門

⑥ 率先守範　⑦ 嬉牲　⑧ 臨期應變　⑨ 上事　⑩ 建康

⑪ 慨要　⑫ 危機一發　⑬ 觀送會　⑭ 昭介狀　⑮ 就旨

⑯ 被露宴　⑰ 祖雜　⑱ 最底料金　⑲ 便宜　⑳ 決論

㉑ 購賣課

2. 숫자 쓰는 요령

숫자의 조건

　최근 사무자동화의 진행으로 컴퓨터나 전자계산기, 팩시밀리 등 여러 사무기기가 사용되고 있다. 그러나 아무리 사무기기가 발달되고 보급되었다 해도 숫자나 글씨 쓰는 것을 피할 수는 없다.

　기록이나 문서 작성은 자신만을 위한 작업이 아니다. 쓰여진 문서나 숫자는 당신 이외의 사람들이 보거나 참고로 활용된다. 그러므로 비즈니스 문서나 숫자를 자기만 읽을 수 있게 아무렇게나 써서는 안 된다. 그래서 훌륭한 비즈니스 문서는 쓰기 쉽고 읽기 쉬운 것이 필요 조건이 된다.

　또한 때에 따라서는 숫자를 잘못 쓰거나 잘못 읽어 비즈니스에 커다란 책임 문제가 발생하는 일도 있다. 즉 타인이 정확히 읽을 수 있

숫자는 정확히 써야 한다

게 글씨나 숫자를 쓰는 것은 당신의 책임이다.

훌륭한 글씨나 숫자를 쓰는 조건으로는 스피디하면서 바르게 쓰는 것이다. 0에서 9까지 겨우 10개밖에 안 되는 단순한 숫자지만, 그 10개의 숫자가 조립되어 하나의 의미를 지닌다면 그 숫자는 기업활동에 커다란 영향력을 갖게 된다. 단 한 자의 잘못이 기업에 큰 혼란을 일으키며, 그 결과 시간 낭비, 고객의 피해, 이익 손실 등 상상하기 어려운 마이너스를 낳게 한다.

어떤 일이든 숫자가 필요하다

직장에서는 많은 사람들이 일하고 있다. 예를 들어, 기획, 생산, 영업, 경리, 인사, 홍보 등 여러 분야에서 많은 사람들이 일한다. 이들은 숫자로 계획이나 무언가를 평가한다. 전표에 숫자를 기입한다. 집계하여 표로 만들어지고 업적을 판단한다……. 이렇듯 여러 가지 활동이 숫자에 의해 표현된다.

숫자의 중요성

또한 비즈니스 활동에서는 전화번호, 날짜, 시간, 금액, 수량 등이 숫자로 기록되거나 사용된다. 이들 숫자를 더하기도 하고, 빼기도 한다. 그런가 하면 곱하거나 나누기도 한다.

이와 같은 기능이 한 사람 한 사람에게 주어지고 있다.

숫자는 구체적이다

비즈니스 현장에서 업무를 개선하거나 의사결정을 내릴 때 숫자는 중요한 역할을 한다. 예를 들어, "이 달의 판매실적은 대단히 저조하다"라고 말하기보다는 "이 달의 매출실적은 목표액의 80%밖에 도달하지 못했다"라고 말하는 것이 더 구체적이다.

또한 '수일 내에' '많은 물량을'처럼 애매모호한 표현보다는 '7일 이내에' '500대 이상의' 식으로 숫자로 표현하는 것이 훨씬 구체적이다.

숫자는 이와같이 모든 것을 구체적으로 나타내는 성질을 지니고 있기 때문에 합리성, 객관성을 요구하는 비즈니스 세계에서는 필수적인 표현이라고 하겠다.

선입관을 버려라

그런데 이와 같은 숫자 감각에 대해 '나는 둔하다'는 선입관을 갖고 있는 사람이 의외로 많다. 그 중에는 숫자를 대하기만 해도 머리가 아프다는 사람도 있다. 반대로 세밀한 숫자를 하나하나 들어가면서 이야기하는 사람을 보고 그의 치밀성에 압도되는 일도 있다.

그러나 비즈니스 활동은 숫자 없이는 성립되지 못한다. 어쨌든 '숫자에 약하다'고 도망쳐서는 안 된다.

이와 같은 선입관이 작용하는 까닭은 원래 숫자는 어렵다는 생각에 집착하고 숫자가 지니고 있는 중요성을 이해하지 못한 결과이다. 비즈니스에 관계되는 숫자는 자동차의 미터기와도 같다.

숫자를 바르게 쓰자

숫자에는 잘못 쓰기 쉬운 것이 있다. 예를 들어, 6과 0은 조금만 잘못 써도 이것이 6인지 0인지 분간하기가 어렵다.

숫자를 바르게 쓰는 것은 매우 중요하다. 바르게 숫자를 쓰기 위해서는 숫자의 중요성을 인식해야 한다.

당신이 근무하는 직장에 교본이 있으면 그것을 가지고 꾸준히 쓰는 연습을 하면 된다.

숫자는 거의 매일 쓰는 것이어서 자기의 나쁜 버릇을 깨닫지 못하는 경우가 많다. 현대는 개성시대라고도 말하지만 자기가 쓰는 숫자의 버릇을 "개성적이다"라고 고집해서는 올바른 숫자를 표기할 수 없다.

메모에 적혀 있는 전화번호를 보고 전화를 했는데, 계속 다른 곳이

숫자를 바르게 쓰자

나온다면 얼마나 짜증이 날까. 잘못된 숫자 때문에 업무에 지장이 생기고 신용까지 잃게 된다면 차라리 메모를 하지 않는 것만도 못하다.

아무리 급하더라도 언제나 깨끗하고 분명하게 숫자를 쓸 수 있도록 열심히 연습해두지 않으면 안 된다.

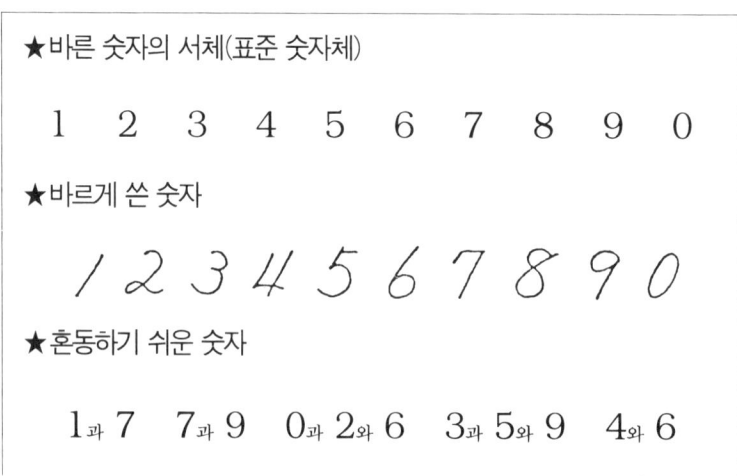

★ 숫자 쓰기의 나쁜 예

1 2 3 6 5 0 7 8 4

아라비아 숫자와 한문 숫자

비즈니스 문서에는 대체적으로 아라비아 숫자와 한자로 숫자를 쓰고 있다.

① 일반적으로 아라비아 숫자를 쓴다.

190명, 50,640원, 0.9%

② 다음과 같은 경우에는 한자로 쓴다.

- 고유명사일 때…第一商社, 金一雄, 第一生命
- 숫자의 개념으로 형성된 단어…四季, 五層塔, 六法全書
- 관용구…一部分, 一脈相通, 五十步百步
- 억이나 만 등의 단위로써 쓰이는 경우, 또는 개수를 나타내는 경우…數十 億의 자금, 數百 名의 군중

3. 글을 잘 쓰는 법

글쓸 때의 마음가짐

부록에서 글자 쓰는 요령, 숫자 쓰는 요령 등을 배웠다. 여기에서는 글을 잘 쓰는 방법과 기호, 약호의 사용법에 대해 학습하기로 한다.

우선 글을 잘 쓰는 데 있어서도 3C의 원칙(제1장 참조)과 마찬가지로 기본적인 마음가짐이 필요하다.

첫째로, 정확해야 한다. 사실의 뒷받침이 없거나 막연한 생각에 의한 것은 안 된다. 그리고 어느 쪽으로도 해석이 가능한 표현도 금물

사무적인 글은 간결 · 정확해야 한다

이다.

둘째로, 알기 쉽게 써야 한다. 비즈니스 문장은 예술적(문예물)인 문장과는 달리 쓰는 사람의 생각이 상대에게 정확히 전달되는 것이 중요하다. 따라서 쓸데없는 수식어나 형용사 따위는 불필요하다. 글자수도 될 수 있는 한 적은 편이 좋다. 그물코는 크더라도 고기가 새지 않도록 하는 마음가짐이 중요하다.

간결하고 요령있게 쓰되 꼭 필요한 부분은 충분히 표현하도록 기술한다.

글쓸 때의 포인트

①쉬운 구어체로 쓴다.

글의 서두를 문어체로 쓰면 글 전체가 딱딱한 느낌을 준다. 따라서 비즈니스 문서에는 구어체를 사용하되 가급적 어조를 부드럽게 기술하는 것이 포인트가 된다.

또한 어려운 전문용어, 외국어, 약어 등은 모두 알기 쉬운 표현으로 바꾸는 것이 좋다.

예) • 본사에서 행한다 → 본사에서 한다
　　• 회합을 갖는다 → 회합이 있다

② 애매하게 표현하지 않는다.

'현장의 남자사원과 여사원의 반수를 출석시킨다'라는 문장의 뜻은 현장의 남자사원 전원과 여사원 반수를 말하는 것인지, 아니면 남녀 모두의 반수를 말하는지 애매모호하다.

이와 같은 예를 들자면 한이 없다. 이러한 모호한 문장이 되지 않도록 주의한다.

③ 결론을 먼저 제시한다.

본문이 길 경우에는 글의 구성을 다음과 같이 하면 글쓰기도 쉽고 이해하기도 쉽다.

```
┌─────────────────────────────────┐
│  표 제 : ─────────────────       │
│                                  │
│         ┌ 1. 결론 ──────────     │
│         │         ──────────     │
│  본 문 ─┤ 2. 원인 ──────────     │
│         │         ──────────     │
│         └ 3. 결과 ──────────     │
│                   ──────────     │
└─────────────────────────────────┘
```

일반적으로 보고문이나 통지문 등은 결론 → 원인 → 결과의 순서로 쓴다. 그 까닭은 바쁠 경우, 중요한 결론부터 앞세우면 결론만 읽어도 충분히 이해할 수 있기 때문이다.

연습 1. 다음의 글을 결론을 앞에 내세우는 문장으로 수정하라.

> 지난번에 본 공장에서 미국으로 기술 습득을 위해 파견한 실습사원이 입수한 기술자료를 동봉하여 보내 드리오니 활용하여 주십시오.

▶ _____

_____

_____

④ 문장은 짧게 끊는다.

문장을 길게 쓰는 것은 피해야 한다.

- 문장 중간중간에는 쉼표 ','를, 끝에는 마침표 '.'를 찍는다. 그리고 요점마다 줄을 바꾸어서 단락짓도록 한다.
- 크고 작은 제목을 효과적으로 내세운다.
- 문장끼리의 한계를 분명히 하기 위해 접속사를 효과적으로 사용한다.

  예) 예를 들어, 또한, 그리고, 왜냐하면, 따라서, 그렇기는 하지만, 이에 대해서는, 그런데 등의 접속사가 필요하다.

⑤ 부사를 적절히 활용한다.

⑥ 항목 방식을 활용한다.

항목 형식으로 된 문장은 알기 쉽고, 또한 읽는 사람도 이해하기 쉽다. 산만하게 쓰여진 문장은 그것을 읽는 사람이 머릿속으로 정리해 가면서 읽지 않으면 이해하기 힘들다.

문장을 쓰기 전에 무엇과 무엇에 대해 쓸 것인가를 사전에 잘 정리해놓고 요점을 항목식으로 쓰는 것이 무엇보다도 중요하다. 무엇(what), 언제(when), 어디에서(where), 누구에게(who), 왜(why), 어떻게(how)의 5W1H를 염두에 두면 뚜렷해진다. 그리고 항목식을 채택할 경우는 매항목마다 번호를 붙이도록 한다.

연습 2. 다음 글을 항목 형태의 글로 수정하라.

> 서독 시찰을 마치고 사장님께서 지난 10일 귀국하셨기에 오는 25일 본사 대회의실에서 오후 3시부터 4시 사이에 강연을 듣기로 했으니 업무에 지장이 없는 분은 될 수 있는 대로 참석하시기 바랍니다.

▶ _____

_____

_____

구두점 찍는 법

글이나 숫자를 아무리 잘 썼다 해도 구두점 쓰는 방법이 서툴면 글의 가치가 떨어진다.

"미국에 체재중인 회장의 영양이……"

이런 글을 보는 사람은 회장이 체재중인지, 회장의 영양이 체재중인지 명확하지 않다. '체재중인' 다음에 점을 찍으면 영양이 체재중이고 '회장의' 다음에 점을 찍으면 회장이 체재중이라는 뜻이 된다.

이와같이 점 하나 때문에 그 문장의 의미가 달라지므로 세심한 주의를 하지 않으면 안 된다. 구두점을 바르게 사용하는 것은 문장을 잘 쓰기 위한 전제가 된다.

마침표는 문장 끝에 표시한다. 항목식의 경우, 하나하나의 항목이 짧은 단일 문장, 또는 명사일 경우에는 마침표를 찍지 않아도 된다.

쉼표는 문장이 중간에서 글의 연결이나 말의 관계를 명확하게 하기 위해 사용한다. 다음과 같은 경우에 붙이는 것이 보통이다.

• 주제를 표시하는 '는' '이' '을' '도' 등의 뒤에

- '또한' '그리고' '단' 등의 글이 시작되는 접속사나 부사 다음에
- 대등하게 어구(語句)를 늘어 놓았을 때
- 글을 보기 쉽게 하기 위해

훌륭한 글의 비결

 훌륭한 글을 쓸 수 있다는 것은 비즈니스맨에게 있어서 매우 중요하다. 그리고 문장을 잘 쓰려면 한 번 쓴 것으로 끝내지 말고 문장을 잘 다듬어야 한다.

 비즈니스 문장은 바쁜 업무시간에 쓰는 것이기 때문에 아무래도 한 번 쓰고 나면 다시 읽어보지 않는 경우가 많다. 그러나 알기 쉽고, 읽기 쉬운 글로 만들기 위해서는 다듬질을 잊어서는 안 된다.

 또한 자기가 쓴 것을 다시 한번 살펴보고 마음에 들지 않는 문장이 있으면 다시 고치는 것은 상대에 대한 배려 때문만이 아니다. 쓰는 사람 자신의 문장 표현력을 향상시키기 위한 측면에서도 매우 효과적인 훈련이라고 하겠다.

 두 개의 문장을 쓰는 것보다는 하나의 문장을 고치는 편이 문장력을 향상시키는 길이라고 말하는 사람도 있다.

 그러므로 신입사원 여러분들은 자신이 쓴 문서나 문장을 다듬는 데 각별히 노력해야 할 것이다. 그 노력이야말로 알기 쉽고, 바르고, 간결한 비즈니스 문장을 쓸 수 있는 길이 될 것이다.

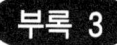

신입사원의 커뮤니케이션

1. 화법의 요령과 음성
2. 잘 듣는 요령
3. 직장인의 대화술

1. 화법의 요령과 음성

화법은 비즈니스의 무기

"대화는 곧 세일즈다." 이야기를 잘한다는 것은 개인에게 있어서는 중요한 무기일 뿐만 아니라 유력한 자본이라고도 할 수 있다. 우선 이야기하는 방법에 대해 생각해 보기로 한다.

①목소리의 크기는 때에 따라

이야기를 할 때 목소리의 크기에 주의하는 것을 잊어서는 안 된다. 흔히 "저 사람의 목소리는 너무 크단 말이야" 하고 말하는 것을 듣게 된다.

목소리의 크기는 인원 수, 장소, 목적에 따라 달라져야 한다. 예를 들어, 연설 같은 것을 시작할 때에는 청중이 떠들썩하면 일부러 작은 목소리로 잠깐 동안 말한다. 그렇게 하면 잘 들리지 않기 때문에 모두가 귀를 기울이고 열심히 들을려고 한다. 그러한 분위기를 만들어 놓고 그때부터 보통 크기의 소리로 이야기를 시작하는 것이다.

②발음은 분명하게

이야기의 기본은 무엇보다도 분명한 발음이다. 분명하게 말하면 상대방도 듣기 편하다.

흔히 자신의 목소리가 좋지 않다고 비관하거나 남 앞에서 이야기하는 것을 싫어하는 사람이 있다. 그러나 실지로 그의 목소리가 좋고 나쁨이 아니라, 자신의 발음이 부정확하거나 말끝이 불분명하기 때문이다.

설사 이야기에 자신이 없더라도 말끝을 흐리지 말고 당당하고 명확한 어조로 이야기하는 것이 상대방으로부터 호감을 사게 된다.

목소리의 조절

③ 상대방이 알아듣기 쉬운 속도로

남들과 이야기할 때 빠른 속도로 말하는 사람이 있다. 상대방이 이야기에 끼어들기라도 하면 손해를 본다고 생각하는지…….

그런가 하면 대단히 느린 속도로 이야기하는 사람도 있다. 물론 사람은 다 똑같지 않다. 이야기하는 방법(속도)이 다를 수도 있다. 그러나 이야기는 이해하기 좋은 속도, 듣기 좋은 속도로 해야 한다.

아나운서는 발성이나 발음 훈련을 완벽히 받았기 때문에 빠르게 말하더라도 말이 분명하고 듣기도 좋다.

다음은 속도에 대해 이야기해 보겠다.

- 이야기의 내용이나 상대에 따라 속도를 조절한다.
- 전문용어나 이해하기 어려운 말은 다소 천천히 이야기한다.
- 이야기에 리듬을 넣어 변화를 준다.
- 중요한 곳은 의도적으로 천천히 이야기한다.

발음 연습을 적극적으로 하라

말을 잘하는 기본은 명확한 발음이다. 이것이 화법의 기본이 되므

상대방이 이해하기 쉬운 속도로

로 무엇보다도 먼저 이것을 충분히 익혀야 한다.

① 구형법(口型法)

구형법이란 모든 말의 기본이 되는 모음을 발음할 때 그 입모양을 어떻게 만드느냐 하는 것, 즉 '입모양 만들기'이다. 일반적으로 우리말 가운데 아, 어, 오, 우, 으, 이, 에, 애 등 여덟 가지 모음을 발음할 때 만들어지는 입의 모양은 다음과 같다.

- '아'의 입모양 : 가능한 한 입을 크고 둥글게 벌린다.
- '어'의 입모양 : 아래 위로 타원형이 되도록 입을 크게 벌린다.
- '오'의 입모양 : 입모양이 동그랗게 되도록 하되, 위아래 입술 사이로 엄지가 들어갈 정도로 벌린다.
- '우'의 입모양 : '오'와 같은 구형인데, 그 크기가 새끼손가락이 들어갈 정도로 벌리고, '오'보다 입술을 약간 앞으로 자연스럽게 내민다.
- '으'의 입모양 : 입모양은 양옆으로 벌어지며 혀끝이 입속에서 떠 있는 상태이다.
- '이'의 입모양 : '으'와 비슷한 구형이지만 혀끝이 아랫니 안쪽에

자연스럽게 닿는다.
- '에'의 입모양 : '이'와 같은 구형이되 '이'보다 입을 더 벌린다. 이 때 상하의 치열 사이에 둘째손가락과 가운뎃손가락을 아래위로 포갠 상태로 집어넣을 수 있는 크기의 입을 벌려야 한다.
- '애'의 입모양 : '으'와 같은 구형이되 '이'보다 입을 더 벌린다. 이 때 아래위의 치열 사이에 벌어지는 간격은 '에'와 같다.

이것을 기초로 하여 다음 연습을 해보기로 한다.

가 거 고 구 그 기 게 개
나 너 노 누 느 니 네 내
다 더 도 두 드 디 데 대

(이하 ㄹ, ㅁ, ㅂ, ㅅ …… 순으로 연습)

②발음 연습

다음은 발음하기 어려운 말 연습이다. 혀와 턱, 그리고 호흡을 함께 연동시키는 것으로서, 요령은 먼저 숨을 크게 들여마시고 가능한 한 숨을 쉬지 않고 말한다.
- 간장공장 공장장은 강 공장장이고,
  된장공장 공장장은 공 공장장이다.
- 저기 있는 저 분이 박법학 박사이시고,
  여기 있는 이 분이 백법학 박사이시다.
- 저기 가는 저 상장사가 새 상장사냐 헌 상장사냐.
- 중앙청 창살은 쌍창살이고,
  시청 창살은 외창살이다.
- 사람이 사람이라고 다 사람인 줄 아는가,

사람이 사람 구실을 해야 사람이지.
- 한양 양장점 옆 한영 양장점,
  한영 양장점 옆 한양 양장점.
- 저기 있는 말뚝이 말 맬 말뚝이냐, 말 못 맬 말뚝이냐.
- 옆집 팥죽은 붉은 팥 팥죽이고,
  뒷집 콩죽은 검은 콩 콩죽이다.
- 멍멍이네 꿀꿀이는 멍멍해도 꿀꿀하고,
  꿀꿀이네 멍멍이는 꿀꿀해도 멍멍하네.
- 들에 콩깍지는 깐 콩깍지냐 안 깐 콩깍지냐.
  깐 콩깍지면 어떻고 안 깐 콩깍지면 어떠냐.
  깐 콩깍지나 안 깐 콩깍지나 콩깍지는 콩깍지인데.

★ 목소리를 개선하는 방법
① 표준이 되는 것을 고른다. 두드러진 강약이나 억양이 있는 목소리보다는 표준형의 목소리를 선택한다. 모범이 될 만한 사람의 어법, 말하는 방법, 음색 등을 배운다.
② 폐활량을 늘리기 위해 심호흡을 연습한다. 숨을 들이마실 때 횡격막을 내려 누르듯이 하는 것을 잊지 않는다.
③ 편도선, 후두, 치아, 구강 등 언어기관의 완전한 의학 진단을 받도록 한다.
④ 목소리의 높이를 조절하도록 한다. 대개의 경우, 이것이 좋은 개선법의 하나가 된다.
⑤ 자신의 이야기에 열기를 넣어 화술의 개성을 살리도록 한다.

이야기하는 태도와 요령

남들과 이야기할 때 아무리 좋은 말을 해도 태도가 좋지 못하면 오히려 나쁜 인상을 주게 된다. "태도가 나쁘다" "예의가 없다" 등의 건방진 인상을 주면 원만한 커뮤니케이션이 성립되지 못한다.

이야기할 때 유의해야 할 점은 다음과 같다.

① 예의를 갖출 것

"친한 사이라도 예의를 갖추어야 한다"는 말이 있다. 출·퇴근시의 인사는 물론 어떤 경우라도 예의를 잊어서는 안 된다.

② 상대를 존중할 것

커뮤니케이션의 경우, 이야기하는 사람과 듣는 사람이 일체가 되어야 한다. 자기만 일방적으로 이야기하면 된다는 생각은 어떤 경우라도 용납될 수 없다.

상대의 입장이나 생각을 존중하고 상대를 이해하려고 하는 태도야말로 좋은 커뮤니케이션을 낳게 한다.

③ 열의와 성의와 호의를 갖출 것

이야기를 잘하고 못 하는 것보다는 이야기하는 태도의 좋고 나쁨이 대인관계에 큰 영향을 준다. 성의가 결여된 '입에 발린 말'이 되고 있지는 않은지 항상 반성해야 한다.

④ 단정함을 잊지 말 것

옷차림이나 몸가짐에 신경을 쓰고 상대로부터 좋은 인상을 얻도록 한다. 사람들은 인상이 좋고 나쁨으로써 상대방의 이야기의 가치를 결정하려고 할 때가 많다. "훌륭한 복장을 한 사람이기 때문에 말에 권위가 있다"라든가, "자세가 틀려먹어서 이야기도 신뢰할 수 없다"라는 판단을 무의식적으로 하는 경우가 많다.

⑤ 표정에 신경을 쓸 것

풍부한 표정은 이야기의 내용을 돋보이게 한다. 상대로부터 친밀감을 살 수 있도록 '부드러운 표정'이나 '미소짓는 표정'을 잊지 않도록 한다.

표정에 주의한다

⑥ 시선에 주의할 것

이야기하는 상대의 얼굴을 관심있게 보도록 한다. 이상한 시선으로 힐끔힐끔 쳐다보는 것은 금물이다.

자신감이 없거나 마음속에 켕기는 것이 있는 사람은 상대의 얼굴을 똑바로 바라보지 못한다.

⑦ 적당한 '제스처'를 잊지 말 것

제스처를 잘 구사하면 상대의 주의를 끌어당길 수 있다. 예를 들어, "많은 사람들이……" 하고 말로만 이야기하지 않고 두 팔을 크게 벌려 표현하는 것이 상대에게 주는 인상도 강하며 이해도 빠르다.

⑧ 버릇에 주의할 것

누구든지 이야기를 할 때 특이한 '버릇'을 조금이나마 가지고 있다. 이와 같은 버릇은 자신의 개성을 살리기도 하지만, 반대로 마이너스가 되는 경우도 있으므로 주의해야 한다.

스피치의 평가

자신의 이야기 태도를 알기 위한 방법으로는 남에게 자기의 스피치를 평가해 달라고 부탁하는 것이 좋다. 다음은 이에 대한 평가표이다.

스피치평가표

평가자 : _____

	항 목	내 용	평 가			
			대단히 좋다	좋다	보통	나쁘다
화법	목 소 리	크기, 강약, 명확도				
	용 어	말버릇, 경어, 속어				
	어미(語尾)	끝맺음				
	간 격	사이두기				
	리 듬	액센트, 억양				
	소 계					
	코 멘 트					
내용	준 비	사전 정리, 줄거리 구성				
	화 제	화제의 적부(適否)				
	도 입	서두				
	전 개	기승전결				
	강 조	포인트, 소구(訴求)				
	소 계					
	코 멘 트					
태도	자 세	손, 발 등				
	시 선	눈의 시선				
	표 정	변화, 상쾌한 맛				
	제 스 처	손, 발, 몸가짐				
	연 출	판서(板書), 도시(圖示) 등				
	소 계					
	코 멘 트					

2. 잘 듣는 요령

지식의 귀동냥

　신입사원들에게 필요한 지식으로는 직장인이 갖추어야 할 일반상식과 회사가 필요로 하는 업무상의 지식이다. 이 2가지 지식은 조직생활과 업무 추진에 도움을 주는 동시에 회사에 이익을 가져다 준다.
　업무 지식을 빠른 시일 내에 흡수하려면 능동적으로 '지적 원천'에 접근하는 일이다. 이 지적 원천은 고참 선배들이나 거래처의 실무자들을 의미한다. 이들에게 접근하여 그들과 주고받는 대화를 통해 필요한 지식을 흡수하는 일이다. 즉 귀동냥을 하는 것이다.

모르는 것은 누구에게나 묻는다

　어떤 신입사원이 있다. 그를 A라고 하자. A사원은 입사한 후 큰 실책을 했다. 어느 회사라도 입사 후 최소한 몇 주간은 일을 익히는 데 주력한다.
　그런 시기에 선배가 "알았습니까? A씨. 이젠 더 설명하지 않아도 되겠지요" 하고 말하면 A사원은 자신이 '머리가 나쁘지 않다'는 인상을 주기 위해 실은 충분히 이해하지도 못했지만 "네, 알았습니다"라고 대답하는 경우가 많았다.
　그는 지금은 무슨 말인지 잘 이해하지 못하지만 나중에 차차 알게 되겠지 하고 적당히 넘어가 버렸다. 그런데 신입사원의 연수 기간이 끝나고 부서에 배치받을 때 A사원은 전표과로 발령받았다.
　A사원은 가슴이 철렁 내려앉았다. 왜냐하면 그 일에 대해서는 잘 모르기 때문이다. 교육 기간중 "네, 알았습니다" 하고 큰소리를 쳤기

지적 원천을 찾는다

때문에 새삼 선배에게 물어볼 수도 없고, 만일 물어보면 "엉터리 같은 녀석" 하고 핀잔을 줄지도 모른다.

A사원은 한참 고민하던 끝에 적당히 자기 나름대로 전표를 작성했다. 그런데 예상했던 대로 전표를 받은 거래처로부터 클레임이 들어왔다. 전표의 오른쪽 난과 왼쪽 난을 바꾸어 쓴 것이다.

A사원이 과장으로부터 꾸중을 들은 것은 말할 나위도 없다. 이때 A사원은 비로소 B사원이 생각났다. B사원은 연수 기간중 집요하리만큼 선배들에게 질문을 했다. 그때 A사원은 '참 집요하게도 묻는군. 저렇게도 알아듣지 못할까?' 하고 경멸하기까지 했다.

그러나 이제서야 겨우 그 뜻을 알게 되었다. 역시 B사원은 현명했다. 신입사원에게 필요한 것은 '모르는 것이 있을 땐 무엇이든지 서슴지 않고 묻는다'는 것이다. 그것은 신입사원에게 주어진 특권이다. 연수 기간중에 부끄러움을 두려워하는 사람은 배치 후에 실수를 하고

질문은 신입사원의 특권이다

나서 수모와 창피를 당할 게 뻔하다. 오히려 "머리가 나쁘다"는 핀잔을 받을 만큼 물어보는 것이 좋다. 처음에는 머리가 나쁘다는 인상을 주지만, 실질적인 업무에 들어가서는 그게 아니라고 느끼게 하는 것이 훨씬 현명한 사람이다.

말 잘하는 사람이 듣기도 잘한다

①상대방의 이야기를 잘 들을 것

"사람은 귀가 둘이고 입은 하나"라는 말을 자주 한다. 이 말은 자신이 말하는 것보다 남의 말을 더 진지하게 들으라는 뜻이다.

특히 세일즈맨에게 있어서 일방적으로 자기 이야기만 늘어놓는 것은 금기시되고 있다. 상대가 말하고 있을 때 이쪽에서 진지하게 관심을 가지고 듣는 것이 세일즈의 비결이라고 말한다. 누구든 자신의 이야기를 상대방이 열심히 들어준다고 생각하면 더욱 신이 나서 이야기하게 마련이다.

열심히 듣고 있는 태도란 한눈을 팔지 않는 태도, 주의력이 흐트러

상사의 의견을 그 자리에서 반대하지 않는다

지지 않는 태도이다. 또한 중요한 대목에서 맞장구를 치는 것도 중요하다. 이야기 도중에 "아, 그렇군요……"라든가, "그래서 어떻게 했지요?" 하는 등의 관심을 표시하는 것이다.

> ★맞장구를 치는 요령
> - 때에 맞추어서 교묘히 친다.
>
> 맞장구를 치면 처음에는 냉담하던 상대도 열기를 띠고 이야기를 하게 된다.
>
> - 짧게 감정을 넣는다.
>
> "그럴듯한데요" "그것 참" "정말입니까?" "앗! 그렇군요" "놀랐습니다" 등이다.
>
> - 맞장구를 멈추어야 할 때도 있다.
>
> 상대가 흥분하며 이야기하고 있을 때 맞장구를 잠시 멈추는(무언으로 수긍하면서) 것이 효과적인 경우도 있다.

②상대의 의견에 반대하지 않는다.

비즈니스의 대화는 토론조나 변론조가 되어서는 안 된다. 상대방이 거래처의 고객일 경우, 그 이야기가 설사 틀렸다 해도 즉석에서 "그것은 틀렸소!" 하고 반대해서는 안 된다. 고객과의 논쟁에서 이겼다 해도 오히려 고객으로부터 반감을 사 거래가 끊긴다면 논쟁에 이긴들 무슨 소용이 있단 말인가.

상대가 불리해질 경우에는 오히려 이쪽에서 "죄송합니다" 하고 후퇴를 하는 것이 바람직하다. 상대방의 자존심이 상하지 않도록 하는 태도나 마음가짐이 현명하다.

문(聞)과 청(聽)

특히 대화의 경우, 듣는 방법에 문제가 생기는 일이 많다. 듣는 방법이 좋고 나쁨에 따라 목적이 달성되느냐 못 되느냐의 여부가 결정된다고까지 말한다. 그래서 '듣는 문제'에 대해 좀더 진지하게 생각해 보기로 하자.

듣는 방법에는 두 개의 레벨이 있다. 즉 '문(聞)'과 '청(聽)'이다.

'문'은 듣는다는 본질면에서 얕은 레벨이고, '청'은 깊은 레벨에 속한다. 영어의 hear와 listen의 차이이다.

①문(聞)의 레벨

'문'은 듣는 사람이 이해나 납득을 하는 상태를 말하는 것이 아니다. 그저 들려오는 소리를 귀로 감지하는 것을 뜻한다.

다시 말해, '문'이란 음(音)이나 성(聲)을 의식하는 의미이며, 커뮤니케이션상으로는 소리의 높고 낮음이나 발성의 방법 등 물리적인 레벨에 그치는 것이다.

②청(聽)의 레벨

'청'은 이야기의 내용이나 말하는 사람의 기분을 이해하고 어떠한 행동을 일으키는 작용을 뜻한다. 그것은 단지 음성의 전달에만 그치는 것이 아니라 서로의 의사를 소통하고, 서로 이해하고 함께 행동을 취해 나가는 것이다.

> **★ 경청의 조건**
> - 지금 상대가 무엇을 생각하고 있는지 파악해야 한다.
> - 지금 상대가 어떠한 상황에 있으며, 어떠한 행동을 하려고 하는지 감지해야 한다.
> - 지금 상대가 무엇을 말하려고 하며, 무엇을 목적으로 하고 있는지 탐색해야 한다.

이야기를 잘 듣는 사람이 되려면

이야기를 잘하는 사람이 되기는 힘들지만, 잘 듣는 사람이 되는 것은 그 사람의 노력 여하에 따라 가능하다. 잘 듣는 사람이 되려면 무엇보다도 '적극적으로 듣는 자세'를 몸에 지니도록 해야 한다.

적극적으로 듣는 자세란 앞에서 말한 바와 같이 깊은 레벨의 태도이며, 커뮤니케이션을 실현하려는 태도이다. 이것을 몸에 지니려면 '듣는 사람'으로서의 적극적인 연구가 필요하다.

> **★ 적극적인 경청 방법을 몸에 지니려면**
> - 상대가 이야기하고 있는 의미를 이해한다.
>
>   상대의 이야기에는 이야기의 내용과 그 내용을 감싸고 있는 감정이라는 2가지 면이 있다. 이 2가지의 의미를 이해하도록 해야 한다.
>
> - 상대의 기분에 동참한다.
>
>   상대가 초조해 하거나 흥분하여 감정이 격해 있을 때에는 말보

다도 그 저변에 흐르고 있는 기분을 이해해주는 것이 훨씬 중요할 때가 있다. 이럴 경우에는 기분이라는 부분에 반응하도록 노력하는 것이 중요하다.

- 말 이외의 표현에 주의한다.

대화의 경우, 상대의 말만이 아니라 목소리의 억양, 표정, 자세, 손의 움직임, 눈동자의 움직임 등 말 이외의 표현에도 유의하는 것이 좋다.

상대가 말하는 것을 진지하게 듣고 있다는 것을 나타내려면 상대의 본뜻을 이쪽에서 슬그머니 말해보는 것이 좋다.

3. 직장인의 대화술

화법의 문제점

신입사원은 사회생활에 익숙치 못하기 때문에 아무래도 화법도 서툴고 문제점도 많다. 그래서 상대방으로부터 핀잔을 받는 경우가 많다. 그러한 문제점은 과연 무엇인지 여기에서 잠시 살펴보기로 하자.

① 말의 자폐증(自閉症)

친구들과는 말을 잘하는데, 상사라든가 선배와 이야기할 때에는 말문이 막히거나 더듬거리거나 말수가 줄어든다.

말을 걸었는데도 응대가 시원치 않으면 '나에게 적대감을 갖고 있는 것이 아닐까?' '나를 깔보고 있는 것은 아닐까?' '나를 무시하고 있는 것은 아닐까?' 하고 생각하게 되어 그는 결국 당신을 경원시하게 된다.

② 무기력한 말

인사나 대답을 할 때 목소리가 가늘거나 약한 것도 신입사원의 특징이다. 특히 말끝이 흐린 대답은 긍정인지 부정인지 알 수가 없다. 우리말의 결론은 말 끝부분에 있는 것이 일반적이므로 말끝이 흐릴 경우, 하겠다는 뜻인지 안 하겠다는 뜻인지 분간하기가 어렵다.

어느 제약회사의 인사부장은 "당사에서는 작은 목소리로 이야기하는 사람은 채용하지 않습니다"라고 말하는 것을 들었다.

회의에서는 목소리가 큰 사람이 득을 본다. 설사 자기 발언이 받아들여지지 않더라도 그의 투지가 인정되면 참석자들에게 호감을 산다.

이야기는 누가 평가하는가

"저 친구의 본성은 부드러운데 말에는 가시가 돋혀 있단 말야"라는 말을 들은 그가 "나는 그런 뜻에서 말한 것이 아닌데, 그렇게 받아들이는 당신이 오히려 이상해"라고 말하는 경우를 볼 수 있다. 결론부터 말하자면 말하는 사람에게 문제가 있다.

①이야기의 평가권은 듣는 쪽이 가지고 있다.

엄마가 음식을 만들어 아이들에게 주려고 한다.

"자, 엄마가 맛있게 만들었으니 먹어보렴, 참 맛있단다."

아이는 엄마 말에 이끌려 한입 먹어보고는 표정이 달라졌다.

"이게 무슨 맛이야!"

"이렇게 맛있는 것을 맛이 없다니 넌 식성도 별나구나."

이럴 경우, 어린애는 마구 투덜댈 것이다. "이렇게 맛없는 것을 맛있다고 하니 엄마는 거짓말쟁이야" 하고.

자신이 맛있다고 생각해도 그것은 일방적인 생각이고 '맛있다' '맛없다'는 것을 평가하는 쪽은 어디까지나 먹는 상대방이다.

이야기의 경우도 이와 마찬가지이다. 알기 쉽다, 감동적이다, 듣기

상대의 형편을 살핀다

싫다는 것은 듣는 사람이 결정한다. 예를 들어, 이야기하는 사람이 농담을 했다 해도 듣는 사람이 조금도 웃지 않는다면 확실히 그것은 듣는 사람에게 있어서 재미없는 이야기이다.

  자기가 생각하고 느끼는 것처럼 상대도 그럴 것이라는 생각은 유아적인 발상이다. 만일 100명이면 100명 모두 똑같은 반응을 보인다면 그것은 기계와도 같다고 하겠으며, 사회는 진보나 발전이 없을 것이다.

  ②자기의 생각대로 결정하려면

  결국 자기가 생각하고 있는 대로 결정되기를 바란다면 듣는 사람의 사고방식이나 감정의 차이점을 고려해서 여러 가지로 연구를 하지 않으면 안 된다.

  이와 같은 연구가 상대(듣는 사람)의 입장을 생각한다는 것이 된다. 당신도 이와 같은 연구를 해보았을 것이다.

  "이 자리에서 말해도 좋을까." "갑작스러운 이야기라서 혹시……."

이같이 상대의 입장이나 생각을 이쪽에서 충분히 고려에 놓고 이야기를 해야 한다. 그래서,
 "바쁘게 일하고 계신데 미안하지만……"
 "지금 말씀드려도 좋을까요"
 "어떻게 생각하실지 모르지만, 이번에는 좀 사정이 달라서……"
 "과장님께서 시간이 허락하신다면……"
 "제 욕심만 차리는 것 같아서 죄송합니다만……"
과 같은 말을 앞세우고 이야기를 진행시키는 경우가 많다. 그리고 이와 같은 말이 매우 자연스럽게 나올 수 있다면 당신은 훌륭한 '커뮤니케이터'라고 할 수 있다.

인사는 직장생활의 윤활유

 "요즘 젊은이들은 왜 '안녕하십니까'라는 인사말에 인색한지 모르겠어"라고 상사나 선배사원들은 개탄한다.

 아침 출근시간에 아무 말 없이 슬그머니 들어와서 제자리에 앉아 일하다가 저녁때가 되면 또다시 소리없이 사라지는 직장인들이 많다. 이런 일은 학교에서도 예외가 아니다. 교수가 강의실에 들어와도 학생들은 인사를 잘하지 않는다. 그러다가 강의가 끝나 교수가 강의실을 나갈 준비를 하는 동안 학생들은 벌써 자리를 뜨기 시작한다.

 이런 형편이므로 직장에서 상사나 선배가 먼저 '굿모닝' 하고 인사를 해도 미안해 하는 기색이 없다.

 인사도 제대로 못하면 자신에게 큰 마이너스가 된다. 인사가 비즈니스 에티켓의 기본이 된다는 것을 앞에서도 언급했지만, 여기에서 다시 한 번 '인사의 체크포인트'를 확인해보기 바란다.

★인사의 체크포인트
- 출·퇴근시의 인사는 일의 일부라고 생각한다.
- 인사를 잘하는 것도 출세의 조건이다.
- 외출하는 상사에게는 "다녀오십시오"라고 인사한다.
- 인사를 할까말까 망설이지 말고 선뜻 해버리는 것이 옳은 태도이다.
- 아침 저녁으로 틀에 박힌 인사말이라도 이 말에는 결코 식상하지 않는다.

① 내객에 대한 인사말

고객을 맞이할 때	"어서 오십시오."
	"안녕하십니까? 어서 오십시오."
단골손님일 때	"어서 오십시오. 항상 감사합니다."
	"어서 오십시오. 매번 감사합니다."
고객이 전화를 걸고 왔을 때	"어서 오십시오. ○○○ 선생이시지요."
	"어서 오십시오. 기다리고 있었습니다."
	"어서 오십시오. 조금 전에는 전화로 실례했습니다."
불시에 고객이 찾아 오거나, 본인의 성명을 밝히지 않을 때	"어서 오십시오. 실례지만 누구십니까?"
	"어서 오십시오. 실례지만 약속을 하고 오셨습니까?"
	('어포인트먼트'가 없으면 만나지 않을 경우)
	"어서 오십시오. 죄송하지만 어떤 용건이십니까?"
고객이 주저하고 있을 때	"어서 오십시오. 오신 용건을 말씀해 주시겠습니까?"
고객이 돌아갈 때	"실례했습니다."
	"항상 감사합니다."
	"수고하십시오."

② 대답은 재빨리, 기분좋게

"네" 하는 말은 언제나 아낌없이 써도 좋은 말이다.

이와 같은 간단한 반응도 대답의 일부이며 인사가 되는 것이다. 상대방이 인사를 하면 "네" 하고 기분좋게 대응하도록 하는 노력도 게을리 해서는 안 된다.

학습성과확인테스트 해답편

〈제 1 부〉

제1장 학교에서 직장으로

【Q 1-1】

인생을 학교교육기, 사회활동기, 노년기의 3단계로 나누어서 생각할 수 있다. 이와 같은 각 단계는 앞단계와 생활이나 사회 기준이 다르고, 미지의 단계에 들어가는 관문이기도 하다.

이러한 시점에서 다시 한번 마음의 준비를 갖춘다는 것은 새로운 단계에서 결실을 많이 거두기 위해서이다. 바람직한 성공의 길을 힘차게 달려가려면 그와 같은 준비가 무엇보다도 필요하다.

【Q 1-2】

스테레오 타입이란 원래 인쇄에서 쓰이는 연판을 뜻하는데, 판에 박은 듯한 사고방식이나 행동을 말한다.

기업 환경은 끊임없이 변하고 거기에 대해 빈틈없는 판단이 요구된다. 똑같은 생각을 가진 사람들끼리만 모여 있으면 판단을 그릇칠 위험이 있다. 그러나 사람들의 생각이나 의견이 서로 다르면 그만큼 상호 자극이 활발하여 서로의 능력도 향상된다.

【Q 1-3】

①생애 ②환경 ③변화 ④변화 ⑤능력 ⑥학습 또는 공부

【Q 1-4】

해답 생략

제2장 회사란 무엇인가

【Q 2-1】

① 회사 내에서 순환하는 운전 자금의 합계는 어느 시점에 이르면 일정해진다. 그래서 스톡이 너무 늘어나면 혈액이 잘 순환되지 못하여 빈혈증상을 일으켜 위험한 상태에 빠질 우려가 있다.

② 또한 이를 막기 위해 빚을 끌어들이면 금리 부담이 늘어나 결국은 이익이 줄어들게 된다.

③ 시대가 변함에 따라 고객의 욕구도 달라지기 때문에 너무 많은 제품을 스톡시키면 유행에 뒤떨어져 상품의 가치를 잃게 될 위험이 있다.

【Q 2-2】

① 혁신 준비금   ② 리스크 대비   ③ 주주 배당금 등의 확보

제3장 회사가 바라는 것은 무엇인가

【Q 3-1】

오늘날의 기업은 치열한 경쟁 속에서 매출은 좀처럼 늘지 않는 반면, 인건비를 비롯하여 코스트나 원재료 값은 계속 올라가 그대로 놔두면 이익은 줄어든다. 그러나 어쨌든 이익은 올리지 않으면 안 된다.

따라서 어떻게 해서든지 매출을 늘리고 코스트를 떨어뜨리는 내부적인 노력에 의해 이익을 확보하는 것이 절대적으로 필요하다. 이것을 내부노력이라고 한다.

【Q 3-2】

① 손익분기점을 내리고, 웬만한 매출 변동에도 흔들리지 않는 체제를 만든다.

② 필요한 항목에 대해 긴급사태 대응계획을 세워 불시의 변동에 대비한다.

③ 기본을 철저히 학습하고 어떤 사태에도 견뎌낼 수 있는 능력을 기른다.

【Q 3-3】

매출이 기준치 이하로 내려가면 적자가 되는 매출액의 한계로서, 데드포인

트(dead point), 매출액 또는 조업도로 표시된다.

제4장 일을 올바르게 하는 방법
【Q 4-1】

빠르게 → 보다 편하게 → 보다 큰 도움이 되게

【Q 4-2】

①스스로 하겠다고 마음먹는다.

②목표를 정하고 달성 방법을 연구하는 그 과정을 즐긴다.

〈제 2 부〉

제1장 직장과 인간관계
【Q 1-1】

田, 目, 旦, 白, 甲, 由, 申

【Q 1-2】

개성이란 부동의 것이 아니다. 환경이나 학습에 의해 그날그날의 생활 속에서 자라난다. 따라서 "이것이 내 개성이다"라고 단정하거나 "이런 일을 하고 있으면 개성이 없어진다"라고 말하는 것은 앞으로 찬란한 개성으로 발전될지도 모르는 싹을 자기 손으로 잘라버리는 것이 된다. 담당 업무를 익히려는 의욕이 바로 개성을 발휘하는 기회가 된다.

【Q 1-3】

①약속을 지키지 않는다.

②공감을 나타내지 않는다.

③무슨 일에나 성의를 나타내지 않는다.

④불쾌감을 곧잘 표정에 나타낸다.

⑤험담이나 비난을 일삼는다.

제2장 호감을 사는 응대와 접대 요령

【Q 2-1】

① 허리 각도는 35~45° 정도
② 무릎은 굽히지 않는다.
③ 시선은 자기 발끝에서 1~1.2m 정도
④ 고개만 끄덕이지 않는다.

【Q 2-2】

(1) ×   (2) ×   (3) ○

【Q 2-3】

① 조직기구표로 익힌다.
② 상사나 선배들의 대화를 통해서 익힌다.
③ 고객으로부터 오는 전화를 통해서 익힌다.
④ 서류를 전달하면서 기억한다.
⑤ 그때마다 옆사람에게 확인한다.

제3장 평상시 행동에 대한 상식

【Q 3-1】

(1) ×. 휴가의 권리가 있다 해도 업무 상황이나 주위 사람의 형편을 고려하지 않으면 안 된다.
(2) ×. 이유 여하를 막론하고 지각은 지각이다. 우선 사과가 필요.
(3) ×. 행선지를 말하는 것은 당연한 예의이다. 일이 밀렸다 해도 당신의 업무 처리 방법이 나빠서 오전중에 끝나지 않는 경우도 있다.

【Q 3-2】

비품이나 서류 등은 회사의 공동 사무용품이다. 자기만 알고 주위 사람은 알 수 없게 해두는 것은 너무도 자기 중심적이다.

【Q 3-3】

일의 가치나 중요성은 사장이나 상사가 판단한다. 입사한 지 얼마 안 되는 신입사원이 일의 중요성이나 가치를 알 리가 없다. 인정받기 어려운 하찮은 일이다, 단조롭다, 가치 있는 일이 못 된다는 등의 표면적인 이유로 일을 소홀히 하면 불이익을 당하는 수가 있다. 눈에 띄는 화려한 일에 동경을 갖는 사람일수록 자기 일을 소홀히 한다.

제4장 일을 원활하게 하는 커뮤니케이션

【Q 4-1】

①물어보면 비웃음을 살 것 같다.

②이런 것도 모르냐고 꾸중을 들을 것 같다.

③"요즘 젊은이들은……" 하고 경멸당할 것 같다.

④학교나 선배의 입장이 곤란해질 것 같다.

⑤지점이나 지사로 전출당할 것 같다.

⑥장래의 승진에 영향을 받을 것 같다.

【Q 4-2】

"부장님께서 부재중일 때 전화가 2건 있었습니다. 하나는 본사의 부산공장에서 ○○○, 또 하나는 □□□입니다. 자세한 것은 여기에 메모해 두었습니다."

보고할 때는 반드시 상대방의 형편을 살펴본 뒤에 보고하되, 보고 사항이 몇 개인지를 먼저 말한다. 이때 유의해야 할 것은 보고를 받는 상대방에게 가장 중요하다고 생각되는 것부터 말해야 한다는 것이다. 걸려온 전화 순서대로 말하는 것이 아니다.

【Q 4-3】

(2)번이 ○.

상사가 당신에게 지시한 것이니만큼 전적으로 당신에게 책임이 있다. 솔직히 사과하라.

제5장 회의에 참석할 때의 마음가짐

【Q 5-1】

산업구조의 급격한 변화, 정보의 다양화, 가치의 다극화 등으로 인해 사고방식이나 행동방식이 어느 것이 옳고 그른지 섣불리 판단하기가 어렵다. 여러 각도에서 문제를 주시하고 의사 소통이나 정보교류를 잘하지 않으면 소기의 목적을 달성하기 어렵다. 다함께 문제점에 대해 토론함으로써 문제를 해결하고 자기개발도 도모할 수가 있다. 무엇보다 대화가 중요하다.

【Q 5-2】

해답 생략

【Q 5-3】

(5)번이 ○. 선배가 양보한다면 (3)번을 택해도 된다. 이것은 아부가 아니다. 만약 비슷한 발언일 때는 선배가 좀더 구체적인 발언을 하는 경우가 많기 때문이다. 그렇지 않을 경우, 당신이 선배에게 발언권을 양보하는 모습은 회의의 분위기를 한층 부드럽게 만들 것이다.

제6장 직장에서의 교제 — 실수를 사전에 방지하는 법

【Q 6-1】

(2), (3)번.

(1)번으로는 올바르게 당신의 참뜻이 전달되지 못한다. 당사자인 상사도 당신도 불편하다. 상사로부터 견제를 당할 우려도 있다. (4)번은 별난 사람이라는 오해를 살 수 있다. 또한 (1)과 (4)번으로는 상사의 장점을 발견할 수 없다.

【Q 6-2】

(1), (2)번처럼 행동하면 선배가 '이상한 사람'이라고 생각할 것이며, 다음에 당신이 의문나는 것에 대해 물어보아도 소극적으로 응답할 것이다.

【Q 6-3】

옳지 않다. 일방적으로 해석하기 쉽다. 설사 그녀가 크게 꾸중을 들었다

해도 당신에게 말하는 것이 모두 사실이 아닐지도 모른다. 또 진실의 일부만을 말할지도 모른다. 과장과 잘 이야기하도록 그녀에게 조언하는 정도로 끝내는 것이 좋다.

〈제 3 부〉

제1장 일을 파악한다

【Q 1-1】

(1) ×. 그 회사의 상품(서비스)을 아는 것이 기본이다.

(2) ×. 보는 것만으로는 모두를 알 수 없다. 실태를 파악하는 노력이 필요하다.

(3) ×. 동료들을 비롯하여 상사나 선배들과 원만한 인간관계를 만들어야 한다.

(4) ○

(5) ×. 그 회사가 속해 있는 분야마다 특유의 전문용어가 있다. 그 용어를 될 수 있는 대로 빨리 알아야 한다.

(6) ○

【Q 1-2】

해답 생략

제2장 계획하는 습관을 지닌다

【Q 2-1】

(1) ×. 알아야 할 일이 많다. 계획이 변경되더라도 반드시 계획을 세우는 습관을 몸에 지니도록 한다.

(2) ○

(3) ○

(4) ○

(5) ×. 항상 순서와 일정을 세우되, 가급적 정확한 계획을 세우도록 노력한다.

【Q 2-2】

해답 생략

제3장 사실을 파악한다

【Q 3-1】

(1) ○

(2) ×. 일의 양을 파악하지 못하는 경우가 많다.

(3) ○

(4) ×. 듣는 것만으로는 충분치 못하다. 될 수 있는 대로 데이터로 입증하는 것이 중요하다.

(5) ×. 사실은 방법만으로는 파악할 수 없다. 목적이나 효과를 아는 것도 중요하다.

【Q 3-2】

해답 생략

제4장 문제해결 능력을 기른다

【Q 4-1】

(1) ○

(2) ○

(3) ○

(4) ×. 문제의 원인은 대부분 거미줄처럼 얽혀 있어서 쉽게 찾아내지 못한다.

(5) ×. 계열도가 만들어졌다고 해서 다 된 것은 아니다. 그 원인 중에서 해결의 가능성이 크고, 효과가 큰 것을 골라 그 원인을 제거하는 대책을 세우는 것이 중요하다.

【Q 4-2】

해답 생략

제5장 바르고, 빠르고, 값싸게

【Q 5-1】

(1) ×. 목적이라고는 하지만 추상적이다. 목적에 맞고 안 맞고는 성과로 입증된다.

(2) ×. 글씨나 숫자 쓰는 기본을 철저히 익혀야 한다. 베테랑이 된 후에는 늦다.

(3) ○

(4) ○

(5) ×. 일은 성과로 결정되지만, 보다 싼 코스트로 일을 할 수만 있다면 그 방법대로 하는 것이 당연하다. 코스트를 성과로 보완한다는 생각은 전적으로 잘못된 생각이다.

【Q 5-2】

해답 생략

제6장 성장과 진보에 대한 도전

【Q 6-1】

(1) ×. 화이트칼라에게도 수완이나 능력이 필요하다. 주위를 살펴보면 능력이나 수완의 차이가 심하다.

(2) ○

(3) ×. 무리를 해서라도 능력을 개발해야 한다. 목표가 있음으로써 현재가 있다는 것을 잊어서는 안 된다.

(4) ○

(5) ○

【Q6-2】
　해답 생략

〈부 록 2〉

【연습 1】기술 자료를 동봉하여 보내드립니다. 활용하여 주십시오. 이 자료는 전달에 본 공장에서 미국으로 기술 습득차 파견되었던 실습사원이 입수해온 것입니다.

【연습 2】다음과 같이 강연회를 개최하오니, 업무에 지장이 없는 분들은 참석하여 주시기 바랍니다.
　　　　1. 일시 … 6월 24일 15:00 ~ 16:00
　　　　2. 장소 … 본사 대회의실
　　　　3. 강사 … 사장

국제화시대의 신입사원 능력개발

초 판 1쇄 발행 / 1982년 1월 5일
개정판 1쇄 발행 / 1995년 6월 1일
　　　4쇄 발행 / 2002년 7월 1일

편저자 / 변정철
발행인 / 박경일
발행처 / 한국산업훈련연구소

주소 / 서울시 동대문구 신설동 104~30
전화 / 2234-4174, 4175
팩스 / 2234-6070
등록 / 1978년 6월 24일 제1-256호

값 9,000원
ISBN 89-7019-132-1 03330

ⓒ 한국산업훈련연구소, 1995
이 책의 저작권은 한국산업훈련연구소에 있으며,
무단복제나 전재를 금합니다.
잘못된 책은 바꾸어 드립니다.